Irving Stone, 1903 in San Francisco geboren, wurde als Autor vor allem durch Romane bekannt, in denen er fesselnd und dennoch tatsachentreu das Leben historischer Persönlichkeiten nachgestaltete, unter anderen von Vincent van Gogh, Jack London, Abraham Lincoln, Michelangelo und Sigmund Freud.

Irving Stone

Die Träume leben

Roman

Wilhelm Goldmann Verlag

Ungekürzte Ausgabe
Aus dem Amerikanischen von Rolf Gregor
Titel der Originalausgabe: Adversary in the House

Made in Germany · 8/81 · 1. Auflage · 1115
Genehmigte Taschenbuchausgabe

Umschlagentwurf: Atelier Adolf & Angelika Bachmann, München
Druck: Mohndruck Graphische Betriebe GmbH, Gütersloh
Verlagsnummer: 6326
Lektorat: Martin Vosseler · Herstellung: Gisela Ernst
ISBN 3-442-06326-4

Erster Teil

1

Er stand in einem langen Flanellhemd am Fenster und bürstete sorgfältig den Staub von seinem Anzug auf die Wabash Street hinaus. Die Oktobersonne erhob sich über dem Horizont. Sein jüngerer Bruder, der noch im Bett lag, wälzte sich herum und blinzelte.

»Wie spät ist es, Gene?«

»Kurz nach fünf.«

»Komm wieder ins Bett und gib Ruhe!«

»Gibt es nichts Wichtigeres zu tun als zu schlafen, Theo?« Gene stellte die Waschschüssel zurück in die Kommode und wischte die Fächer mit einem feuchten Tuch aus, um auch den letzten Staub zu entfernen.

»Willst du nicht mitkommen, Theo? Wir haben heute nacht die ganze Stadt rot angemalt.«

Theodore schnellte hoch. Gene legte Hemden und Kragen in den dunklen Walnußschrank, den seine Mutter aus dem Elsaß mitgebracht hatte. Dann zog er schnell die alten Hosen und einen Sweater über. Mit knapp zwanzig Jahren war er einsfünfundachtzig groß. Seine Mutter hatte oft gesagt, sie könne zusehen, wie seine Kleider an den Fußgelenken und Handknöcheln hochrutschen.

»Sämtliche Klubmitglieder waren bis zwei Uhr früh draußen und haben die Plakate mit der Ankündigung von Ingersolls Vortrag an die Wände geklebt.«

Theodore sprang aus dem Bett. Er war elf Jahre alt, aber hoch aufgeschossen und ebenso drahtig wie sein Bruder.

»Warum hast du mir nichts davon gesagt, Gene? Du weißt, wie ungern ich so was verpasse.«
Er hockte auf Händen und Knien am Boden und angelte nach seinem Koffer mit den Sachen. In diesem Koffer hatte ihr Vater nach dreiundsechzig Tagen stürmischer Fahrt auf einem wasserziehenden Segler seine ganze weltliche Habe nach Amerika gebracht.
Im Nu war Theodore fertig angezogen. Gemeinsam stiegen die Brüder die Außentreppe hinab.
Auf der Fensterscheibe des Lebensmittelladens im Erdgeschoß stand: Daniel Debs – Kolonialwaren.
Die Luft war frisch. Die beiden Brüder atmeten den herbstlichen Duft der nahen Wälder. Sie gingen in Richtung Stadtmitte, der große Bruder weit ausholend, so daß sich der jüngere anstrengen mußte, um Schritt zu halten.
Bald kamen sie an den ersten Plakaten vorbei, die Gene und die Mitglieder des Occidental Club im Lauf der vergangenen Woche von Hand gedruckt hatten.

Vortragsabend!
Am 17. Oktober 1875
Im Opernhaus von Terre Haute
Oberst Robert G. Ingersoll
spricht über
Agnostizismus und Wahrheit
Ein weltbewegendes Thema!
Das sollte man nicht versäumen!
Zeit: 19 Uhr Eintritt: 75 Cent
Veranstalter: Occidental Literary Club
Bringen Sie die Familie mit!

Im Weitergehen sah Theodore, daß an allen Lagerhäusern, Ämtern, Werkstätten und Warenhäusern ihre Plakate hingen. Nur ihr Feingefühl hatte die Mitglieder daran gehindert, die Werbung für den Agnostizismus auch an die einladenden Wände der Kirchen zu kleben. Die beiden Debs-Brüder waren als religiöse Freigeister aufgewachsen. Da ihre Eltern verschiedenen Bekenntnissen angehörten, hatten sie jede Diskussion vermieden, indem sie zu ihren Söhnen sagten: »Hier habt ihr einen Nickel, geht zur Sonntagsschule«, ohne zu verraten, welche sie meinten. Die Eltern stellten nachher keine Fragen, und so konnte es leicht geschehen, daß ihr Weg sie statt zu einer Kirche in Scudders Konditorei führte.

»Gene, glaubst du, es kommen wirklich Leute, um Ingersoll zu hören?«

Vor Aufregung bekam Gene einen roten Kopf. »Ich weiß nicht, Theo, es ist ein Glücksspiel. Die anderen wollten die Sängerin Christine Nilson einladen, aber ich wollte unbedingt etwas Aufregendes bringen. Soll ich die Leute zusammentrommeln, nur damit sie jemand singen hören?«

»Mensch, hoffentlich klappt das – sonst brauchst du verdammt viel Zeit, bis du dem Klub die dreihundertfünfzig Dollar zurückgezahlt hast.«

Sie gelangten ans Ufer des Wabash. Gleich hinter der überdachten Brücke standen einige tiefhängende Weiden. Die beiden Jungen zogen sich aus, schwammen eine Weile im Fluß und spürten das kühle Wasser prickelnd auf ihrer Haut.

Als sie den väterlichen Lebensmittelladen betraten, schlug ihnen der Duft von Mutters frisch gebackenem Kuchen entgegen. Ihr Vater saß mit den beiden jüngeren Schwestern Jenny und Emma im Wohnzimmer hinter dem Laden. Daniel Debs war ein gutaussehender Mann mit fein modelliertem Gesicht und scharfgeschnittenem Kinnbart. Mit seinen tiefliegenden Augen und der langen römischen Nase wirkte er aufgeschlossen und freundlich. Sein Gesicht hellte sich auf, als die Söhne das Zimmer betraten.

»Gene«, sagte Daniel, »ich glaube, du hast den Beruf verfehlt. Du solltest dich bei Patrick und Lapish als Plakatmaler bewerben.«

Theodore wollte seinen Bruder verteidigen. »Aber Gene mußte die Plakate anschlagen. Das ist die einzige Möglichkeit, daß Terre Haute etwas über Oberst Ingersoll erfährt, Vater.«

Marguerite Debs kam mit einer Schüssel Schinken und Ei aus der Küche und gab ihren Söhnen als Morgengruß einen Kuß. Ihr weißes Haar war von den Schläfen straff nach hinten gebürstet, und sie lächelte glücklich, als sie ihre ganze Familie versammelt sah.

Gene liebte sie zärtlich. Schon seit Jahren nannte er sie »Daisy«. Ihren ausdrucksstarken Mund hatten beide Söhne von ihr geerbt. Als sie jetzt die Mundwinkel anspannte, um sich ein energisches Aussehen zu geben, wußten alle, daß eine Rüge fällig war.

»Ihr seid wieder schwimmen gewesen«, bemerkte sie, während ihre Finger durch Theodores feuchtes Haar strichen.

»Ist es nicht etwas spät im Jahr? Und warum nehmt ihr keine Handtücher mit?«

Das waren mehr rhetorische Fragen. Die Jungen wußten, daß sie nicht mit einer Antwort rechnete. Gene wandte sich an seinen Vater: »Du warst heute schon früh unterwegs, hast du etwas geschossen?«

Fast gekränkt blickte Daniel im Zimmer umher, als wolle er sagen: Ich besitze eines der besten Gewehre, noch aus

Europa, ich bin ein Meisterschütze, in den Wäldern wimmelt es an Wild . . . und da fragen die mich, ob ich etwas erlegt habe. Doch er sagte: »Da muß etwas in der Jagdtasche sein, eine Wachtel, ein Fasan, einige Präriehühner . . .«

Schwester Louise brachte frische Semmeln, Marmelade und Kaffee herein, und die Familie Debs setzte sich an den Frühstückstisch. Nur die älteste Schwester Mary fehlte. Sie hatte vor einem Jahr einen Gärtner geheiratet und lebte irgendwo am Stadtrand zwischen Treibhäusern und Gemüsebeeten.

Die Mutter saß unten am Tisch, Daniel oben, den Jungen gegenüber saßen die drei Mädchen: Jenny, die bescheidene, fleißige, die schon angekündigt hatte, sie wolle Lehrerin werden; Louise, mollig, still und häuslich; Emma, hübsch, keß und elegant.

Für Marguerite Debs' mütterlichen Stolz war ihre Familie die höchste Erfüllung, die Welt schlechthin. Sie ging selten außer Haus und werkelte scheinbar mühelos vom frühen Morgen, bis abends der letzte zu Bett gegangen war. Kaum einmal mußte sie zwischen den Kindern Unstimmigkeiten schlichten, weil ihre einfühlsame Liebe Streit nicht erst aufkommen ließ.

Daniel erhob sich als erster vom Tisch und ging in sein kleines Zimmer hinauf, wo in der Ecke in einem Glasschrank seine in Leder gebundenen Gedichtbände standen. Er nahm die Bücher einzeln heraus, staubte sie sorgfältig ab, öffnete das Inhaltsverzeichnis und überflog Namen und Titel. Dann stellte er sie nach Größe und Farbe geordnet wieder zurück. Diese »Dichterecke« war sein Zukunftstraum. Wenn er einmal alt und seine Kinder aus dem Gröbsten heraus waren, wenn er nicht mehr anderthalb Zentner schwere Fässer auf den Karren zu laden

und über morastige Wege zu schleppen hatte, dann würde er sich zurückziehen, hier sitzen und all die wunderbaren Verse lesen.
Auch Gene hatte seinen Privatbereich: Einen Winkel im Schlafzimmer, wo er einen alten Küchentisch aufgestellt und zum Schreibtisch erklärt hatte. Hier verwahrte er die wenigen Bücher, die er von seinem bescheidenen Einkommen als Hilfsbuchhalter gekauft hatte. Er bat Theodore, ihn um elf zu rufen, schloß die Türe hinter sich, setzte sich an den Schreibtisch und öffnete eines der Fünf-Cent-Hefte, in die er bei der Lektüre in peinlich sauberer Schrift seine Gedanken zu dem eben gelesenen Buch eintrug. Er besaß nur geringe Schulbildung. Nach der Mittelschule arbeitete er bei der Eisenbahn und las ziemlich wahllos, was ihm gerade in die Hände fiel. Selten hatten die Bücher Beziehung zueinander oder befaßten sich mit einem bestimmten Wissensgebiet.
Gene schlug Voltaires philosophisches Wörterbuch auf, das ihm sein Vater zum Geburtstag geschenkt hatte. Im Nebenzimmer hörte er Daniel musizieren. Daniel hatte im Elsaß Kornett geblasen und glaubte, der wichtigste Teil der Kindererziehung sei die Musik. Er hatte im Musikhaus Kussner ein Klavier gekauft, aber keines seiner Kinder hatte Spaß daran, und das einzige, was davon blieb, war die monatliche Rechnung von Kussner.
Ein Klopfen an der Türe unterbrach Genes Lektüre. Theodore kam herein. »Es ist fünf nach elf.«
»Elf vorbei! Das kann doch nicht sein, ich habe gerade erst...«
»Du wirst Oberst Ingersoll verpassen, wenn du nicht pünktlich am Zug bist.«

2

Auf dem Weg zum Bahnhof, der ihm von seiner vierjährigen Tätigkeit als Heizer bei der Vandalia-Eisenbahn vertraut war, dachte Gene wieder an das tragische Schicksal, das Robert Ingersolls einzigen Sohn getroffen hatte. Der junge Mann war so süchtig nach der Lektüre billiger Romane, daß er verwirrten Geistes in eine Anstalt eingeliefert wurde und in der Zelle gestorben war. Aber dies blieb nicht Ingersolls einziger Schicksalsschlag: Ein Pfarrer hatte in einer Lokalzeitung von Terre Haute berichtet, daß die beiden Töchter Ingersolls dem Alkohol verfallen waren und nur dadurch gerettet wurden, weil sie den Irrlehren ihres Vaters öffentlich abschworen und in den Schoß der presbyterianischen Kirche zurückkehrten. Gene stellte sich Ingersoll als einen verbitterten Mann vor. Besorgt überlegte er, wie er diesem Rebellen persönlich begegnen sollte.

Robert Ingersoll hatte nach den Berichten eine schlimme Jugend gehabt. Für seinen Vater, Pfarrer Ingersoll, waren alle Menschen von Grund auf böse und schon bei der Geburt für die ewige Verdammnis bestimmt. Der Teufel war für ihn allgegenwärtig in Körper und Geist, das Leben eine Kette aus Gier und Wollust. Roberts Mutter war gestorben, als er zwei Jahre alt war, und nichts hatte den väterlichen Einfluß gemildert. Von Samstagabend bis Montagfrüh soll das Haus der Ingersolls in trostlose Büßerstimmung versunken sein. Da John Ingersoll die Woche über keine Gemeinde hatte, so hieß es in der Zeitung, erzog er an seinen beiden Söhnen herum: Sie wurden halbtot geprügelt, wenn sie ein paar Äpfel genommen hatten, die aus dem Obstgarten über die Straße hingen, und ihre Knie waren zerschunden von den endlosen Bußgebeten. Vielleicht hätten die beiden Jungen ihren Vater hassen sollen, aber sie bemitleideten ihn nur – was sie aber wohl haßten, war das orthodoxe Presbyterianertum.

Gene gelangte zu dem senffarbenen Holzschuppen, wo er als Vierzehnjähriger seine Laufbahn begonnen hatte. Für fünfzig Cent pro Tag hatte er alte Farbe von den Vandalia-Waggons abgekratzt. Nach einem Jahr durfte er einen ausgefallenen Heizer ersetzen und hielt die Kessel so gut unter Dampf, daß er von da an dauernd die Schaufel schwingen mußte. Häufig endete die Fahrt mitten in der Nacht irgendwo auf der Strecke, hundert Meilen vom nächsten Ort entfernt. Dann verzog sich die Mannschaft in eine Baracke und warf sich in Kleidern auf die schmutzigen Bänke zum Ausruhen nieder. Aber schon mit fünfzehn raubte die Ungeduld Gene den Schlaf. Wenn die Männer eingeschlafen waren, stand er auf, zündete eine Kerze an und las in dem Buch, das er gewohnheitsmäßig in der Gesäßtasche seiner Arbeitshose trug. Einmal wachte ein Bremser kurz vor Morgengrauen auf, stützte sich auf die Ellbogen und sah ihm zu.

»Junge, was treibst du da?«

»Ich lese.«

»Heißt das, daß du lieber liest, anstatt zu schlafen?«

»Es ist spannender.«

»Einer von uns beiden ist ein blöder Hund«, sagte der alte Mann. »Wetten, daß ich es nicht bin!«

Es waren erlebnisreiche, aber auch gefährliche Jahre für den Jungen: Täglich gab es Unfälle, Lokomotiven stießen zusammen, Züge entgleisten, Waggons brachen auseinander, Kupplungen lösten sich. Dennoch verließen die Eisenbahner ebensowenig ihren Arbeitsplatz, wie die Grubenarbeiter aus der Gegend um Terre Haute trotz der vielen schlagenden Wetter ihre Arbeit aufgaben.

Soeben stampfte der Zug Indianapolis–Terre Haute heran und kam mit mehr Lärm, als nach Genes Erfahrung nötig war, zum Stehen. Etwa zwanzig Passagiere stiegen aus, wurden von Freunden oder Bekannten begrüßt und verschwanden. Nur ein Mann war noch auf dem Bahnsteig. Gene geriet in Panik. Ingersoll hatte den Zug verpaßt! Es ging weniger um das Geld, das der Klub dadurch verlor und das in monatelanger harter Arbeit ersetzt werden mußte, als darum, daß der Occidental Club sich lächerlich machte.

Während Gene solche Gedanken durch den Kopf gingen, kam der letzte Reisende, ein hochgewachsener Mann mit rotbackigem Gesicht und freundlichem Lächeln, auf ihn zu.

»Sind Sie vielleicht Eugene Debs?«

»Wie ... äh ... ja.«

»Ich dachte schon, man läßt mich hier stehen.«

Gene war sprachlos.

Der Mann fragte ruhig: »Ist was nicht in Ordnung? Ist der Vortrag verboten worden?«

»Nein, nein! Es war nur ... Sie sehen nicht aus wie ... Ich habe Sie nicht er ...«

»Haben Sie nicht den Prospekt mit meinem Bild bekommen?«

Gene antwortete zögernd: »Ich muß Ihnen die Wahrheit sagen, Oberst Ingersoll. Ich habe nach einem unglücklichen Mann Ausschau gehalten, der vor seelischer Belastung kaum noch seinen Koffer schleppen kann.«

Ingersoll zwinkerte. »Dachten Sie da an eine besondere Last? Etwa das Unglück mit meinem Sohn?«
Gene starrte Ingersoll, der amüsiert zu schmunzeln begann, ungläubig an.
Fast unhörbar murmelte er: »Ja!«
»Lassen Sie sich deswegen keine grauen Haare wachsen, Mr. Debs, mein Sohn hat nicht zu viele Schundromane gelesen, er war weder geisteskrank noch ist er gestorben. Ich habe nie einen Sohn gehabt.«
Gene blickte den Oberst verblüfft an, dann stimmte er in Ingersolls herzliches Lachen ein. »Soll das heißen, die Leute hassen Sie derart, daß sie solche Geschichten aus der Luft greifen?«
»Aus der Luft ... der vergifteten.«
Gene nahm mit einer Hand Ingersolls Koffer, mit der anderen ergriff er den Arm des älteren Mannes.
»Ich kann mich wirklich nicht beklagen, Mr. Debs. Bedenken Sie, daß noch vor einigen Jahren Männer, Frauen und sogar Kinder eingesperrt und gefoltert wurden, wenn sie Zweifel an der Institution Kirche äußerten.«
Sie waren vor dem Terre Haute-Haus angelangt. Die Morgensonne verschwand hinter grauen Wolken. Es roch nach Regen. Gene schaute besorgt hinauf. »Wenn es Regen gibt, kriegen wir Schwierigkeiten. Die Leute mögen keine nassen Füße.«
»Weder nasse Füße noch neue Ideen, wie?«
»Stimmt. Ich habe Ihren Managern einen Vertrag unterschrieben, daß ich Ihnen das volle Honorar auszahlen muß, ehe Sie das Podium besteigen.«
Wieder mußte Ingersoll lachen.
»Mein Agent ist mein Schwager, er lebt in dauernder Sorge, daß meine Schwester verhungern könnte. Wenn heute abend nichts herausspringt, vergessen Sie einfach

mein Honorar. Ich sollte eigentlich nicht dafür bezahlt werden, daß ich meine Ansichten verbreite – ich müßte froh sein, daß die Leute mir überhaupt zuhören.«

3

Auf dem Heimweg besuchte Gene Gloria Weston, um die drei Karten abzugeben, die Mr. Weston bestellt hatte. Gloria wohnte im Eckhaus an der Zehnten Straße, ganz in der Nähe vom Laden der Debs. Jahrelang hatte sie jeden Morgen auf der Veranda gewartet, um gemeinsam mit Gene zur Schule zu gehen. Gene hatte Gloria immer gern gemocht. Er liebte ihr quirlendes Kupferhaar und ihr ansteckendes Lachen. Als Gene kam, harkte sie den Vorgarten.

»Gene!« rief sie, »du kommst gerade recht zu Mittag.«

»Nein, Gloria, ich komme nicht zum Essen, ich will nur die Karten bringen.«

»Aber du magst doch Mutters Maiskuchen so gern.«

»Ich habe gar nicht gewußt, daß deine Mutter heute ...«

»Also, jetzt weißt du es«, und sie schob ihre Hand unter seinen Arm, um ihn die Stiege hinaufzuziehen.

Gloria war siebzehn Jahre alt. Sie hatte leuchtend grüne Augen und eine Stupsnase. Sie reichte Gene kaum bis zur Schulter, aber sie hatte eine reizvolle Figur mit schmalen Fesseln und wohlgeformtem Busen, den sie – im Gegensatz zu den meisten Frauen von Terre Haute – auf Wunsch ihrer Mutter nicht einschnürte.

Gloria liebte Menschen, Häuser, Essen und die warme

Herbstsonne von Terre Haute, die das Laub gelb aufleuchten ließ, bis es sich sanft von den Ästen löste. Vor allem aber liebte sie Gene Debs. Sie brachte ihn oft in Verlegenheit, wenn sie darauf bestand, er sei der hübscheste Junge von Terre Haute. Jeder wußte, daß sie ihn an seinem einundzwanzigsten Geburtstag heiraten wollte.

Die Möbel im Haus der Westons waren in lichten Farben gehalten, die Fenster von bunten Kattunvorhängen eingerahmt.

»Mutter«, rief Gloria, »Gene sagt, er hätte draußen deinen Maiskuchen gerochen und konnte nicht widerstehen, hereinzukommen.«

Gene lachte. Er ließ seine Finger sanft durch ihr Haar gleiten.

Mrs. Weston bewegte einladend ihre noch mit Teig verklebte Hand. »Wahrscheinlich hat sie dich von der Straße geholt mit dem Vorwand, daß du gerne Kuchen ißt.«

Gloria ließ sich auf das Sofa fallen und forderte Gene durch eine Handbewegung auf, sich neben sie zu setzen. »Ihr könnt auch immer nur ans Essen denken«, zwitscherte sie, »ich will jetzt etwas über Oberst Ingersoll hören. Welchen Eindruck macht er?«

Aus dem Treppenhaus rief eine Stimme: »Warte einen Moment, Gene, das interessiert mich auch!«

Glorias Vater kam eilig die Treppe herab und betrat das Wohnzimmer. Obwohl Paul Weston erst achtunddreißig Jahre alt war, kam er Gene ziemlich alt vor, weil er so kahl war wie eine griechische Statue. Er war ein Rechtsanwalt ohne großen Ehrgeiz und übernahm keine Fälle, die ihm Streit, Diskussionen oder anderen Ärger brachten. Die soziale Schichtung in Terre Haute war so starr wie die Schienen der Vandalia-Bahn, die einander auch nie berührten. Paul Weston und seine Frau waren als Verräter ihrer Klasse, der frühen, inzwischen wohlhabenden Siedler, bekannt, die verächtlich auf Neusiedler, wie die Debs, herabsahen. Die Westons waren so sehr aus der Rolle gefallen, daß sie sogar im falschen Stadtteil wohnten – sonst hätten Gene und Gloria sich wahrscheinlich nie kennengelernt.

Als Gene die Westons verließ, begann es zu regnen, und als er Stunden später Oberst Ingersoll aufsuchte, goß es in Strömen. Hinter der Bühne des Opernhauses war es dunkel und muffig. Nur ein Wandleuchter brachte etwas Licht in das Durcheinander. Es war nicht leicht gewesen, jemand zu finden, der den Redner vorstellte. Gene hatte es beim Bürgermeister, zwei Stadträten und dem Leiter des Rose-Polytechnikum versucht. Nur Reverend Peter Hanford, ein schlichter, strohblonder Witwer, war dazu bereit gewesen.

Gene machte Ingersoll mit dem Geistlichen bekannt, wünschte beiden viel Erfolg und eilte durch einen Seitengang hinaus.

Als er das Theater betrat und sich auf den Platz setzte, den er sich inmitten seiner Angehörigen reserviert hatte, stellte er überrascht fest, daß das Opernhaus ausverkauft war. Sogar die Seitenlogen, die wie Nester an den vergoldeten Wänden klebten, waren von einflußreichen Bürgern der Stadt besetzt. Gene bemerkte, daß sich dieses Publikum anders verhielt als jenes, das kam, um Lotta zu hören oder Joe Jefferson als Rip van Winkle zu erleben. Es gab kein zwangloses Plaudern, kein Gelächter, kein Winken, sondern nur ein unterdrücktes Flüstern, das ihn mit einer bösen Vorahnung erfüllte.

Reverend Hanford trat vor den Vorhang, gefolgt von Ingersoll. Er war halb so groß wie Ingersoll und sah aus wie ein Zwerg, der einen Bären an der Leine führt. Es gab

spärlichen Beifall von den Mitgliedern des Occidental Club und den wenigen Bilderstürmern der Stadt, aber das feindselige Schweigen der Mehrheit war spürbar.
Ingersoll beachtete diese Feindseligkeit nicht. Er lehnte am Podium, sein Gesicht strahlte Wohlwollen aus.
Als seine Stimme dann über die Zuhörerschaft dahinrollte, als er die geheiligten Güter des frömmelnden Bürgertums in Frage stellte, die göttliche Offenbarung, die Existenz des Fegefeuers, das Ringen zwischen Gott und Teufel um jede menschliche Seele, sah Gene Debs, was an Ingersoll so anders war, als an den meisten seiner Zuhörer: Er war vollkommen frei von Furcht! Er war frei von der ständigen Angst der Menschen um ihr tägliches Brot, um ihr gesellschaftliches Ansehen, um ihren beruflichen Erfolg, um ihr Seelenheil. Diese Existenzangst hatte einst der alte Pfarrer Ingersoll seinen Söhnen mit Prügel einzubläuen versucht.
Der Erfolg war, daß sein Sohn Robert es als sein Lebensziel betrachtete, den Menschen diese Ängste zu nehmen.

4

Als Gene am Montagmorgen an seinen Schreibtisch bei Hulman & Cox, Kolonialwaren-Großhandlung, trat, fand er unter seinem Tintenfaß einen Brief vor. Er war von Joshua Leach, dem Sekretär der Bruderschaft der Lokomotivheizer, unterzeichnet. Die Mitteilung war kurz: »Mr. Leach möchte heute abend nach der Arbeit mit Mr. Debs sprechen.«

Gene hatte genügend Zeit zu grübeln, was Joshua Leach wohl von ihm wollte, denn die Arbeit bei Hulman war ausgesprochen einfach.
Kein Eisenbahner bekommt je den Rhythmus fahrender Züge aus seinem Blut, selbst wenn sein Dienst auf den Zügen Jahre zurückliegt. Für jeden Mann hat das Geratter der Räder einen anderen Tonfall. Niemals klingt es in zwei Köpfen gleich, und doch hinterläßt es bei jedem einen bleibenden Nachhall.
Genes Gedanken liefen schneller als irgendeine Maschine, die er je geschürt hatte. Es beschämte ihn stark, daß er die aufregende Tätigkeit eines Lokheizers gegen die Stubenhockerei eines Handlungsgehilfen eingetauscht hatte.
Doch seine Mutter hatte schlaflose Nächte verbracht, weil so viele Heizer getötet oder verstümmelt wurden. Sie war selbst zu Hulman gegangen, um sich eine Anstellung für ihren ältesten Sohn zu sichern. Als Gene ihr sein Wort gab, daß er die Arbeit bei der Bahn aufgeben würde, verstanden seine Kollegen sein Bedauern, in Zukunft auf den Führerstand und diesen erregenden Geruch von Dampf und Öl zu verzichten.
Gene allein aber wußte, daß er die Ängstlichkeit seiner Mutter zum Vorwand nahm, das harte Leben eines Heizers mit Haltung aufzugeben. Ein letztes Mal wusch er den Kohlenstaub von Gesicht und Händen und ging mit einem Gefühl des Triumphes und der Erleichterung nach Hause. Denn vierzehn Stunden Arbeit am Tage hatten ihn zunehmend abstumpfen lassen. Sein schnell wachsender Körper verlangte nach Ruhe und Schlaf, da er die verbleibenden Stunden so verzweifelt nötig zum Lesen und Studieren – zum Löschen seines Wissensdurstes brauchte.

Noch immer verbrachte er einen Teil seiner Freizeit auf dem Rangierbahnhof, wo die Linien der Vandalia und der Terre Haute–Indianapolis zusammenliefen. Irgendwie fühlte er sich stärker zu seinen dortigen Freunden als zu den Kollegen bei Hulman hingezogen. Und immer, wenn er sich auf dem Bahnhof sehen ließ, gab es ein Begrüßungs-Hallo für den sanften, schlanken, jungen Mann, der schon mit fünfzehn Jahren ein vollwertiger Heizer gewesen war. Eines Abends, als er über die Schienen ging, war er Denis O'Hern, einem riesigen, dicken Burschen, begegnet, der seit Jahren Kohlen schaufelte, ohne dabei auch nur ein Gramm von seinem überflüssigen Fett zu verlieren. Es war Denis' einziger Ehrgeiz, Lokomotivführer zu werden, und dafür hatte er viel gelernt und gewissenhaft gearbeitet. An jenem Abend machte Denis ein düsteres Gesicht.

»Was ist los?« fragte Gene.

»Ach, das Leben ist schwer, alter Junge, und voller Überraschungen.«

»Hast du etwa die Lokführerprüfung wieder nicht bestanden?«

»Doch, mein Junge, sogar mit Auszeichnung.«

»Das ist ja großartig, Denis!«

»Gar nicht großartig! Ich besitze keine Uhr, und die Gesellschaft will mir die Stelle nur geben, wenn ich eine habe.«

Gene legte seine Hand auf die Brusttasche, wo er den kleinen Buckel seiner Eisenbahneruhr spürte. Ein Jahr lang hatte er für diese Uhr gespart, aber er zog sie jetzt, ohne zu zögern, aus der Tasche und gab sie Denis O'Hern.

»Nein, nein, Junge, ich kann deine Uhr nicht nehmen.«

»Aber ich brauche sie wirklich nicht. Ich habe die Zeit im

Kopf. Ich könnte dir immer genau sagen, wie spät es ist.«
Denis rieb die schwere silberne Uhr zärtlich mit seiner mächtigen Hand. »Ich gebe sie dir wieder, Junge; sobald ich den neuen Lohn kriege, bekommst du sie zurück.«
Denis hatte ihm weder die Uhr zurückgegeben, noch war er Lokomotivführer geblieben, denn seine Augen wurden beim ersten Anzeichen von Gefahr tränenblind. Doch alle Arbeiter der Vandalia-Eisenbahn kannten die Geschichte von Gene Debs Uhr, und jeder kannte auch die Geschichte von dem Überrock, den er sich in einer kalten Januarnacht buchstäblich vom Leibe gezogen hatte, als der junge Ray Eppinghauser aus der Kantine kam und mit hochgeklapptem Kragen in einem dünnen Jakkett zu seinem Zug stapfte.
»Ray, wo hast du deinen Rock gelassen?« hatte Gene gefragt. »Heute nacht wird's schweren Frost geben.«
»Geschieht mir recht, wenn ich mich totfriere«, stöhnte Ray. »Ich war heute nacht besoffen, da hat mir einer den Mantel geklaut.«
»Hier hast du meinen Mantel, ich habe zu Hause noch einen«, erklärte Gene. »Ohne Mantel schaffst du es nie.«
Als Gene zähneklappernd und mit blaugefrorenem Gesicht heimkam, weinte seine Mutter. Erst zwei Wochen zuvor hatte sie ihm den Mantel zu Weihnachten geschenkt. »Wenn er dir leid tat, hättest du ihm deinen alten Mantel geben können«, protestierte sie. »Warum mußte es gerade der nagelneue sein?«
»Es war gerade der, den ich anhatte, Mutter. Ray hätte sich eine Lungenentzündung ohne meinen Mantel geholt. Außerdem ist mein alter noch gut.«
»Ray Eppinghauser taugt nichts«, widersprach seine Mutter. »Er betrinkt sich, verliert seinen Mantel, und du meinst, du bist verantwortlich.«

Gene hatte seine Mutter umgefaßt und ihr die Wange geküßt. »Aber Daisy, ich konnte ihn doch nicht erfrieren lassen, bloß weil er einen sitzen hat. Ray ist halt so, wie Gott ihn gemacht hat.«
»Ja, er ist so, wie Gott ihn gemacht hat.« Sie küßte ihn mit Tränen in den Augen. »Und du bist auch so, mein Junge.«

Gene arbeitete nun schon ein Jahr bei Hulman und hatte in dieser Zeit viel gelesen; doch blieb ihm dauernd bewußt, daß mit seinen zwanzig Jahren noch keine seiner Anlagen ausgereift war. Erst in diesem Sommer war der Occidential Literary Club aus der Wabash-Baseball-Mannschaft hervorgegangen. Gene hatte im rechten Feld gespielt, wo er zwar die hohen Bälle gehalten, den Bodenbällen aber ungeschickt wie ein flügelschlagender Kranich nachgesetzt war, so daß es manchmal nicht zu unterscheiden war, ob er den Ball stoppen oder vor sich her treiben wollte.
Aber wenn er auch kein besonderer Sportler war, als Organisator des Vereins war er nicht zu schlagen. Sobald sich die Notwendigkeit ergab, Dispositionen zu treffen, Ausflüge vorzubereiten oder ein Wohltätigkeitsspiel zu veranstalten, wandte man sich an Gene Debs. Als die Mitglieder beschlossen, auch einen Literatur Klub aufzubauen, ging Gene zum Präsidenten der Vandalia-Eisenbahn, Riley McKeen, der auch die Baseball-Ausrüstung gespendet hatte, und McKeen überließ ihnen mietfrei einen großen Raum in einem seiner Gebäude.
»Ich könnte euch auch Stühle, Tische und ein paar Bücher geben, Gene, aber ich meine, es wird langsam Zeit, daß ihr Jungen anfangt, euch selber was anzuschaffen.«
Zu ihrer ersten Sitzung schleppte Gene eine Anzahl Kisten von Hulman als Sitzgelegenheiten in den dritten

Stock des Gebäudes, wo ihr Versammlungsraum lag. Da sie weder Bücher noch Zeitschriften besaßen, fiel es gar nicht auf, daß sie keinen Lesetisch hatten. Gene veranstaltete an jenem Abend eine Diskussion über das Thema »Fatalismus oder freier Wille«. Die fünfzehn Mitglieder des Klubs, die wie Gene keine höhere Schulbildung besaßen, kneteten das Thema drei Stunden lang heftig durch. Wenn die Redeschlacht auch stürmischer verlief als manche ihrer Ballspiele, so lernten sie doch die Anfangsgründe der Kunst der freien Rede.

Als Gene ein paar Minuten vor sechs das Hauptbuch schloß und seinen Schreibtisch aufräumte, sah er einen Mann mit dem unverkennbaren Schaukelgang des Eisenbahners die Lagerhalle heraufkommen.

So gingen nur Leute, die den größten Teil ihres Lebens dem stampfenden Schlingern einer Maschine ausgesetzt waren, denn genau wie Seeleute können sich Eisenbahner nicht daran gewöhnen, daß der Boden unter ihren Füßen stillsteht. Der kleine untersetzte Mann mit dem grauen Haarschopf blieb vor ihm stehen und fragte: »Sind Sie Gene Debs? Ich bin Joshua Leach.«

Gene streckte ihm die Hand hin und fühlte, daß dort, wo zwei Finger sein sollten, nur Stümpfe waren. Leach war einen Kopf kleiner als Gene, aber zweimal so breit in den Schultern und Hüften. Er faßte den jungen Mann unter den Arm und begann schon zu reden, bevor sie das Lagerhaus verließen. Schwerfällig schaufelte er Worte in die Unterhaltung wie Kohlen in ein Kesselfeuer.

»Vor'n paar Jahren hatten wir 'ne Menge Pech oben in Port Jervis. Eine Maschine explodierte, tötete einen von unsern Jungs und riß einem anderen den Arm ab. Bill Coopers Frau hatte natürlich kein Geld für die Beerdigung. Da legten wir Heizer alle zusammen und brachten

genug Geld auf, um Bill zu begraben und für Andrews Familie zu sorgen, bis der neue Arbeit kriegen konnte. Ehe die Versammlung auseinanderging, fiel mir etwas ein. ›Schaut mal‹, sagte ich, ›wir sind alle in der gleichen Lage. Morgen schon kann ein Rad am Tender brechen oder eine Schiene kippen, und dann steht eure oder meine Witwe da, ohne Geld für ein anständiges Begräbnis. Warum gründen wir nicht eine Organisation, die uns in so einem Falle hilft? Jeder steuert 'n paar Cent pro Woche von seinem Lohn bei. Wird dann einer von uns verletzt oder getötet, dann haben wir Geld in der Kasse, um den Familien zu helfen.‹ So entstand die Bruderschaft der Lokomotivheizer. Und wir werden keine Ruhe geben, bis auch die Letzten zu uns gekommen sind. Wir wollen hier in Terre Haute einen Ortsverband gründen. Die Kumpels sagen, du wärst unser Mann.«
Gene war so erstaunt, daß er vergaß, weiterzugehen, doch Leach schob ihn mit kräftigem Arm vorwärts.
»Aber ich... ich bin nicht mehr im Dienst. Bin schon vor'n paar Jahren weg.«
»Wir brauchen einen Mann, der lesen und schreiben und auch mal 'ne Rede halten kann, wenn 'ne Rede fällig ist. Ich bitte dich, den Posten anzunehmen.«
Gene hatte manchmal das Gefühl, daß sein Streben nach tieferen Einsichten und nach mehr Wissen ebenso erfolglos war wie seine Jagd nach Bodenbällen. Bisher waren alle seine Bemühungen ohne eine Richtung. Er hatte keine ausgeprägten Wünsche, keinen persönlichen Ehrgeiz, doch irgendeine treibende Kraft ließ ihn zweifeln, daß er nur dazu berufen sei, als Handlungsgehilfe bei Hulman sein Leben zu beschließen und vielleicht Oberbuchhalter oder Einkaufschef zu werden.
Das Angebot, das Joshua Leach ihm machte, ließ ihn da-

her aufhorchen. Das schien endlich einmal eine Gelegenheit, etwas wirklich Nützliches zu tun, ein neues Projekt anzupacken und bei einer wichtigen Sache mitzuarbeiten. Er verzog seinen Mund ein wenig, als er Leach antwortete: »Ihr könnt mit mir rechnen!«

5

In der Familie Debs aß man getrennt zu Abend, Theodore und seine jüngeren Schwestern um fünf, so daß ihnen danach noch ein paar Stunden für ihre Hausaufgaben blieben. Um sechs richtete Marguerite das Essen für ihren Mann und löste ihn im Laden ab. Um halb sieben kamen Gene und Louise zum Essen, und um sieben aß sie selbst in der Küche das, was übrigblieb, während Louise das Geschirr spülte und die beiden Frauen die Tagesereignisse besprachen.

An diesem Abend machte sich Gene einen Kübel Wasser warm, schrubbte sich mit einer harten Bürste und rasierte sich sorgfältig: die breite Oberlippe über dem großen ausdrucksvollen Mund, die langen leicht eingebuchteten Wangen, die harmonisch in das mächtige Kinn ausliefen. Die Koteletten mußten messerscharf abgesetzt sein. Sorgfältig wischte er die scharfe Klinge, scheitelte sein helles Haar tief auf der linken Seite und bürstete es über dem Ohr zurück. Dann kämmte er es rechts ein wenig nach vorn, so daß es in einer Welle über der hohen Braue lag. Seine Augenbrauen bildeten betont dunkle Striche in seinem sanften Gesicht, aber sie waren ein wirkungsvoller Rahmen für seine tiefliegenden blauen Augen. Er zog seinen guten schwarzen Anzug an, ein gestärktes Hemd und einen Kragen mit schwarzer Satinschleife, deren Enden er in die Weste steckte.

»Du gehst wohl auf Freiersfüßen«, sagte Theodore, der das umständliche Ankleiden beobachtet hatte.

»Wie kommst du darauf, Theo?«

»Warum würdest du dich sonst so gründlich waschen und deine Sonntagssachen anziehen?«

Gene trat an das offene Fenster und bürstete seinen Mantel in der Nachtluft aus. »Ich gehe zur Versammlung der Lokheizer.«

»In dem Aufzug? Daß ich nicht lache!«

»Das ist kein Witz, Theo. Ich soll Sekretär der Brüderschaft werden.«

Vor Bewunderung machte Theodore große Augen. »Mann! Das ist ja fabelhaft!«

Gene erschien fünf Minuten vor acht in der Versammlung. Er befand sich in solcher Erregung, daß er nicht widerstehen konnte, in Austins Eisenwarenladen zu gehen und sich das schöne Federmesser mit Horngriff zu kaufen, das er schon seit Monaten bewundert hatte.

Joshua Leach wartete vor dem Gebäude.

Gene begrüßte ihn mit einer Flut von Fragen. »Erzähle mir was von uns – wie lange besteht der Verband schon? Wie viele Vereinslokale haben wir? Wie sieht unser Programm aus?«

Leach grinste vor sich hin. Gene Debs hatte also schon angebissen.

Als sie in den Versammlungsraum gingen, murmelte Leach: »Ist dir doch klar, daß es bei uns keine Bezahlung...«

»Bezahlung?« wiederholte Gene bestürzt.

Sie wurden von den anwesenden Heizern kumpelhaft begrüßt. Genes Hochstimmung erlitt jedoch einen Schlag, als er den Saal betrat, denn er hatte ihn seit zwei Jahren nicht gesehen und vergessen, was für ein schmutziges, düsteres Loch es war. Die Decke – ursprünglich schokoladenbraun getüncht – war jetzt schwarz vom durchgesikkerten Regenwasser, die gelbe Tapete an den Wänden schäbig und voller Flecken. Ein Dutzend wackliger Stühle mit schmutzigen Bezügen stand unordentlich herum. Auf dem ungefegten Boden lagen Zigarrenstummel und Streichhölzer, die festverschlossenen Fenster waren von jahrealtem Schmutz erblindet, das Pult des Vorsitzenden abgenutzt, die Luft abgestanden und dumpf.
In der nächsten Viertelstunde betraten ungefähr zwanzig Heizer den Saal, die sich auf den Stühlen und den rußigen Fensterbänken niederließen. Einige von ihnen kamen direkt von der Arbeit, Kohlenstaub und Schweiß bedeckte noch ihre abgehetzten Gesichter. Sie hatten zwar keine große Lust, hierherzukommen, doch hatten sie alle einmal mit Joshua Leach zusammengearbeitet und von seiner Kameradschaft profitiert.
Leach klopfte mit der Handfläche dreimal auf das Pult. Dann begann er zu sprechen.
»Bruderschaft bedeutet in unserer Sprache, daß wir wie Pech und Schwefel zusammenhalten, um eine wirklich wohltätige Vereinigung zu werden. Ich erkläre hiermit die Gruppe Terre Haute der Bruderschaft der Lokomotivheizer für gegründet. Ihr sagtet mir heute morgen, daß Gene Debs euer Mann sei, und so ernenne ich ihn offiziell zum Sekretär. Er beruft die Versammlungen ein, nimmt das Protokoll auf, sammelt die Beiträge ein, die fünfzehn Cents monatlich betragen, und wacht darüber, daß eure Gruppe mit dem Zentralbüro auf einer Linie liegt. Gleich

werden wir die Fragen erörtern, die euch sicher auf der Zunge liegen«, wandte er sich Gene zu, »aber zuerst, Herr Sekretär, stellen Sie bitte eine Liste aller Versammlungsteilnehmer auf.«

Es war zehn Uhr, als Gene nach Hause kam. Alles schlief – bis auf Theodore, der wach geblieben war, um die Rückkehr seines Bruders abzuwarten.

»Wie war es, Gene? War es eine große Versammlung? Bist du nun wirklich Sekretär?«

Gene freute sich über die Begeisterung seines Bruders. Aber so war es immer; Theodore schien mehr Anteil an dem Leben seines großen Bruders zu nehmen als an seinem eigenen.

»Nun ja ... so weit ist alles in Ordnung. Wir haben unseren Versammlungsraum bekommen. Aber die drei Fragen, mit denen du mich überfällst, sind drei Fragen mehr, als die zwanzig Heizer an Josh Leach gestellt haben. Diese Gewerkschaft ist gegründet worden, um die Interessen der Heizer zu wahren. Aber sie zeigten verdammt wenig Begeisterung.«

»Du meinst, sie wollten nicht mitmachen?«

»Ich könnte es ihnen noch nicht einmal verdenken. Warum sollen sie sich in einem Schweinestall treffen und immer von Dreck, zerkratzten Wänden und Möbeln umgeben sein, nur weil sie Arbeiter sind?«

Theodore sah seinem Bruder schweigend zu, wie er seinen guten Anzug ablegte, ihn bedächtig in den Kleiderschrank hängte, dann das gestärkte Hemd sorgfältig in die Bügelfalten legte und in einer Schublade verstaute. Endlich richtete sich Gene auf und drehte sich zu Theodore um. »Aber das wird sich bald ändern, Theo!«

Der Prokurist bei Hulman lieh ihm Eimer und Pinsel.

Gene und Theodore verbrachten den ganzen Sonntag damit, die schmutzige Tapete des Versammlungsraums von den Wänden zu reißen und die Fenster und deren verrußte Simse sauber zu scheuern. An den folgenden beiden Abenden strichen sie die Wände mit einer hellen Farbe. Daniel stiftete zwei Reproduktionen aus seiner Sammlung »Paris illustrated«, so daß der Raum eine wohnliche Atmosphäre bekam. Beim Trödler ergatterte Gene einen grünen Teppich, der nicht allzu abgetreten war. Am Donnerstag firnißte er die Dielen, und am Freitagabend legte er den Teppich aus. Bei dem Trödler entdeckte er auch zwei Sessel und ließ sich verleiten, sie zu kaufen.

Theodore fragte: »Schreibst du auf, wieviel Geld du ausgibst?«

»Nein.«

»Wie willst du dann wissen, wieviel die Kasse dir schuldet?«

Gene lachte. »Es gibt keine Kasse, also kann sie mir auch nichts schulden. Verstehst du, Theo, ich habe kein Recht, Geld von meiner Gruppe auszugeben, bis die Mitglieder mich dazu ermächtigen. Aber wenn ich kein Geld ausgebe, muß ich befürchten, daß ich die Mitglieder nicht halten kann. Sowas nennt man eben ein Dilemma.«

»Und wie nennt man das, wenn man seine ganzen Ersparnisse aufbraucht?«

Gene mietete von einem Wirt Klappstühle und bezog das wacklige Pult des Vorsitzenden mit grünem Filztuch. Im Kellergeschoß, unter dem Laden seines Vaters, fand er einen langen Eßtisch, der zusammengebrochen und darum ausrangiert war. Die Brüder bauten neue Beine darunter und trugen ihn spät abends, als ihr Vater schlief, zum Versammlungsraum. Von Mr. Hulman erstand er ein Faß Bier zum Einkaufspreis. Am Abend der ersten Zusammenkunft schlang Gene hastig sein Essen hinunter, weil er noch die neuesten Zeitungen und Magazine in der Stadt besorgen wollte, um sie auf den Tisch des Klubzimmers zu legen.

Theodore sah Gene zu, als er abermals seinen Sonntagsanzug anlegte. »Glaubst du, es wird ihnen gefallen, Gene?«

»Natürlich wird es ihnen gefallen. Es ist das erste Mal, daß sie einen sauberen und gemütlichen Platz als Treffpunkt haben. Wenn die ersten Beiträge eingehen, werde ich Schreibtische und bequeme Stühle kaufen – und eine Menge Bücher. Dann soll es nicht nur ein Versammlungsraum sein, sondern auch als Klubraum dienen. Genau wie beim Occidental Club.« Gene zögerte und sah seinen Bruder einen Augenblick an. »Weißt du, Theo, ich würde dich am liebsten mitnehmen. Du hast so schwer mitgearbeitet, daß du eigentlich ein Recht darauf hast.«

»Schon in Ordnung. Ich bleibe auf, bis du kommst«, erwiderte Theodore.

Es war kurz nach sieben, als Gene den Versammlungsraum betrat. Er breitete die Zeitungen und Magazine auf dem langen Tisch aus, stellte die Gläser auf und öffnete den Karton mit Brezeln, den Hulman zu Genes Überraschung beigesteuert hatte. Dann legte er sein Notizbuch auf das Filztuch des Rednerpults, setzte sich in würdiger Haltung an den Tisch und wartete in hoffnungsvoller Stimmung auf die Ankunft der Heizer.

Sie schienen spät zu kommen. Es wurde acht Uhr, aber noch ließ sich keiner blicken. Um fünf nach acht sah Gene wieder auf seine Uhr und zehn Minuten nach acht nochmal. Um viertel nach fing er an, sich zu wundern, um halb neun saß er wie auf Kohlen, und um dreiviertel neun

dämmerte es ihm, daß niemand kommen würde, daß er allein die Bruderschaft der Lokomotivheizer repräsentierte, daß er sich allein in den bequemen Stühlen räkeln, die neuesten Magazine lesen, die Brezeln essen und das Faß Bier austrinken konnte.
Er tat nichts von alledem. Still und steif saß er hinter dem grünen Tisch. Seine blauen Augen blickten halb betrübt, halb zornig. Punkt neun Uhr schlug er sein Notizbuch auf, klopfte auf den Tisch und verkündete: »Ich eröffne hiermit die Versammlung. Der Sekretär wird das Protokoll der letzten Sitzung verlesen.«
Er las das Protokoll der vergangenen Sitzung vor, und als er fertig war, fragte er laut: »Gibt es irgendwelche Einwände? Wenn nicht, gilt der verlesene Bericht als angenommen. Die Versammlung befaßt sich jetzt mit laufenden Angelegenheiten. Wenn keine laufenden Angelegenheiten zu erledigen sind, können aktuelle Fragen zur Debatte kommen. Sind noch irgendwelche Auskünfte zu geben? Wenn nicht, schließe ich hiermit die Versammlung. Die nächste Sitzung findet in zwei Wochen, am selben Platz, zur selben Zeit statt.«
Damit stand er auf und schlug mit dem Hammer auf den grünen Filz.
Gene war entschlossen, herauszubringen, wo die Heizer von Terre Haute an jenem Abend steckten. Er suchte sie und fand sie genau dort, wo sie immer waren: an der Theke in den Kneipen, beim Kartenspiel in deren Hinterzimmern oder daheim in festem Schlaf.
Diesmal hatte Theodore nicht einmal die Ruhe gefunden, zu Bett zu gehen. Er lief schnell auf den Flur, als er den Bruder die lange Seitentreppe heraufkommen hörte. Bevor Theodore ein Wort sagen konnte, verkündete Gene: »Es war ein Reinfall!«

Theodore erstarrte. Verwirrt sah er in das verstörte Gesicht seines Bruders.
»Es ist keiner gekommen. Niemand! Kein einziger Heizer, der die Nachricht verbreiten könnte, daß die Fenster geputzt und die Wände gemalt sind, daß wir Stühle zum Sitzen haben und Magazine und ...«
Er ließ sich auf die oberste Stufe der Treppe fallen.
»Man kann Männer nicht in eine Gewerkschaft zwingen, sie müssen freiwillig kommen. Aber jetzt, wo ich selber kein Heizer mehr bin, welches Recht habe ich da, ihnen zu sagen, was für sie gut ist? Ehrlich gesagt, Theo, ich bin wie vor den Kopf geschlagen.«

6

Als sich die Mitglieder des Occidental Club in ihrem Klubraum versammelten, um die Kasseneinnahme des Vorabends zu zählen, stellte sich heraus, daß Ingersolls Vortrag nach Abzug der Unkosten vierhundert Dollar eingebracht hatte. Major O.J. Smith, Bürgerkriegsheld und Herausgeber der »Gazette«, und auch der Liberale Horace Greely von der »Tribune« beglückwünschten den Klub lauthals zu dem mutigen Beitrag zum Kulturleben von Terre Haute.
Ein unglückliches Nachspiel gab es dennoch: Der Kirchenrat forderte die Absetzung von Pfarrer Peter Hanford. Gene machte sich sofort zum Pfarrhaus auf. Stotternd entschuldigte er sich.
»Nein, nein, Gene«, unterbrach ihn der Geistliche, »ich

bin ein erwachsener Mann und muß die Verantwortung für meine Handlungsweise tragen. Es ist nur leider so ... Clarissa und ich ... wir wissen nicht, wo wir nun bleiben sollen.«

Clarissa war Hanfords hübsche Tochter, ein Kind mit weichem blondem Haar und großen pastellblauen Augen. »Wir wohnen hier, seit Mama tot ist«, schluchzte sie.

Gene war zutiefst erschüttert. »Lassen Sie mich mit Major Smith von der »Gazette« sprechen. Da er den Vortrag gebilligt hat, wird er Ihre Entlassung bestimmt mißbilligen.«

Major Smith blickte auf die Gipsbüste, die auf seinem Schreibtisch stand und murmelte: »Intoleranz ist eins der Dinge, die Horace Greely in seiner »Tribune« besonders bekämpft. Die »Gazette« wird ihm darin nicht nachstehen!«

Am nächsten Morgen las man als Überschrift der »Gazette«: »Bigotterie in Terre Haute! Die Mitglieder des Kirchenrats, die Pfarrer Peter Hanford maßregeln wollen, werden aufgefordert, zu beweisen, daß sie keine mittelalterlichen Fanatiker sind.«

Der Kirchenvorstand kannte den Herausgeber als zähen Kämpfer und machte einen Rückzieher. »Aber nur vorläufig«, sagte Mr. Hanford zu Gene.

Von seinem Erfolg mit Ingersolls Vortrag ermutigt, schlug Gene dem Klub vor, demnächst Susan B. Anthony einzuladen, die kürzlich im Staat New York vor Gericht gestanden hatte, weil sie bei der Wahl eine Stimme abgegeben hatte.

Der Staatsanwalt hatte gesagt: »Die Beklagte, Miss Susan B. Anthony, hat für einen Vertreter des Kongresses ihre Stimme abgegeben. In ihrer Eigenschaft als Frau war sie von der Wahl ausgeschlossen. Es steht daher au-

ßer Frage, daß sie das Gesetz der Vereinigten Staaten übertreten und sich strafbar gemacht hat.«
Der Richter hatte Miss Anthony die Wahl gelassen, entweder hundert Dollar Strafe zu zahlen oder ins Gefängnis zu gehen. Susan B. Anthony erhob sich und hielt eine kurze Rede. Diese Rede war in der »Gazette« abgedruckt, und Gene las sie den Mitgliedern des Occidental Club vor.
»Alles, was ich habe, sind zehntausend Dollar Schulden, die durch Publikation meiner Zeitung »Die Revolution« aufgelaufen sind. Das Ziel der Zeitung ist es, alle Frauen so zu informieren, daß sie sich an meiner Handlungsweise ein Beispiel nehmen: Nämlich zu rebellieren gegen die von Männern gemachten ungerechten Gesetze, mit denen Frauen besteuert, bestraft, eingesperrt und aufgehängt werden, während sie den Frauen das Recht auf Vertretung in der Regierung verweigern. Ich werde mit aller Macht weiterarbeiten, um jeden Dollar meiner Schulden zurückzuzahlen. Aber ich werde keinen Cent für dieses ungerechte Urteil geben.«
Als Tochter eines Quäkers aus Massachusetts, der wegen seiner Freisinnigkeit aus der Gemeinde ausgestoßen war, wuchs die junge Susan in dem »ketzerischen« Vorurteil auf, daß ein weibliches Gehirn ein ebenso scharfes und nützliches Instrument sein kann wie ein männliches. Sobald sie jedoch als Lehrerin in die Welt hinaus ging, erfuhr sie, daß Frauen viertklassige Bürger waren. Frauen wurden von den Hochschulen, den fortgeschrittenen Gewerben und Geschäften ausgeschlossen und für eben gut genug gehalten, die niedrigst bezahlten Handarbeiten auszuführen. Abgesehen von den wenigen, die sich mit weiblichen Schlichen durchs Leben schwindelten, waren die Frauen Amerikas ebenso versklavt wie die Neger.

Obwohl sie gut aussah, intelligent und eine ausgezeichnete Haushälterin und Köchin war, hatte sich Miss Anthony Liebe, Ehe, Kinder und Sicherheit versagt, hatte in ihren besten Jahren auf elenden Zügen und Wagen das ganze Land durchquert und sich unter unerhörten Entbehrungen mit den tausend Widerwärtigkeiten herumgeschlagen, mit denen sie für ihre Herausforderung der Männerwelt bestraft wurde. Sie hatte nur einmal geschwankt, als sie sich nach Jahren der Arbeit für die Freiheit der Neger und deren Stimmrecht von den Abolitionisten, den Gegnern der Sklaverei, im Stich gelassen fühlte, weil diese ihre Zustimmung dazu gaben, daß das Wort »männlich« in den vierzehnten Verbesserungsantrag eingesetzt wurde, der den analphabetischen Negern das Wahlrecht einräumte, während er es gebildeten weißen Frauen vorenthielt.
Als Gene zum Bahnhof lief, um Susan Anthony in Terre Haute zu begrüßen, wußte er, daß die fünfundzwanzig Jahre ihres fast aussichtslosen Kampfes sie nicht verbittert haben konnten, denn hatte ihm nicht Oberst Ingersoll mit seinem überzeugenden Lächeln gesagt, daß Opposition einem das Blut erwärmt und das Leben zu einem aufregenden und romantischen Abenteuer macht?
Dieses Mal hatte er keine Schwierigkeit, die Rednerin des Abends zu erkennen, als sie aus dem Zug stieg. Sie war eine hochgewachsene, magere Frau von fünfundfünfzig Jahren mit streng hinter die Ohren gekämmtem, früh ergrautem Haar und einer Brille auf der geraden Nase. Ihr großes Gesicht war faltig, ihre Augen, wie in ständiger Erwartung eines Angriffs ein wenig starr.
»Miss Anthony? Ich bin Eugene Debs vom Occidental Club. Wir freuen uns, Sie bei uns zu haben.«
Sie nickte höflich, aber kühl, und erst als sich Gene von

der Enttäuschung erholt hatte, daß Susan B. Anthony kein Robert Ingersoll war, bemerkte er, warum diese Frau, die so steif aufgerichtet vor ihm stand, sich scheute, die Maske abzulegen. Ein Stück abseits auf dem Bahnsteig stand eine Gruppe von Frauen, die mit Fingern auf sie zeigten und anzüglich kicherten, während ihre männlichen Begleiter verächtlich herübersahen.

»Kommen Sie, Miss Anthony«, sagte Gene, »draußen vor dem Bahnhof können wir einen Wagen bekommen.«

Die Frau blickte ihm zum ersten Mal ins Gesicht. »Sie sind der junge Mann, der meinen Vortrag hier arrangiert hat, nicht wahr?«

»Ja, Miss Anthony.«

»Seit zwanzig Jahren kämpfe ich nun um die Gelegenheit, in Terre Haute zu sprechen, und es wurde mir immer verweigert.«

»Wir werden heute abend das Opernhaus voll haben.«

Gene sah ihre Augen kurz aufblitzen.

»Ist es weit zum Hotel?«

»Nein, nur ein paar Häuserblocks.«

»Gut, dann gehen wir zu Fuß.«

Als sie durch die Stadt gingen, machten Sonntagsspaziergänger unverschämte und drohende Bemerkungen. Gene wurde rot und fragte sich, wie diese Frau, die fünfundzwanzig Jahre unablässiger Beschimpfungen ertragen hatte, noch immer ungebeugt neben ihm gehen konnte, mit erhobenem Kopf und blitzenden Augen. Was mußte sie für innere Kräfte haben!

Als sie an der Ecke der State Street waren, wartete eine Gruppe von Angetrunkenen auf sie.

Gene murmelte: »Ich glaube, es wäre besser, wenn ich auf der anderen Seite gehe.«

»Bleiben Sie, wo sie sind«, sagte Miss Anthony. »Ich bin

tausend Mal ohne Schutz quer durch dieses Land gereist. Und ich bin zu alt, mich jetzt hinter jemandem zu verstecken.«

Als sie an den lauernden Männern vorbeikamen, mekkerte einer: »Warum tragen Sie heute nicht Ihre Pumphosen, wenn Sie so scharf drauf sind, ein Mann zu sein?« Ein anderer warf den Kopf zurück, schnellte ihn wieder nach vorne und spuckte Miss Anthony einen Mund voll Tabaksaft ins Gesicht.

Gene kochte vor Wut. Obwohl er sich noch nie geprügelt hatte, holte er mit geballter Faust aus. Aber sein Arm wurde von einem kräftigen Griff festgehalten.

»Schlagen Sie ihn nicht«, sagte Miss Anthony. »Wenn Sie Gewalt gebrauchen, stellen Sie sich nur auf das Niveau dieser Ignoranten.«

Die Männer zogen sich zurück. Gene und Susan Anthony setzten ihren Weg schweigend fort. Gene bebte vor Zorn, während Susan ruhig ein weißes Taschentuch aus ihrer Manteltasche holte und sich damit ihre Wange abwischte.

Nachdem, was Pfarrer Hanford wegen seiner Einführung von Oberst Ingersoll widerfahren war, beschloß Gene, Susan Anthony selbst dem Publikum im Opernhaus vorzustellen. Am Abend holte er sie kurz vor acht ab. Er führte sie hinter die Bühne, dann trat er an das Guckloch im Vorhang, um zu sehen, ob das Theater gut besucht sei. Er stöhnte laut auf, als er sah, daß das Haus leer war; Reihe für Reihe gähnende Zwischenräume, die sich bis hinauf zur Galerie fortsetzten. Wie betäubt zählte er die Gesichter. Nicht einmal alle Mitglieder vom Occidental Club waren erschienen. Abgesehen von der beachtlichen Phalanx der Familien Debs und Weston, bestand die Zuhörerschaft aus genau vierzehn Bewohnern von Terre Haute – zumeist Lehrerinnen.

Als er sich umwandte, sah er, daß er nichts erklären mußte: Die hagere Frau mit den kriegerischen Augen wußte schon, was geschehen war.
»Miss Anthony, Sie müssen nicht ...« stotterte er, »es sind nur wenige ... wenn Sie meinen, es lohnt nicht ...«
Ihre Augen funkelten, als sie streng sagte: »Glauben Sie nicht, daß ich an so etwas gewöhnt bin? Bin ich nicht Hunderte von Meilen in Schneestürmen gereist, ohne Essen oder die Möglichkeit, die Kleider zu wechseln, nur um zu erleben, daß die Angst, sich lächerlich zu machen, auch den letzten Zuhörer ferngehalten hat? Glauben Sie, ich weiß nicht, daß der Kampf um das Frauenstimmrecht den Reiz des Neuen verloren hat? Aber ich will trotzdem zu zehn Menschen mit der gleichen Überzeugungskraft sprechen wie zu tausend. Wenn gar keiner gekommen wäre, würde ich Sie bitten, hinunterzugehen, und Ihnen allein meinen Vortrag halten. Opposition vor einem großen Publikum ist leicht, schwierig wird es erst, wenn man vor einer Mauer des Schweigens zu seiner Sache stehen muß. Sie müssen wissen, Mr. Eugene Debs, die beste Art zu kämpfen ist, wenn man allein steht, wenn man nirgends Halt findet als an sich selbst. Und jetzt gehen Sie bitte vor den Vorhang, ich will nämlich mit meinem Vortrag anfangen.«
Gene schloß die Augen und zögerte ein paar Sekunden, während das Bild des leeren Opernhauses und seines leeren Gewerkschaftssaales vor ihm entstand. Auch er wußte, was es bedeutet, abgewiesen zu werden.
Der Besuch von Susan Anthony hatte ihn gelehrt, daß der einfachste Weg nicht immer zum Erfolg führt. Gene zuckte bei dem Gedanken zusammen, wie er es sich noch vor ein paar Wochen eingebildet hatte, man könne mit einem Faß Bier und einem Eimer Farbe eine Gewerk-

schaft aufbauen. Jetzt war ihm klar, daß er sie nur mit Brot und Speck aufbauen konnte.
Am nächsten Sonntag, als sie zusammen am Mittagstisch saßen, versuchte Gene es seiner Familie zu erklären. Als er sagte, daß die Stellung eines Sekretärs der Heizer-Gewerkschaft ein Ganztagsjob sei, blickte ihn seine Mutter besorgt aus ihren braunen Augen an. Er fügte schnell hinzu: »Nein, nein, Mutter, das heißt nicht, daß ich bei Hulman aufhören will. Ich meine nur, daß ich viel Zeit brauchen werde, diese neue Sache zu organisieren. Darum werde ich jeden Abend und jeden Sonntag damit beschäftigt sein.«
Dann wandte er sich seinem Vater in der Erwartung zu, daß dieser etwas antworten würde.
»Diese Gewerkschaftssache, Gene«, sagte Daniel langsam, »billige ich eigentlich nicht.«
Schweigen legte sich über den Raum. Daniels Lieblingsbild, das an einer Wand im Schlafzimmer hing, zeigte einen Kriegsveteranen, der am Straßenrand um Almosen bettelt. Gene wußte, daß dieses Bild für seinen Vater das Symbol der leidenden Menschheit war, die alles gab, was sie hatte – Jugend, Idealismus, Lebenskraft –, nur um ausgesogen und erschöpft beiseite geschoben zu werden: die Menschheit, ein Bettler am Straßenrand.
»Du solltest der erste sein, Vater, der für die Gewerkschaftsidee Verständnis zeigt«, erwiderte Gene. »Das Ziel der Heizer ist es, zusammenzuhalten und das Schicksal des einzelnen zu erleichtern. Alle deine Lieblingsschriftsteller in der Dichterecke wären mit mir einer Meinung.«
Daniel schüttelte langsam den Kopf: »Du mußt mich richtig verstehen, Gene. Ich mißbillige nicht deine Arbeit, es ist nur der Grundgedanke, der dahintersteht.«

»Du mißbilligst also doch, daß Männer sich zusammenschließen, um sich und ihren Familien zu helfen.«
»Männer sollten sich von Vereinigungen und Bindungen fernhalten. Wenn diese Lokomotivheizer sich erst einmal fest zusammenschließen, werden sie auch bald anfangen, ihre Ziele mit Gewalt durchzusetzen.«
»Nein, nein, wir haben nicht die Absicht ...«
Daniel unterbrach ihn. »Wenn die Heizer nicht ganz bestimmte Wünsche hätten, brauchten sie auch keine Gewerkschaft. Zuerst werden sie versuchen, durch Aufrufe, Appelle und Gesuche zum Ziel zu kommen. Wenn sie aber merken, daß sie mit Überredung nicht weiterkommen? Nichts Gutes ist jemals durch Gewalt entstanden, Gene. Was wir mit Gewalt nehmen, kann uns mit Gewalt wieder abgenommen werden. Der einzige Weg, sein Leben wirklich zu bereichern, ist der durch den Geist – tief von innen heraus. Wahre Freiheit heißt, allein zu stehen.«
»Um deine Philosophie zu befolgen, Vater«, erwiderte Gene, »müßtest du in einer Höhle leben wie Rousseaus Naturmensch. Du könntest keine Frau oder Kinder haben, keinen Lebensmittelladen, du könntest nicht einmal der Bürger eines Landes sein.«
Daniel blickte in die Runde und sah, daß alle auf eine Antwort warteten.
»Dies sind die Grundvoraussetzungen«, antwortete er ruhig. »Doch über die Familie und den notwendigsten gesellschaftlichen Zusammenschluß hinaus, ohne den wir nur Wilde wären, sollen die Menschen keine zusätzlichen Bindungen eingehen, sonst verlieren sie ihre Freiheit.«
Diese Diskussion war zu abstrakt für Marguerite, die im Geiste bereits die praktischen Seiten der Sache abgewogen hatte.
»Du wirst jetzt mehr Platz zum Arbeiten brauchen,

Gene.« Sie wandte sich an Daniel. »Den kleinen Lagerraum draußen hinter dem Schuppen hast du nie gebraucht, Daniel. Könnten wir nicht ein Arbeitszimmer für Gene daraus machen?«

Daniel sah sich jetzt in der unangenehmen Lage, eine Sache zu unterstützen, die er nicht billigte; doch für Daniel war Mißbilligung etwas anderes als Opposition. Am Abend hatten Gene und Theodore Mehl und Zuckersäkke, Kisten und Körbe aus dem Lagerhaus herausgeschleppt, und am Ende der Woche waren die Wände weiß gestrichen, so daß Gene Schreibtisch, Stuhl, Bücher und Schreibzeug hereintragen konnte. Dann ging er den Block hinunter, um Gloria zu holen und ihr voller Stolz sein neues Büro zu zeigen.

Am nächsten Sonntagmorgen, als er in sein Büro ging, um mit der Arbeit zu beginnen, fand er sie dort beim Aufhängen rotweiß gestreifter Kattunvorhänge. Er brach in herzliches Lachen aus. Gloria stand auf Zehenspitzen auf einem Stuhl und war dabei, die Vorhänge zusammenzuraffen und mit weißen Bändern zu umbinden.

»Lachst du über mich oder über die Vorhänge?« fragte sie.

»Aber Gloria, Kattunvorhänge passen doch nicht in ein Gewerkschaftsbüro.«

»Glaubst du, sie werden den Genossen nicht gefallen?«

»Ja, das glaube ich.«

»Wo sind denn die Leute eigentlich?«

»Das wirst du schon sehen!« meinte er. »Wir werden eine Masse Mitglieder zusammenkriegen.«

Sie sah auf ihn herab. Gene faßte sie unter den Armen und hob sie behutsam herunter. Ihr Körper ruhte eine Weile bewegungslos an dem seinen. Ihre grauen Augen lachten spöttisch.

»Laß uns ein Geschäft machen, Gene. Sobald du eine Anzahl Leute zusammen hast, machst du eine Abstimmung über die Vorhänge, und wenn die Mehrheit sie nicht haben will, nehme ich sie wieder ab. Umsonst.«

»Du bist ein Quälgeist«, erwiderte er, »aber ein ziemlich hübscher.«

Sie hatten sich während ihrer Freundschaft nur ein paarmal geküßt, nur ein oder zweimal auf Glorias Geburtstagsparties und am Weihnachtsmorgen, wenn sie Geschenke tauschten. Doch vor einem Jahr, als sie nach einem Ball in der Stadt in einer warmen Frühlingsnacht heimgingen, war eine jähe und heftige Zärtlichkeit über sie gekommen, und sie hatten sich lange geküßt. Jener Kuß hatte Gene tief aufgewühlt, zu tief, sagte er sich, denn er war erst neunzehn, war nur ein kleiner Schreiber in Hulmans Großhandlung mit einem Wochenlohn von zehn Dollar. Die Liebe war etwas, wovon er respektvoll bei Balzac, Dumas und Victor Hugo las, aber er selber fühlte sich weit davon entfernt, ihrem Zauber zu unterliegen. Was wußte er schon vom Leben, er würde den rechten Platz in der Welt noch finden müssen. All das lag für ihn noch in der Zukunft.

Seine Gedanken kehrten zu Gloria zurück. Er küßte sie sanft. Sie hielt ganz still, dann schlüpfte sie aus seiner Umarmung. »Ich muß jetzt nach Hause«, murmelte sie. »Wir fahren heute alle in Vaters Boot zum Picknick hinaus. Du kannst nicht mitkommen?«

»Das würde ich gerne, Gloria, aber ich muß wirklich arbeiten.«

Sie ging zur Tür. Ihre schmale Gestalt zeichnete sich scharf gegen die Sonne ab, als sie sich umdrehte und ihn ansah. »Ich freue mich für dich, Gene. Ich weiß, du wirst hier bestimmt mal was auf die Beine stellen.«

Impulsiv ging er auf sie zu, legte die Arme um ihre Hüften und küßte sie auf den Mund. Sie schmiegte sich an ihn. »Mir gefallen die Vorhänge jetzt doch, Gloria«, murmelte er. »Du machst alles immer so hübsch.«
Gloria genoß diesen Augenblick, aber sie wollte ihn mit einem Scherz beenden. »Du kannst mir ja auch mal Vorhänge nähen«, sagte sie und schlüpfte hinaus.
Er schloß die Tür hinter ihr und blieb eine Weile glücklich lächelnd stehen. Aber es gab Arbeit für ihn – viel Arbeit! Er hatte sich vorgenommen, zunächst die Namen aller Lokomotivheizer zu sammeln, die die Eisenbahnstrecken im Bereich von Terre Haute befuhren. Fünfundsechzig Namen waren es, die meisten kannte er, doch wäre es sinnlos gewesen, jeden einzelnen zu einer Diskussion über die Ziele der Bruderschaft einzuladen. Zunächst mußte er sie über den Wert des Gewerkschaftswesens aufklären. Wenn erst einmal seine eigenen Vorstellungen durch umfassende Kenntnisse untermauert waren, würde er seine Überzeugung an die Männer weitergeben können.
Gene wollte eine Organisation ins Leben rufen, die zur Zeit nur in seiner Vorstellung existierte. Da die Heizer die Gewerkschaft abgelehnt hatten, dachten sie wahrscheinlich, daß der Ortsverband der Bruderschaft ein totgeborenes Kind sei. Gene wollte einen Brief entwerfen, um sie vom Gegenteil zu überzeugen.
»Lieber Freund! Ich hatte mich darauf gefreut, Dich auf der letzten Versammlung der Terre Haute-Gruppe unserer Gewerkschaft zu sehen. Natürlich weiß ich, daß Du einen guten Grund für Deine Abwesenheit hattest; Du warst wahrscheinlich auf einer langen Fahrt. Aber ehrlich gesagt, litt die Versammlung sehr darunter, daß Du nicht da warst, um an der Debatte teilzunehmen.«

Er lachte bei diesem letzten Satz laut auf und murmelte: »Das ist noch nicht mal gelogen.«
»Was ist nicht gelogen?« fragte Theodore von der Tür her. »Und wer hat diese komischen Vorhänge aufgehängt? Ich wette, Gloria war hier.«
»Bist du aber ein schlauer Bursche«, brummte Gene. »Hier, setz dich hin und schreib den Rest von diesem Brief für mich, während ich dir diktiere.«
»Es ist mir ein Rätsel, wie du jemals mit der Handschrift die Schule geschafft hast.«
Gene war zu sehr mit seinen Gedanken beschäftigt, um Theodores Bemerkung zu hören. »Du hast recht, Junge, der Brief taugt nichts. Wenn die Heizer merken, daß sie alle den gleichen Brief bekommen haben, werfen sie ihn weg. Ich werde jedem einzelnen schreiben, und dabei seine Frau und die Kinder erwähnen oder irgend etwas, was passiert ist, als wir noch zusammen gearbeitet haben. Dann werde ich ihm von der Bruderschaft erzählen, und jeder wird sich persönlich angesprochen fühlen. Klar, Theo?«
Sein Bruder, der gerade die Namen auf der Liste gezählt hatte, schüttelte den Kopf: »Soll das heißen, du willst fünfundsechzig verschiedene Briefe schreiben? Da wirst du aber einen Bart haben, bis du fertig bist!«

7

Es kostete Gene und Theodore eine volle Woche, die fünfundsechzig Briefe zu schreiben. Gene war sorgsam darauf bedacht, für jeden die Worte zu finden, die ihn besonders ansprechen würden. Er erinnerte sich an die Winternacht, in der Ed Garrity beim Schließen einer schadhaften Kupplung drei Finger seiner linken Hand verlor. Ed hatte vor Schmerzen geweint, während Gene die Stümpfe mit Stoffetzen verband, die er von seinem Hemd abgerissen hatte. Daraus ergab sich, wie man an Ed Garrity herantreten mußte. Gene berichtete ihm von der Gewerkschaftsversicherung, die Ed nach einem Unfall ärztlich betreuen und ihm zu einer Prothese verhelfen würde, so daß er über das Schlimmste hinwegkäme.

So konnte man natürlich Charlie Masterson, den blonden Riesen, nicht gewinnen. Der lebte in den Tag hinein und lachte nur verächtlich über die Gefahren seines Berufes. Jedoch sprachen alle darüber, wie verrückt Charlie in seine junge Frau verliebt war und sich in zahllosen Überstunden abrackerte, um ihr ein schönes Leben zu bieten. Darum schrieb ihm Gene von der Lebensversicherung, die an Mrs. Masterson ausgezahlt würde, falls ihm etwas zustieß.

Der Junggeselle Karl Hoffer liebte gemütliche Bierabende, also mußte man ihm von den geplanten Gewerkschaftsausflügen erzählen.

Henri Letescue dagegen war vom Haß gegen die Direktoren beherrscht, die sich geweigert hatten, für ihn zu sorgen, als er sich mit heißem Dampf verbrühte, und die ihm

weniger Lohn zahlten, weil seine Leistungsfähigkeit nachgelassen hatte.
Zu Henri konnte man nur von der Stärke gemeinsamer Aktionen sprechen, doch wie sehr Gene auch überlegte, bei Männern wie Sam Balker oder Mack Burger fiel ihm kein hervorstechender Charakterzug auf, den er hätte nutzen können. Was Bob Christopher und Dad Jenkins anging, so waren das müde, abgestumpfte Burschen, die schon längst die letzte Spur von Lebensinteresse mit den Kohlen in das Kesselfeuer geschaufelt hatten. »Bevor wir diese Briefe abschicken, legen wir eine Kartei an, in die wir bei jedem Arbeiter unsere Argumente eintragen. Aus dem Beitritt in die Gewerkschaft können wir ersehen, welche Argumente die besten sind.«
Für Theodore war dies eine glückliche Zeit. Er hatte Gene immer bewundert, und Gene ließ den Bruder an allem teilhaben. Als Gene in der Wabash-Baseball-Mannschaft gespielt hatte, war Theodore der offizielle Listenführer gewesen. Danach wurde er »Hauswart« im Occidental Club, und nun schickte er sich an, Famulus der Heizergewerkschaft zu werden.
»Das ist ein ziemlich hochtrabender Titel für ein Bleichgesicht wie dich«, bemerkte Gene ironisch. Marguerite öffnete die Tür zu dem kleinen Büro.
»Ich sehe, ihr sitzt noch an der Arbeit«, rief sie, und als Gene und Theodore ihr die hageren Gesichter zuwandten – wie ähnlich sie sich sahen mit ihren klaren Augen und geraden Nasen und ausdrucksvollen Lippen –, wurde sie von Stolz ergriffen. »Was den beiden auch in der Welt zustoßen mag«, dachte sie, »sie werden immer für einander da sein.«
»Es ist neun, Theo, Zeit zum Schlafengehen.«
»Ach, Ma, wir sind gerade mitten in einem Brief.«

»Macht ihn fertig, aber dann ins Bett mit dir. Du mußt deine acht Stunden Schlaf haben, wenn du so groß werden willst wie dein Bruder.«

Das traf den Nagel auf den Kopf. Gene und seine Mutter lächelten einander an, als Theodore aufsprang. Marguerite ging zu dem kleinen Pult, blickte auf die umherliegenden Papiere und legte einen Arm um ihren Ältesten. Gene zog sie sanft auf seinen Schoß, wo sie einen Augenblick sitzenblieb. Marguerite stammte aus einer wohlhabenden Familie und hatte als junges Mädchen ganz allein den Ozean überquert, als ihr geliebter Jugendfreund Daniel Debs aus der Neuen Welt geschrieben hatte, daß er einsam sei und sie brauche. Sie und Daniel waren nach Terre Haute in Indiana gezogen, weil sie gehört hatten, es gäbe dort eine große elsässische Kolonie und die Stadt sei im Begriff, das Eisenbahnzentrum des Mittelwestens zu werden. Doch als sie in dem windgepeitschten bitterkalten Winter 1851 ankamen, gab es Anzeichen dafür, daß Chicago hoch im Norden das zentrale Schlachthaus und der größte Rangierbahnhof der Nation werden würde.

Marguerite hatte zehn Kinder geboren. Vier davon starben an Malaria, die die Wabash-Mücken verbreiteten. Ihre ersten Kinder waren in einer kleinen Wohnung in der North Fourth Street geboren, deren Vorderzimmer in einen Lebensmittelladen umgewandelt waren.

Obwohl Marguerite ihrem Mann im Laden half und jede Stunde, die sie von ihrer Arbeit mit den Kindern abzweigen konnte, ihm widmete, hatten sie doch selten einen Gewinn, der sich in barer Münze auszahlte. Durch den Laden versorgten sie sich mit Lebensmitteln, und Kleider und Schuhe erwarb man im Tausch gegen Mehl oder Zucker. Marguerites Lohn war ihr Alltagsglück mit dem immer freundlichen Daniel gewesen, dessen einzige

Schwächen seine Ungeschicklichkeit im Geschäft und das Hornblasen am Sonntagnachmittag mit seinen elsässischen Freunden waren. Zu ihrem Lohn gehörten ihre sechs Kinder, die sie innig liebte, vor allem Gene, der die Freundlichkeit seines Vaters, seinen Lerneifer und das Mitempfinden für die Nöte anderer geerbt hatte.
»Hat das denn Zukunft, Gene?« fragte sie besorgt.
»Ich glaube, ja! Ich weiß, daß die Arbeit, die ich tue, einfach getan werden muß. Und das hat mir endlich ein Ziel gegeben.«
Marguerite wandte sich beim Weggehen noch einmal um: »Warst du nicht heute abend zu der Party bei Gloria eingeladen?«
Er sprang auf, wütend auf sich selbst. »Verdammt! Die ganze Woche dachte ich an die Party, und ausgerechnet heute habe ich's vergessen.«

8

Gloria öffnete Gene die Tür. Sie trug ein Tanzkleid aus blauem Atlas mit glockigem Rock.
»Wir haben schon alle auf dich gewartet, Gene«, rief sie. Sie führte ihn zu den anderen Gästen. »Komm, Mutter!« rief Gloria in den Trubel, »spiel für uns einen Walzer.«
In gestickten Pantoffeln und einer abgetragenen Samtjacke, die ihm seine Frau vor fünfzehn Jahren zum Geburtstag geschenkt hatte, saß Paul Weston am Fenster. Er legte das Buch nieder, in dem er gerade las, und ging in den Flur, um seine Bratsche zu holen. Gloria glitt anmutig

in Genes Arme. Alle Eingeladenen wußten, daß sie Genes Mädchen war und sie sich liebten. Gene war froh, gekommen zu sein.

Als der Walzer zu Ende ging, sprang Mrs. Weston auf und forderte zur Polonaise auf. Doch ihr Mann protestierte dagegen, daß Gene daran teilnahm. »Ich habe noch nicht einmal über den Vortrag dieser Susan Anthony mit ihm gesprochen.«

Gene sah, daß Glorias Augen für einen Moment ernst wurden, als er sich neben ihren Vater setzte, der ruhig an seiner Bratsche zupfte. Dann legte Weston seinen Bogen aufs Klavier.

»Gene«, sagte er, »du hast das Talent zum Anwalt. Warum kommst du nicht zu mir in mein Büro und machst ein Jahr juristische Praxis. Bei deiner Vorbildung könntest du die Prüfung leicht bestehen.«

Gene war zu überrascht, um zu antworten. Er hatte nie daran gedacht, Anwalt zu werden. Paul Weston deutete Genes Erstaunen als Widerstreben und fügte eilig hinzu: »Ich würde dir das gleiche Gehalt zahlen wie Hulman.«

»Aber, Mr. Weston«, rief Gene, »niemand zahlt einem Gehilfen irgendein Gehalt, solange er noch Jura studiert!«

Paul Weston errötete ein bißchen. »Dein Verstand ist gut geschult und logisch, Gene. Außerdem würde deine Persönlichkeit bei Verhandlungen Eindruck machen.« Er erhob sich schnell, lehnte die Bratsche gegen den Kamin. »Du bist jetzt zwanzig, nicht wahr? Mit einundzwanzig könntest du schon praktizierender Anwalt sein. Ich würde dich zu meinem Teilhaber machen. Wir würden auf Halbpart arbeiten.«

Gene erschien dieses Angebot mehr als großzügig. »Das ist außerordentlich freundlich von Ihnen, aber ich weiß nicht recht, ich habe noch nie daran gedacht, Anwalt zu werden.«

Paul Weston ließ belustigt seine Finger über die Samtjacke gleiten. »Ich weiß, ich bin keine Kanone und habe noch keine Millionen zusammen, aber ich will mich ändern. Ich werde alles annehmen, was ich bekommen kann, auch Kriminalsachen. Wir werden eine Riesenpraxis haben.«

Gene saß da und dachte nach. Es versprach reichlich Geld, Anwalt zu sein, – wenn man auf Geld scharf war. Als Anwalt öffnete sich der Weg in die Politik und Industrie. Erstaunt fragte er sich, wie es gekommen war, daß er nur ein paar Sekunden gebraucht hatte, um auf Joshua Leachs Frage zu antworten: »Ihr könnt mit mir rechnen!«, während Paul Westons Angebot, das tausendmal vielversprechender war, ihn unbewegt ließ.

9

Es war unglaublich, aber keiner von den fünfundsechzig Heizern hatte Genes Brief beantwortet oder die Mitgliedskarten ausgefüllt und in dem beigelegten Freiumschlag zurückgeschickt. Vielleicht war der Briefkasten, in den er die Briefe gesteckt hatte, abgebrannt oder hatte Flügel bekommen. Das schien wahrscheinlicher als dieses negative Ergebnis. Unter dem Licht seiner runden Lampe mit dem grünen Glasschirm hatten Gene und Theodore den Vermerk »Keine Antwort« in die fünfundsechzig Karteikarten eingetragen.

»Ich verstehe das nicht«, murmelte Gene.
»Wenn ich sie um Geld gebeten hätte, aber so...«
»Vielleicht konnten sie meine Schrift nicht lesen«, meinte Theodore besorgt.
Gene gab ihm einen freundschaftlichen Klaps. »Glaube nur das nicht, Junge, was an diesen Briefen falsch war, war meine Art zu denken, nicht deine Schrift. Ich glaube, ich habe vergessen, wie man mit ihnen spricht.
»Warum fragst du dann nicht Joshua Leach?«
Gene wehrte ab. »Nein, nein, Theo. Ich würde mich schämen, Josh davon zu erzählen. Er könnte das Vertrauen zu mir verlieren und den Ortsverband hier auflösen, ehe die Zeit dafür reif ist.«
»Dann mußt du eben mit Ed Garrity, Johnny Nichols und Mack Hurger reden.«
»Das würde die nur noch mehr in die Defensive treiben. Wie spät ist es, Theo?«
Theodore gähnte. Das kleine Büro war ungeheizt, und er hatte nur ein dünnes Hemd an. Seine Lippen waren blau.
»Schlafenszeit«, erwiderte Theo, »das weiß ich schon eine ganze Weile.«
»Mir ist etwas eingefallen. Ich muß noch mal weg.«
Gene holte seine alte Lederjacke heraus und ging leise die Außentreppe hinunter.
Er begab sich zum »Old John Garb«, der Stammkneipe der Eisenbahner. Als Gene die Klapptür aufstieß und in den Spiegel hinter der Bar blickte, sah er die Gesichter von einem Dutzend Männern, die er so gerne bei der ersten Versammlung gesehen hätte. Karl Hoffer verkündete soeben, Gouverneur Tilden habe mit der Tweedbande so gründlich aufgeräumt, daß er im nächsten Jahr bestimmt zum Präsidenten gewählt werden würde.
Christie Murray machte sich über ihn lustig. »Der Whisky

macht dich wirr im Kopf, Karl! Die Demokraten kriegen nie wieder einen Präsidenten durch, die Republikaner bleiben dran.«
Percy Kubsch, der in jener Nacht mit Gene gefahren war, als sie durch eine vorbeirasende Maschine fast ums Leben gekommen wären, schrie: »Seht mal, wer da kommt, Leute! Der alte Gene Debs erinnert sich noch an uns! Kaspar, gib Mr. Debs ein großes Bier!«
Gene stapfte durch das hohe Sägemehl, das den Boden bedeckte. Nachdem er mit zwei Glas Bier traktiert worden war, gab er selbst eine Runde aus. Das Bier war stark, und er verspürte es in seinem Kopf, aber er war entschlossen, die Gewerkschaftsfrage nicht von sich aus anzuschneiden.
Bald aber erkannte er, daß diese Männer alles andere als eine gewerkschaftliche Vertretung ihres Berufsstandes interessierte.
Am folgenden Abend ging er zu der Reihe kleiner Arbeiterhäuser über die Gleise, wo viele von den Eisenbahnerfamilien wohnten. Zuerst besuchte er das Haus von Bennet Minshall, einem jungen Burschen, mit dem er während seiner Jahre auf der Lokomotive gute Kameradschaft gehalten hatte. Minshall war erst seit vier Jahren verheiratet, hatte bereits drei Kinder, und man sah seiner Frau ein viertes deutlich an. Ihr Haus war ärmlich und zu eng für die große Familie. Vor der Wirtschaftskrise von 1873 hatte Ben einen Dollar und vierzig pro Tag verdient, danach war sein Lohn um fünfzehn Cent pro Tag beschnitten worden. Wie alle Heizer mußte er fast die Hälfte seiner Zeit außerhalb zubringen und für Verpflegung und Unterkunft selbst aufkommen. Seiner Frau Florence blieben achtzig Cent pro Tag, die für ihre Familie ausreichen mußten.

Bennet las gerade die Abendzeitung, als Gene klopfte und hereintrat.
»Gene, altes Haus! Habe dich seit Ewigkeiten nicht mehr gesehn! Was ist denn eigentlich aus dir geworden?«
»Ach, ich habe meine Stellung bei Hulman behalten«, antwortete Gene, »aber ich brauche wohl nicht zu fragen, was aus dir geworden ist, Ben?«
Ben und seine Frau lachten herzlich.
»Florence, wir müssen eine Tasse Kaffee mit unserm Gene trinken. Ich werde gleich einen machen.«
Er verschwand in der Küche.
Einem raschen Impuls folgend platzte Gene heraus: »Ich muß Sie etwas fragen, Mrs. Minshall, aber Sie müssen mir versprechen, Ben nichts zu sagen.«
Florence sah ihn verwundert an. »Ich erzähle ihm nichts.«
»Hat er Ihnen gesagt, daß er einen Brief von mir bekommen hat?«
»Einen Brief? Was für einen Brief?«
»Über die Gewerkschaft der Heizer.«
»Ben hat mir kein Wort gesagt.«
Gene trank sechs Tassen Kaffee in sechs verschiedenen Arbeiterwohnungen, doch nirgends brachte einer die Rede auf die Gewerkschaftsfrage. Offenbar hatten weder die Heizer noch ihre Frauen genügend Interesse an einer Organisation.
Abends konnte er lange nicht einschlafen. Erneut wurde ihm quälend bewußt, daß ihm noch immer das nötige Geschick für seine Aufgabe fehlte.
Als Ergebnis dieser durchgrübelten Nacht las er noch einmal gründlich die wenigen Bücher über Arbeitervereine durch. Gene stellte fest, daß es vor dem Beginn des neunzehnten Jahrhunderts keine Fabriken, keine bedeutenden Arbeitervereine und keine Gewerkschaften ge-

geben hatte. Die erste Gewerkschaft in Amerika wurde im Jahre 1803 von den New Yorker Schiffbauergesellen gegründet. In den darauf folgenden Jahren entstanden überall in Amerika Gewerkschaften der verschiedensten Berufszweige. Eins fiel ihm bei dieser Betrachtung sofort auf: Die geschulten Arbeiter waren die ersten gewesen, die sich zu Vereinen zusammenschlossen, während die ungelernten Handlanger in den fünfundsiebzig Jahren des Jahrhunderts nicht einen einzigen Verein zustandegebracht hatten. Es schien ihm, daß gerade diese unwissenden Tagelöhner den Zusammenschluß am nötigsten hatten.

Gene befestigte einen Bogen braunes Packpapier an der Wand und teilte ihn durch Bleistiftstriche in Quadrate ein. Auf der linken Seite des Bogens trug er die Art der Arbeit ein, die der Arbeiter verrichtete, in der nächsten Spalte die Stunden, in der folgenden die Löhne, dann die Verhältniszahlen zwischen Beschäftigten und Arbeitslosen, die Häufigkeit der Unfälle und welche Verantwortlichkeit die Arbeitgeber dafür auf sich nahmen. In der letzten Spalte beschrieb er die Verhältnisse, unter denen die Menschen arbeiteten.

Er schrieb Hunderte von Briefen an Gewerkschaften, an Arbeitgeber, Bibliotheken, Zeitungen und Zeitschriften. Die Schwierigkeiten, schlüssige Informationen zu erlangen, zeigten ihm erst die brennende Notwendigkeit seines Kampfes.

So gelang es Gene allmählich, ein Portrait des amerikanischen Arbeiters zu schaffen. Er stellte sich nun die Frage, wer überhaupt Erleichterungen veranlassen konnte? Wenn es die Regierung als eine wichtige Aufgabe ansah, die Lebensbedingungen von achtzig Prozent der Bevölkerung – nämlich der Lohnempfänger – zu verbessern, wozu dann Gewerkschaften? Wenn die Arbeitgeber am Wohlbefinden ihrer Arbeiter wirklich interessiert waren, wozu dann Gewerkschaften?

Wiederum hängte er eine Tabelle an die Wand, aber Gene merkte bald, daß er seine Energien verschwendet hatte, denn es gab nur wenige Felder, in die er den Vermerk eintragen konnte: »Verbesserungsmaßnahmen Arbeitgeber« oder »Regierungsbeschlüsse zur Erleichterung der Arbeitsbedingungen«.

Gelegentlich gewährte ein Unternehmer oder Direktor seinen Leuten die Sechstagewoche, weil er es gern sah, wenn sie am Sonntag zur Kirche gingen, oder es erhöhte einer bei guter Geschäftslage die Löhne.

Präsident Van Buren, der notwendig Schiffe brauchte, hatte eine Anordnung unterzeichnet, die es für ungesetzlich erklärte, Schiffsbaugesellen auf einer Regierungswerft länger als zehn Stunden am Tag zu beschäftigen. Doch neunzig Prozent der den Arbeitern eingeräumten Erleichterungen waren unter großen Opfern mühsam erkämpft worden.

10

Eines Sonntags hörte Gene ein Klopfen an seiner Tür. Aber es war zu schwach, um ihn aus seinen Gedanken zu reißen. Dann öffnete sich langsam die Tür, und Gloria kam ins Zimmer. Ihr lockeres Haar schien das Licht der Sonne hereinzubringen. Für ihn wurde Gloria mit jedem Tag schöner.

»An so einem herrlichen Frühlingstag solltest du nicht hier sitzen, Gene. Wir könnten einen Spaziergang zum Indianerfriedhof machen.«
Sie hob die Arme ein wenig, was eine Aufforderung zu sein schien, sie auf das Pult zu heben.
»Ich kann dich da nicht heraufsetzen, Gloria, du würdest auf der ganzen Arbeiterbewegung sitzen.«
»Hast du mir nicht erzählt, daß eine der Hauptforderungen der Gewerkschaften die Sechstagewoche ist? Dann solltest du mich am Sonntag ausführen.«
Gene hob sie auf das Pult. Sie schien ihm federleicht, als er ihren warmen festen Körper in seinen Armen fühlte.
»Du hast da eine Menge Tabellen hängen.«
»Ja.«
»Du schreibst alles auf, was passiert ist und wann?«
»Alles!«
»Würdest du in deinen Tabellen einmal nachsehen, wann du mich das letzte Mal geküßt hast?«
»Meine Tabellen gehen nur bis zum Beginn des Jahrhunderts zurück.«
»Das ist das Netteste, was du mir seit langem gesagt hast«, seufzte sie.
Gene wandte leicht den Kopf, und schon berührten sich ihre Lippen.
Gloria murmelte an seiner Wange: »Kommst du mit mir? Es ist jetzt so herrlich am Flußufer.«
Widerstrebend trat Gene einen Schritt zurück, so daß er nicht mehr ihren Busen spüren konnte.
Bedrückt murmelte er: »Nein, ich kann wirklich nicht, Gloria.«
»Gene, warum denn nicht? Du arbeitest die ganze Woche so schwer bei Hulman. Und dann jede Nacht hier. Du mußt dir ein paar Stunden Ausspannung gönnen.«

Gene ließ sich schwer in einen Stuhl sinken. »Ich bin müde.«
»Dann sind wir uns einig!«
Sie sprang vom Pult, ergriff seine beiden Hände und versuchte, ihn aus dem Stuhl hochzuziehen.
»Gloria, ich habe so spät angefangen, wenn ich über diesen Büchern sitze, bin ich wie ein Kind. Die einfachsten Sachen weiß ich nicht...«
»Aber du bist jung, du hast dein ganzes Leben für diese Arbeit.«
Gene drückte ihre Hand an seine Wange.
»Ich werde nie damit fertig werden. Auch nicht, wenn ich tausend Jahre alt werde. So viele haben's versucht und blieben erfolglos...«
»Wenn du mit deiner Arbeit erfolglos bleiben wirst, sollst du wenigstens etwas in deinem Leben haben. Zumindest wirst du eine Erinnerung haben: Du wirst dich an einen warmen Frühlingstag im Jahre 1876 erinnern, an dem du Hand in Hand mit mir den Wabash entlanggegangen bist...«
Gene ließ ihre Hand fallen. Er spürte einen stechenden Schmerz im Hinterkopf. Gloria wartete einen Augenblick und sagte dann ruhig: »Gene, du darfst kein Fanatiker werden. Das nützt niemandem, weder dir noch andern!«
Gene erhob sich, ging zum Pult und ordnete ein paar Papiere. Er spürte keine Kopfschmerzen mehr.
»Es ist kein Fanatismus, Gloria. Jede neue Entdeckung, die ich mache, jede neue Schlußfolgerung macht mich glücklich. Kannst du das nicht verstehn? Das bedeutet, daß ich eine Lebensaufgabe gefunden habe, daß ich gebraucht werde. Deshalb bin ich glücklicher als jemals zuvor.«

Mit verstörtem Blick stand sie da. Gloria nahm Anteil an seiner Arbeit und an der Gewerkschaft, die er aufbauen wollte, weil sie sah, daß es ihn befriedigte. Sie hatte ihm immer Glück gewünscht, weil Glück ein guter Boden für die Liebe ist. Sie besaß nicht den Ehrgeiz, ihn viel Geld verdienen zu sehen, – das war niemals ein Ziel für die Familie Weston. Sie fand auch nicht, daß seine Arbeit für die Heizergewerkschaft ihn in seiner Entwicklung zurückgeworfen hatte, wie ihre wohlhabenden Vettern warnend gesagt hatten. Sie wußte, daß Gene sie liebte und daß er sich um keine andere kümmerte. Die Annahme, er werde wie jeder andere junge Mann in Terre Haute das Mädchen seiner Wahl mit einundzwanzig Jahren heiraten, war für sie selbstverständlich gewesen. Jetzt wurde ihr klar, daß Gene Debs vor einer Heirat ganz andere Dinge brauchte – sein Studium und das Gefühl, eine Aufgabe zu haben, in der er aufgehen konnte. Sie wandte sich ab und ging zur Tür und öffnete sie. Mit hängendem Kopf stand sie da und begann lautlos zu weinen.

Gene hatte sie nie weinen gesehen. Er trat zu ihr, löste ihre Hand von der Klinke und nahm sie in die Arme. Ein Zittern durchlief ihn, als er sah, wie schön sie war mit den Tränen in den Augen. »Bitte, weine nicht, Gloria«, sagte er, »komm, wir machen einen Spaziergang.«

Es dauerte einen Augenblick, bis sie antwortete: »Nein, nein, Gene, du willst arbeiten. Du hast so viel zu tun. Du darfst dich nie von den Tränen eines Mädchens beirren lassen.«

»Wirklich, Gloria, ich würde jetzt so gern mit dir zum Fluß gehen.«

»Ich bin eifersüchtig, das ist alles!« rief sie, und ehe Gene etwas erwidern konnte, war sie bereits aus der Tür. Er blieb unentschlossen stehen, dann schleppte er sich zu seinem Stuhl und ließ die langen Arme schlaff herunterhängen.

11

Gene hatte darauf bestanden, die Fahrkarte und die Hotelrechnung für Susan B. Anthony aus eigener Tasche zu bezahlen. Der Klub schuldete jetzt die Miete für das Opernhaus und die Kosten für die Plakate. Da schrieb Gene beherzt an Jenny Lind, die sich gerade auf ihrem Siegeszug durch die östlichen Staaten Amerikas befand, und bat sie, in Terre Haute zu singen. Zunächst erhielt er die geschäftsmäßig dürre Absage ihres Agenten, aber am folgenden Tage erreichte ihn ein Telegramm mit dem Wortlaut:

»Oberst Ingersoll erzählt mir eben von seinem Vortrag in Terre Haute unter Ihrem Vorsitz. Wäre glücklich, nach Chicago-Konzert dort zu singen.«

Er hatte einen guten Griff getan. Die teuersten Eintrittskarten waren bereits ausverkauft, bevor sie überhaupt gedruckt waren, und Hunderte von Leuten standen hinten gedrängt im Saal und in den Gängen, um die »schwedische Nachtigall« zu hören. Gene konnte jetzt zwei Abendmieten für das Opernhaus und die Plakate bezahlen. Aber nicht einmal Theodore wagte er zu gestehen, daß er sich, so wundervoll auch Jenny Lind gesungen hatte und so dankbar er für die Auffüllung der Kasse war, weit mehr gefreut hätte über die Stimmen Robert Ingersolls oder Susan Anthonys.

Während der Occidental Club wohlhabender wurde, weil immer mehr junge Leute zum Versammlungsraum im dritten Stock kamen und ihre fünfundzwanzig Cent Jahresbeitrag auf den Tisch legten, ging es Genes eigenem Verein herzlich schlecht: Nach drei Monaten hatte er genau drei Mitglieder geworben. Denis O'Hern hatte es vorgezogen, in die Gewerkschaft einzutreten, anstatt Gene die Uhr zurückzugeben, und Ray Eppinghauser gab seine Unterschrift wie eine Art Bezahlung für den Wintermantel.

Aus dem gesammelten Quellenmaterial suchte sich Gene die Argumente, mit denen er die Heizer von Terre Haute wachrütteln wollte. Mit einfachen, packenden Worten schrieb er einen Brief an sie:

»Wollt Ihr höhere Löhne? Wollt Ihr kürzere Arbeitszeiten? Wollt Ihr sichere Arbeitsbedingungen? – Allen Gewerkschaften Amerikas ist es bisher gelungen, diese Ziele zu erreichen. Was andere zustandegebracht haben, können auch wir in Terre Haute!«

Noch am selben Abend kam Dino Franchetti in Genes kleines Büro, ließ sich eintragen und warf einen Silberdollar klirrend auf den Tisch. Ed Garrity kritzelte auf die Rückseite seiner Mitgliedskarte: »Hätten wir vor Jahren schon eine Gewerkschaft gehabt, wären heute vielleicht meine Finger noch dran.«

Johnny Nichols begegnete ihm eines Morgens auf der Straße und händigte Gene eine unterschriebene Mitgliedskarte aus. »Klingt wie 'ne gute Sache«, sagte er.

Auf Grund dieses Briefes traten vierzehn Heizer in die Gewerkschaft ein. Frohlockend dachte Gene, nun könne es nur noch ein paar Tage dauern, bis alle fünfundsechzig Arbeiter sich melden würden. Aber der Zustrom stoppte ebenso plötzlich, wie er gekommen war. Doch Gene gab das Rennen nicht auf: Ungeniert wartete er jetzt an den Tendern der ankommenden Züge, folgte den Leuten in ihre finsteren Kneipen und unterbrach die lebhaftesten Pokerspiele. Er redete und plädierte mit nicht mehr zu überbietender Sachkenntnis, doch die Männer bekundeten kein Interesse an einer Bruderschaft der Lokomotivheizer.

Eines Abends arbeitete er um elf Uhr in dem kleinen Lagerraum, als eilige Schritte die Wabash-Street heraufkamen. Die Tür wurde aufgerissen, und Henri Letescue stürzte herein.

»Gene, es hat einen fürchterlichen Zusammenstoß gegeben ... auf der eingleisigen Strecke der neuen Bahn. Zwei Maschinen sind direkt aufeinandergeprallt!«

Gene saß bewegungslos in der gekrümmten Haltung da, die er eingenommen hatte, als die Tür aufgestoßen wurde.

»Sie stellen einen Hilfszug zusammen. Ich dachte, du wolltest dabei sein ... vielleicht ist einer von der Bruderschaft mit der Lok gefahren ...«

Gene sprang auf und lief so hastig hinaus, daß Letescue kaum folgen konnte. Auf dem Rangierbahnhof angekommen, schwang sich Gene auf einen Kohlenwagen, der sich gerade in Bewegung setzte. Der Direktor der Eisenbahnlinie Terre Haute – Indianapolis, Engles, stand aufgeregt auf dem Wagen. Niemand sprach ein Wort. Man brauchte fünfundvierzig Minuten, um die Unfallstelle zu erreichen. Die beiden Lokomotiven waren halb aufgebäumt und ineinander verbissen wie zwei Hengste, vom Blitz des Todes getroffen. Neben den Schienen war ein großes Zelttuch über mehrere Leichen gebreitet. Gene trat hinzu und zog es zur Seite. Drei Männer lagen darunter: die beiden Lokomotivführer und der dicke Charlie

Masterson, – Charlie, der immer gesagt hatte, ihn werde es niemals erwischen.
Gene hörte ein schweres Stöhnen hinter sich. Er lief zu einem kleinen Waldstück zurück, wo sich ein paar Männer um einen Verwundeten bemühten. Gene stand fast der Atem still, als er Bennet Minshall erkannte. Ein Bein war Ben glatt abgetrennt worden, wie von dem Messer eines Chirurgen. Jetzt wand er sich in Todesqualen. Ben öffnete die Augen und erkannte Gene. »Gene«, schrie er, »bring mich nach Hause, ehe ich hier verblute!«
»In Ordnung, Ben«, sagte Gene, »wir bringen dich ins Krankenhaus.«
Gene hatte kein Recht, Anordnungen zu geben. Und es war ihm nicht einmal bewußt, daß er welche gab, aber er sagte mit einer Stimme, der niemand zu widersprechen gewagt hätte: »Hebt ihn auf! Vorsichtig ... jetzt über die Gleise ... holt den Lokführer, der mit uns gekommen ist, wir fahren so schnell wir können nach Terre Haute!«
Der Direktor war noch mit der Besichtigung des Maschinenschadens beschäftigt. Henri Letescue sagte dem Lokführer Bescheid, und eine Minute später rollten sie so schnell zurück, wie sie gekommen waren.
Mehrere Stunden waren vergangen, als Gene das Krankenhaus verließ. Der Arzt versicherte ihm, daß Bens Zustand hoffnungsvoll sei.
Es war drei Uhr morgens, als Gene durch die dunklen Straßen ging. Sein Herz war schwer vor Kummer über Ben und seine schwangere Frau, er machte sich Sorgen um die Witwe von Charlie Masterson, die unversorgt zurückbleiben würde. Weder Charlie noch Ben waren in die Gewerkschaft eingetreten. Es gab keine Rente für Mrs. Masterson, kein Geld für Bens Familie, um ihr über den Berg zu helfen, bis Ben wieder arbeiten konnte. Gene

quälte der Gedanke, daß dies seine eigene Schuld sein könnte. Vielleicht hatte er die falschen Argumente gebraucht? Es war seine Verantwortung und sein Versagen. Tief in Gedanken versunken, kam er vor das Haus der Minshalls. Plötzlich klang eine Stimme nah an sein Ohr. Es war Mrs. Minshall.
»Es gab ein Unglück, nicht wahr? Ich hörte, wie vor ein paar Stunden eine Maschine vorbeifuhr, – außer Fahrplan, und Ben ist irgendwo draußen auf Fahrt.«
Gene hielt die Frau mit seinen langen Armen fest an den Schultern. Wenn er die Nachricht für sich behielt, würde in ein oder zwei Stunden ein Bote von der Direktion kommen. »Ja, es ist ein Unglück geschehen.«
Gene fühlte, wie ihre Schultern unter seinen Händen wegsackten.
»Ben ist doch nicht tot, Gene?«
»Nein, nein, Florence. Er ist gut aufgehoben. Ich habe ihn selbst hergeholt. Er hat nur ... sein Bein ist schwer verletzt.«
Die Frauen der Eisenbahner wissen, daß es selten Beinverletzungen gibt: entweder ein Bein bleibt heil, oder es ist ab.
»Sind beide Beine ...? Nicht beide Beine, Gene!«
Gene fühlte, wie ihr Körper schwer wurde und trug die Ohnmächtige zu ihrem Bett. Dann lief er zum Nachbarhaus, um Hilfe zu holen. Mrs. Tuell war sofort bereit.
»Setzen Sie Wasser auf, rasch!« rief sie.
Etwas später, als Gene in dem kalten Wohnzimmer die beginnende Morgendämmerung beobachtete, wurde Mrs. Minshall von einem Kind entbunden, das nach wenigen Minuten starb.
Gene fühlte sich schwindlig. Er stand auf und ging nach Hause, steif, kalt und elend. Um halb acht war Gene wie-

der auf dem Bahnhof. Der Direktor war in Chicago Expedient gewesen und hatte sich im Verwaltungswesen der Eisenbahn hochgearbeitet.
»Was wünschen Sie, Debs?« fragte er brüsk.
»Ich möchte mit Ihnen über Charlie Masterson und Ben Minshall sprechen.«
»Kommen Sie später wieder. Ich habe alle Hände voll zu tun, das Durcheinander hier wieder in Ordnung zu bringen.«
Gene unterdrückte seinen aufsteigenden Ärger. »Ich muß in einer halben Stunde meine Arbeit antreten, Mr. Engles.«
»Was gibt Ihnen das Recht, für Masterson und Minshall zu sprechen?«
»Ich bin Sekretär der Heizergewerkschaft.«
Engels griff in eine Schublade auf der rechten Seite seines Schreibtisches und warf eine Liste mit Namen vor Gene hin. »Zeigen Sie mir die beiden Namen auf der Liste!«
Gene brauchte nur eine Sekunde, um ruhig zu antworten. »Jeder Heizer, der in Terre Haute stationiert ist, gehört zu unserer Gruppe.«
Engles erhob sich halb von seinem Stuhl und starrte über den Schreibtisch. Die Eisenbahner sagten von ihm, daß er Schienen statt Adern mit Blut im Leibe habe.
»Wir sollten die Lokomotivführer und Zugbegleiter für den Verlust der beiden Lokomotiven haftbar machen.«
»Männer töten sich nicht zum Vergnügen, Mr. Engles«, erwiderte Gene. »Nicht, wenn sie Frauen und Kinder daheim haben. Wenn zwei Lokomotiven zusammenprallen, so bedeutet das nichts anderes, als daß Ihr Signalsystem versagt hat. Und das ist ein Fehler der Betriebsleitung, nicht der Männer, die die Züge fahren.« Seine Stimme war fest und sein Auftreten sicher.

»Ich fordere Ihre Gesellschaft auf, Masterson ein anständiges Begräbnis zu geben und seiner Frau tausend Dollar Entschädigung zu zahlen; ferner für Minshall die Krankenhauskosten und fünfhundert Dollar Übergangsgeld.«
Engles sah Gene mit verächtlichem Mitleid an. »Wissen Sie, was uns der Verlust dieser beiden Maschinen kosten wird?«
»Ich interessiere mich für Menschenverluste, nicht für Maschinen.«
»So, so, Sie sind nicht interessiert an Maschinenkosten? Natürlich nicht, weil Sie nicht dafür verantwortlich sind. Sie haben ja dem Aufsichtsrat und den Aktionären keine Rechenschaft abzulegen. Vermutlich wäre es Ihnen lieber, wenn wir den Laden schließen würden, wenn wir alle Leute auf die Straße setzen müßten, weil die Bahn sich nicht mehr bezahlt macht.«
Gene faßte in seine Tasche und holte einen zerknitterten Zeitungsausschnitt heraus.
»Hier ist ein Bericht, den mir soeben Joshua Leach aus dem »Bulletin« von San Franzisko geschickt hat. Darin werden die Villen beschrieben, die zur Zeit oben an der California-Street für Leland Stanford, Mark Hopkins und Charles Crocker gebaut werden. Über sieben Millionen Dollar aus dem Gewinn der Eisenbahn werden dafür verwendet, drei Familien unterzubringen. Sie können mir nicht erzählen, daß das Begräbnis für Charlie Masterson und die Krankenhauskosten für Minshall den Bahnbetrieb zum Erliegen bringen.«
Engles starrte unbeweglich auf den Zeitungsausschnitt. Als er sprach, bemühte er sich um einen persönlichen Ton. »Wenn's nur um Charlie und Ben ginge, könnten wir's tun, Debs. Aber es werden jede Woche Leute verletzt oder getötet.«

»Und ihre Familien haben alle Anrecht auf Versorgung.« Engles schüttelte den Kopf. »Sie scheinen davon auszugehen, daß die Züge für die Leute gefahren werden, die auf ihnen arbeiten. Bleiben Sie bitte vernünftig. Die Züge befördern Passagiere und Frachten. Wir zwingen die Heizer nicht, in unserm Betrieb zu arbeiten. Wenn die Leute weniger in die Kneipen rennen und ihre Pflichten besser versehen würden...«
Gene wußte, daß die Heizer für ihren Durst bekannt waren, aber die Verdächtigung, daß sie im Dienst betrunken wären und einander durch Leichtsinn zu Krüppeln machten, war mehr als Gene vertragen konnte.
»Ich wünsche ein Begräbnis für Charlie Masterson und tausend Dollar für seine Witwe, Arztkosten für Ben Minshall und fünfhundert Dollar für die Übergangszeit!«
»Darauf kann ich nur Nein sagen.«
»Dann werden wir wegen Fahrlässigkeit klagen.«
Engles entspannte sich. »Nehmen Sie Vernunft an, Debs. Sie kennen das Gesetz dieses Landes. Die Eisenbahnbetriebsordnung besagt, daß die Gesellschaft nicht für Unfälle verantwortlich ist, die von den Arbeitern selbst verschuldet sind.«
Gene schluckte schwer. »Sie müssen mir versprechen, Ben weiterzubeschäftigen!«
»Habe ich gesagt, daß ich was dagegen hätte?« erwiderte Engles. »Wir werden ihn als Schrankenwärter anstellen. Es ist übrigens fünf Minuten nach acht, Debs. Wenn Sie nicht gleich zu Hulman hinüberlaufen, werden Sie ihre nette ruhige Arbeit hinter dem Schreibtisch verlieren.«
Gene zuckte zusammen bei der Anspielung, daß er hinter einem bequemen Schreibtisch saß, während die Heizer ihr Leben einsetzten. Er wandte sich ab und verließ geschlagen Engles Büro.

Obwohl er nun viel zu spät ins Geschäft kommen würde, ging er noch zum Lokomotivschuppen und gab die Losung aus, daß die Heizer heute abend für die Betroffenen sammeln sollten.

12

Gene kam eine halbe Stunde zu früh zum Versammlungsraum. Zwölf von den vierzehn Mitgliedern warteten schon dort, die anderen beiden waren auf Fahrt. Die meisten hatten noch ihre Arbeitskleidung an, die Gesichter schwarz vom Kohlenstaub. Für diese Männer, die auf den Tendern fuhren, war der Tod immer gegenwärtig. Man brauchte ihnen nicht zu sagen, daß es bloßer Zufall war, wenn sie hier auf ihren Stühlen saßen, während Charlie Masterson tot in seinem Haus lag und Ben Minshall im Krankenhaus.

Gene hatte kein Notizbuch bei sich, auch verzichtete er auf eine formelle Eröffnung der Versammlung. Zwischen Tür und dem gegenüberliegenden Fenster fing er zu reden an. Er erzählte den zwölf schweigenden, unbeweglichen Männern von der Unterredung mit Engles.

Dann sagte er spontan und ohne zu wissen, wie sich der Gedanke in seinem Kopf geformt hatte: »Niemand kann ihnen helfen, nur wir. Wir müssen Charlie begraben und seiner Familie tausend Dollar geben. Wir müssen für Bens Rechnungen aufkommen und fünfhundert Dollar für das verlorene Bein zahlen.«.

Es entstand eine atembeklemmende Pause, während die

zwölf Zuhörer ihn verblüfft anblickten. Dino Franchetti war der erste, der die Sprache wiederfand: »Aber Charlie und Ben waren keine Mitglieder. Sie haben nie was in den Versicherungsfonds gezahlt.«

»Sie waren Mitglieder«, erwiderte Gene hartnäckig. »Nur wußten sie es nicht. Sie brachten's nicht fertig, ihre Namen unter den Aufnahmeantrag zu setzen.«

Johnny Nichols murmelte: »Du wirst unser Zentralbüro niemals dazu bringen, das Geld aus ihrer Kasse zu nehmen.«

»Wir werden nicht die Zentrale bitten«, beharrte Gene. »Wir müssen uns selbst um unsere Kameraden kümmern.«

Henri Letescue erhob sein Schwergewicht vom Stuhl und sagte: »Hör mal zu, Gene, das hier sind alles Leute, die wirklich an die Gewerkschaft glauben, die regelmäßig ihre Gebühren zahlen, mit denen ihre Frauen sonst gutes Fleisch kaufen würden. Uns tun Charlie und Ben furchtbar leid, aber sie wollten nun mal nicht mitmachen. Du hast alles getan, was du konntest, um ...«

Gene schüttelte betrübt den Kopf. »Ich muß wohl die falschen Argumente gebraucht haben, Henri.«

Dann meldete sich jemand aus dem Hintergrund des Zimmers.

»Du redest da von fast zweitausend Dollar. Wo sollen wir so'nen Haufen Geld herkriegen? Zweitausend Dollar! Bei einundeinviertel Dollar pro Tag – das macht fünfzehnhundert Arbeitstage, Gene. Wir haben auch Kinder daheim.«

Gene sah im Geiste Bens Frau auf ihrem Bett liegen. Was er jetzt sagte, kam aus tiefstem Herzen:

»Charlie Masterson und Ben Minshall waren eure Brüder. Sie haben mit euch gearbeitet und euer trostloses

Dasein geteilt. Wenn euer Lohn gekürzt wurde, hatten sie auch nicht mehr, wenn ihr einmal zu krank wart, um auf Fahrt zu gehn, wenn ihr zu spät kamt, wenn ihr zu viel getrunken hattet, sie sprangen für euch ein. Es gibt nichts, was ihr tun oder fühlen könntet, was diese Männer nicht getan oder gefühlt hätten. Das ist Bruderschaft! Solange wir das haben, sind wir nicht allein auf der Erde. Solange wir Brüder haben, Brüder, die uns nicht im Stich lassen, sind wir sicher auf dieser Erde und können nicht vernichtet werden.«

Gene suchte am nächsten Tag Riley McKeen auf. McKeen war ein Sonderling. In Reichtum und Luxus aufgewachsen, trug er beides mit lässiger Selbstverständlichkeit, so wie seine seidenen Maßhemden und lose sitzenden Anzüge. McKeen hatte die Menschen gern – kümmerte sich aber nicht um ihre gesellschaftliche Stellung in der Stadt. Er saß, die Füße auf den Schreibtisch gelegt, in einem bequemen Stuhl, und Gene bemerkte belustigt, daß in einer seiner Schuhsohlen ein Loch war. In Terre Haute war McKeen als der vornehmste reiche Mann bekannt, der je gelebt hatte. Sein Name stand immer als erster auf jeder Sammelliste, und nie hat ihn jemand um einen Gefallen gebeten, den er nicht erfüllt hätte. Er war ein untersetzter Mann von blühender Gesichtsfarbe.

McKeen schätzte Gene. Ihm gefiel die Art, wie Gene den Occidental Club organisiert und den Vortrag Ingersolls übernommen hatte und wie er aus der Niederlage mit Mrs. Anthony ungebrochen hervorgegangen war.

»Was kann ich für dich tun, Gene?«

»Ich möchte Ihnen gern eine Geschichte erzählen, Mr. McKeen, ich weiß, Sie werden interessiert sein, weil sie von Menschen handelt.«

Der Sekretär brachte jetzt auf einem kleinen Tablett Zwieback und eine Flasche Milch herein. »Bring noch ein Glas für Mr. Debs, Archie. Er ißt heute mit mir zu Mittag!«
Langsam seine Milch schlürfend, lehnte sich McKeen in seinen Sessel zurück, während Gene von Masterson und Minshall erzählte und von der verzweifelten Lage, in der ihre Familien steckten.
McKeen stellte sein halbleeres Glas auf den Tisch zurück: »Ja, Gene, das ist eine rührende Geschichte, wieviel willst du haben?«
»Wir haben ausgerechnet, daß wir achtzehnhundert Dollar brauchen.«
Die Sympathie erlosch in McKeens Gesicht. Er hielt seinen Drehstuhl an und sagte kühl: »Gene, das ist ein zu großer Bissen für einen einzelnen. Aber ich will dir zweihundertfünfzig Dollar zu eurem Fonds beisteuern.«
Gene errötete. »Ich glaube, ich habe mich nicht klar ausgedrückt, Mister McKeen. Es ist nobel von Ihnen, uns einen Beitrag anzubieten. Aber wir möchten alles selbst zahlen. Ich habe hier ein Blatt mit zwölf Unterschriften – alles zuverlässige Lokomotivheizer. Mit meiner Unterschrift werden's dreizehn. Wir möchten achtzehnhundert Dollar zum regulären Zinssatz von Ihrer Bank leihen und den Betrag in Monatsraten zurückzahlen.«
McKeen schwang sich in seinem Drehstuhl herum und starrte aus dem Fenster. Nach kurzem Schweigen rief er plötzlich:
»Archie!«
Als Archie hereinkam, schrieb er etwas auf einen Notizzettel und murmelte: »In bar.«
Die beiden Männer saßen schweigend da – ohne einander anzusehen. Nach einer kleinen Weile kam Archie mit ei-

nem Stoß Banknoten wieder, McKeen händigte Gene das Paket aus.

»Ich danke Ihnen, Mister McKeen, ich verbürge mich, daß Sie nicht einen Cent verlieren werden.«

»Ja, Gene, ich bin davon überzeugt.«

»Wollen Sie mir nicht das Blatt zum Unterschreiben geben?«

»Das Blatt? Ach ja, schreiben Sie einfach: ›Ich schulde achtzehnhundert Dollar‹, setzen Ihren Namen darunter und heften das Blatt mit den zwölf Namen dahinter.«

Gene war viel zu aufgeregt, um zu begreifen, daß McKeen ihm einen persönlichen Kredit gewährte, denn keine Bank auf der Welt hätte die zwölf Unterschriften der Heizer als kreditfähig akzeptiert.

Am späten Nachmittag hielt Pfarrer Hanford die Begräbnisfeier für Charlie Masterson. In Umschlägen mit der Aufschrift: »Bruderschaft der Lokomotivheizer – Gruppe Terre Haute« händigte Gene an Mrs. Masterson tausend Dollar und an Mrs. Minshall fünfhundert Dollar aus.

Gene verbrachte die folgenden Abende damit, Berichte über Eisenbahnunfälle zu prüfen, indem er in graphischer Darstellung einen Überblick über die häufigsten Ursachen zu gewinnen suchte.

Am Abend der nächsten Versammlung wurde er zu Hause aufgehalten. Genes Vater brauchte seine Hilfe bei der Einrichtung eines Schaukastens mit guten französischen Weinen, deren Vertrieb er sich gesichert hatte. So kam er erst zehn Minuten nach acht in den Clubraum. Alle Heizer von Terre Haute waren zur Stelle. Mit grimmigen Gesichtern saßen sie auf Stühlen und Fensterbänken oder lehnten schweigend an den Wänden. Niemand begrüßte Gene, niemand blickte auf.

Ohne ein Wort zu sagen, ging Gene an das Pult. Es war mit Papieren, Geldscheinen und Silber- und Goldstücken bedeckt. Verwirrt ließ Gene seine Finger durch die Papiere gleiten. Er sah, daß es ausgefüllte Beitrittserklärungen waren, darunter einige von dem ersten Stoß, den er und Theodore vor langer Zeit auf die Post gegeben hatten.

Langsam wurde ihm klar, was geschehen war: Alle hier Anwesenden waren beigetreten. Ohne zu versuchen, die Höhe des Geldbetrages auf dem Pult abzuschätzen, wußte er, daß ein Mehrfaches der verlangten Gebühren dort aufgehäuft lag: Zusammengefaltete Fünfdollarscheine, als Notgroschen lange aufbewahrt, alte Goldstücke, die in Kommodenschubladen versteckt gelegen hatten.

Als Gene aufsah und den Blicken der Männer begegnete, wußte er, daß die Heizergewerkschaft von Terre Haute endlich geboren war, geboren, wie alles im Leben, in Blut und Schmerzen.

Zweiter Teil

1

Gene war sehr aufgeregt, als er erfuhr, daß die Heizer eine eigene Zeitschrift bekommen sollten. Er hatte großes Vertrauen in die Macht des geschriebenen Wortes. Hier bot sich eine gute Möglichkeit, die Mitglieder gründlich zu schulen und ein starkes Solidaritätsgefühl in ihnen zu wecken. Mit Hilfe einer Zeitung würde es möglich sein, den Kampf gegen die Trunksucht aufzunehmen. Denn durch Trinken versuchten die Heizer, der Öde ihres Daseins zu entkommen, was eine trügerische Illusion war, denn der Alkohol brachte sie und ihre Familien nur noch tiefer ins Elend.
Ein Zeitungsreporter aus Chikago, William Sayre, hatte sich bereiterklärt, die Zeitschrift der Bruderschaft der Lokomotivheizer herauszugeben. Von Sayre erhielt Gene einen Brief, in dem er gebeten wurde, den Leitartikel für die erste Nummer des Blattes zu liefern. Am Abend des gleichen Tages schrieb Gene spontan ein paar Verse gegen das Laster der Trunksucht. Dieses Gedicht wollte er dem Leitartikel beifügen.
Jedoch der Leitartikel schrieb sich nicht von selbst. Er versuchte es im Laufe des Oktobers mit einem Dutzend verschiedener Fassungen, bevor er annähernd zufrieden war. Der November kroch träge dahin, denn Gene brannte darauf, die erste Nummer der Zeitschrift endlich in der Hand zu haben. Eines Abends fand er daheim einen verheißungsvollen dicken Brief. Mit unruhigen Hän-

den betastete er den glänzenden Umschlag, der eine Gruppe von Heizern vor einer gigantischen Lokomotive zeigte. Schnell blätterte er bis zum Leitartikel. Seine Lippen bewegten sich, als er seine eigenen Sätze las. Die Zeitschrift hatte auch sein Gedicht gedruckt.
Gene drückte Theodore, dem Vater und seiner Mutter ein Exemplar in die Hand; es blieb noch eines übrig. Er zog schnell einen alten Pullover über und rannte zu Glorias Haus. Dort sprang er die Vortreppe hinauf und drückte auf die Klinke. Aber sie gab nicht nach. Zum ersten Mal war das Haus der Westons verschlossen. Verwirrt starrte Gene auf die Tür, dann betätigte er den Klopfer.
Paul Weston öffnete. Er war nicht in Pantoffeln und Samtjacke wie gewöhnlich, sondern er war rasiert und trug seinen Sonntagsanzug mit einer Krawatte. »Hallo, Gene, das ist mal 'ne Überraschung!«
Durch den Hauseingang sah Gene einen unbekannten Gast am Eßtisch sitzen. Als er ins Zimmer trat, bemerkte er, daß Gloria ein seidenes Kleid trug. Ihr Haar war kunstvoll geflochten wie lockere Kupferdrahtbündel. Sie stand auf, ging um den Tisch und streckte ihm die Hand entgegen.
»Wie nett, daß du kommst, Gene, wir machen gleich Platz für dich.«
Er fühlte sich irgendwie unglücklich. »Nein, danke, ich habe schon . . ., wir haben gerade gegessen . . .«
Paul Weston sagte: »Mister Harkness, darf ich Ihnen unsern alten Freund, Mister Eugene Debs, vorstellen?«
Pauls Stimme hatte einen ungewöhnlichen Ton, als bäte er wegen der Vorstellung um Verzeihung. Gene war voller Bewunderung für den Gast der Westons, denn Harkness war eine glänzende Erscheinung – dichtes, schwar-

zes Haar in den Nacken gekämmt, große dunkle Augen in einem gut geschnittenen Gesicht. Er bemerkte die mächtigen Schultern unter dem teuren Tuch und stand zum ersten Mal in seinem Leben vor Respekt beklommen da, verlegen darüber, daß er in einen Pullover geschlüpft war, der Löcher an den Ärmeln hatte.

»Mister Harkness ist ein Eisenbahnanwalt aus Chikago«, erklärte Paul Weston.

Gene sah, daß Paul von Mr. Harkness stark beeindruckt war. Das kam ihm merkwürdig vor, weil Paul Weston sein ganzes Leben lang den wohlhabenden und gesellschaftlich maßgebenden Bürgern von Terre Haute ausgewichen war.

»Setz dich doch, Gene, sei nicht ungemütlich«, forderte ihn Mrs. Weston auf.

»Ich danke Ihnen, Mrs. Weston, aber ich bin nicht angezogen. Ich bin nur auf einen Sprung herübergekommen ...«

Er stockte plötzlich, seine jugendliche Begeisterung war verflogen. Es war ihm unmöglich, den Westons die Zeitschrift der Lokomotivheizer unter den welterfahrenen Augen dieses Herrn aus Chikago zu zeigen. Gene murmelte eine Entschuldigung, und Gloria brachte ihn zur Haustür.

Zu enttäuscht, um nach Hause zu gehen, beschloß er, daß erste Heft Peter Hanford zu zeigen. Clarissa öffnete ihm die Tür, und der Pfarrer führte ihn in sein Arbeitszimmer – einen stillen, behaglichen Raum, dessen Schränke mit Büchern über Religion und Philosophie gefüllt waren. Hanford nötigte Gene in einen Sessel.

»Der Kirchenrat hat mir einen jungen Mann als Assistenten beigegeben, der meine Pflichten übernehmen soll«, sagte Hanford resigniert.

»Ist der Kampf gegen Ingersoll noch nicht zu Ende?« ereiferte sich Gene.
»Die Begräbnisfeier für Charlie Masterson hat ihn von neuem aufgewühlt.«
»Aber soll ein Geistlicher nicht das Recht haben, die Familie eines Verunglückten zu trösten?«
»Meine Gemeinde hat das Gefühl, daß ich ihre gesellschaftliche Stellung angegriffen habe. Im Kirchenrat sitzen mehrere Direktoren. Die denken wohl, ich ergreife die Partei der Arbeiter gegen die Eisenbahndirektion.« Der Pfarrer fuhr fort: »Ich bin jetzt erledigt, Gene. Meine Entlassung ist zwar noch nicht ausgesprochen, aber sobald mein Assistent alle Pflichten übernommen hat, wird mir wohl nichts anderes übrig bleiben, als das Feld zu räumen.«

2

Gene war jetzt über zwei Jahre bei Hulman. Er machte seine Sache gut, aber es war offensichtlich, daß er nicht den Wunsch hatte, befördert zu werden. Gene brauchte seine ganze Kraft für die Gewerkschaft. Hulmans fünfjähriger Sohn hatte eine Vorliebe für den langen blonden Jungen mit dem ansteckenden Lachen. Immer, wenn er im Haus herumstreifen durfte, kam er an Genes Pult. An diesem Abend erzählte ihm Gene die Geschichte von der Lokomotive, die in den Wald geflüchtet war, um sich vor dem Lokführer zu verstecken.
Mr. Hulman wollte seinen Sohn holen und sagte freund-

lich zu Gene: »Komm, Gene, du kannst mit uns fahren.« Gene schwang den Jungen auf seine Schultern und marschierte mit ihm zu Hulmans Wagen. Hulman berührte ihn am Ärmel und sagte bedeutsam: »Du bist mir ein Rätsel, Gene. Du hast eine Menge angeborener Fähigkeiten, doch augenscheinlich willst du gar nicht vorwärtskommen.«

Gene begegnete Mr. Hulmans Blick. »Oh doch, vorwärtskommen möchte ich schon...«

»Hat das eine Zukunft... deine Arbeit für die Gewerkschaft?«

Genes Antwort darauf war eine begeisterte Erörterung der Möglichkeiten des Gewerkschaftswesens.

Hulman ließ ihn eine Weile erzählen, bevor er ihn unterbrach. »Das ist alles schön und gut für Heizer, Gene, aber was bedeutet es für dich persönlich?«

Mit verlegenem Lächeln murmelte Gene: »Ach, es gibt noch so viel zu tun. Sie wissen selbst, Mr. Hulman, wie verzweifelt nötig die Eisenbahner eine Organisation brauchen.«

»Ich halte den Versuch, den Charakter der Menschen ändern zu wollen, nicht für klug.«

Da Gene nicht gleich antwortete, fuhr Hulman fort: »Irgendwann einmal wirst du anfangen müssen, über dich selber nachzudenken. Idealismus ist ein Luxus, den du dir in dieser konkurrenzbesessenen Welt nicht leisten kannst.«

Sie waren inzwischen auf dem breiten Kiesweg die halbkreisförmige Anfahrt zu Hulmans Haus hinaufgefahren. Der Kutscher hob den kleinen Jungen vom Bock. Gene und Hulman blieben noch in den Polstern des Wagens sitzen.

»Ich gebe zu, daß Sie recht haben, Mr. Hulman, aber ich

weiß nicht, was ich anderes tun soll. Ich bin sehr glücklich. Ich habe Freude an meiner Arbeit. Und meinem Vater geht es, seit er den Vertrieb der französischen Weine übernommen hat, besser.«

»Du hast also keine Angst um deine Zukunft?«

Gene besann sich einen Augenblick, bevor er gelassen erwiderte: »Nein, ich sorge mich nicht, weil ich glaube, daß es für mich immer eine Menge Arbeit geben wird.«

»Und wie steht's mit den Sachen, die man für Geld kaufen kann?« fragte Hulman mit einer ausladenden Geste, die seinen Wagen, seine gepflegten Pferde, sein weitläufiges Grundstück und das Haus mit den weißen Säulen umschloß.

»Ich glaube, ich finde nie die rechte Zeit dafür, Mr. Hulman.« Gene lachte, weil er fühlte, daß dies die lächerlichste Erklärung war. »Als ich ein kleiner Junge war, ging ich immer mit meinem Vater auf die Gemeindejagden. Die anderen Männer schienen alle aus Vergnügen am Töten zu jagen. Sie schossen Hunderte von Präriehühnern – und dann ließen sie den größten Teil der Beute im Wald liegen. Wenn mein Vater genug für Daisys Küche geschossen hatte, hörte er auf mit dem Schießen. Ich glaube, das ist die Art, wie ich über das Geldverdienen denke.«

Auf dem Heimweg betrat Gene eine Buchhandlung und kaufte sich ein Buch mit dem Titel »Die Kunst der freien Rede«. Als Sekretär seiner Gruppe würde man von ihm erwarten, daß er auch auf größeren Versammlungen Reden hielt, wie etwa auf der für den kommenden Monat in Indianapolis angekündigten.

»Du mußt mir helfen, Theo«, bat Gene. »Ich will die Delegierten nicht merken lassen, daß ich zum ersten Mal auf dem Podium stehe.«

Theodore nahm den kleinen Leitfaden und las: »Kein anderes Moment bei einem Vortrag verdient soviel Beachtung wie die Stimme, die klar, kräftig und biegsam sein muß.«
Gene überlegte: »Das ›klar und kräftig‹ verstehe ich, aber was ist eine biegsame Stimme?«
»Zuerst mußt du dich mal aufstellen. ›Die normale Stellung ist ein Meter vom vorderen Rand des Rednerpults‹.«
Theodore sprang auf, schritt die Entfernung vom Pult ab und fuhr dann fort: »Stell dich hierher! Der Kopf soll erhoben sein, der Körper aufrecht, die Schultern sind zurückgedrückt und im rechten Winkel zur Hörerschaft.«
»Schon gut«, sagte Gene ungeduldig, »jetzt setzt du dich hin und markierst das wilde Beifallklatschen der Heizer.«
Gene brauchte nur eine Stunde, um seine Rede auswendig zu lernen.
Als sie zu Ende war, fragte Theodore: »Warum gehst du nicht zu Westons und hältst die Rede vor Gloria? Du könntest sie auch gleich fragen, was es mit der biegsamen Stimme auf sich hat.«
Als er zu Westons Haus kam, standen gepackte Koffer auf dem Flur. Gene war eingetreten, ohne sich anzukündigen. Jetzt stand er verblüfft da und hörte, wie Gloria oben von der Treppe rief:
»Wenn wir im Hotel essen, Mutter, werde ich wohl ein Abendkleid brauchen, oder?«
Da Gloria keine Antwort erhielt, kam sie die Treppe herab. Als sie Gene mit einem Blatt Papier in der Hand verwundert zu sich aufblicken sah, blieb sie stehen: »Oh, hallo, Gene!«
»Fahrt ihr weg?«
Sie hängte das Abendkleid über das Treppengeländer und kam langsam die letzten Stufen herab.

»Wir fahren nach Chikago, Vater hat dort was zu tun.«
»Das ist fein, daß ihr mal Ferien macht«, sagte Gene mit heiserer Stimme.
»Mr. Harkness meinte, er hätte kein Recht, von Mutter und mir zu verlangen, daß wir daheim bleiben. Ich war nie in Chikago, Gene, und ich habe so viel darüber gehört.«
Gloria kam näher und sprach so leise zu Gene, daß ihre Eltern sie nicht hörten: »Es geschah alles so plötzlich. Das Telegramm kam erst vor ein paar Stunden. Und ich habe dich über eine Woche nicht mehr gesehen.«
Diesmal konnte Gene nicht antworten: »Ich war beschäftigt.«
Er brachte kein Wort hervor.

3

Die ersten Berichte über den Streik der Eisenbahner in Pittsburgh, die Gene erreichten, sprachen von friedlichen Straßendemonstrationen, denen sich beträchtliche Teile der Bevölkerung angeschlossen hatten. Nach einigen Tagen wurde eine Division Miliz aus Philadelphia zur Besetzung des Schienenstrangs kommandiert, um die Durchfahrt der Züge zu erzwingen. Die Miliz stieß auf eine große Menge Streikender und deren Parteigänger. Einige von den Demonstranten warfen mit Steinen. Soldaten wurden getroffen, ein Offizier gab das Kommando, und die Miliz feuerte.
Etwa dreißig Menschen kamen ums Leben. Zum ersten Mal seit Beendigung des Bürgerkriegs waren Amerika-

ner von Amerikanern erschossen worden. Bei Dunkelwerden strömten Tausende von Menschen, viele mit Gewehren und Fackeln, auf die Straßen. Sie setzten Bahnhöfe und Werkstätten in Brand und vernichteten viele Lokomotiven und Wagen. Die Streikenden behaupteten, der Schaden sei von Arbeitslosen angerichtet worden, die von auswärts gekommen seien, während die Eisenbahndirektion die Gewerkschaften dafür verantwortlich machte.

Eingeschüchtert kehrten die Eisenbahner zu herabgesetzten Löhnen an ihre Arbeit zurück. In dieser spannungsgeladenen Atmosphäre machte sich Gene in seinem frisch gebügelten Sonntagsanzug auf die Reise zur Hauptversammlung der Lokomotivheizer.

Gene war nun an der Reihe, sein Debut als Redner zu geben. In Gedanken hörte er Theodore vorlesen: »... einen Meter vom vorderen Rand des Podiums ... die Stimme klar, biegsam ...«

Joshua Leach, behäbig und unbeirrbar, stellte ihn den zweihundert Delegierten vor. »Das ist Gene Debs, den ich in Terre Haute eingesetzt habe. Ich habe euch gleich gesagt, daß er seine Sache gut machen wird.«

Leach setzte sich, und Gene blieb sich selbst überlassen. Mit seinen vierundzwanzig Jahren war er nur halb so alt wie der jüngste Delegierte und der einzige unter ihnen, der keinen Schnurrbart trug. Zu seinem Erstaunen merkte er, daß er schon zu reden begonnen und die Regeln mißachtet hatte. Er stand zu dicht am Rande des Podiums, seine lange Gestalt beugte sich vertraulich zu den Delegierten vor, und er kam nicht dazu, sich zu fragen, ob seine Stimme klar und biegsam war.

Die Eisenbahn nannte er den Pionier des Fortschritts und ihre Schienenstränge die Blutadern der Aufklärung. Der hohen Verantwortlichkeit der Eisenbahn stellte er die beklagenswert niedrigen Löhne gegenüber, die kaum ausreichten, die Familien der Arbeiter durchzubringen. Er machte die Lohnkürzungen der Gesellschaften für die jüngsten Streiks verantwortlich. Zugleich bekräftigte er seine Überzeugung, daß die Bruderschaft eine wohltätige Vereinigung sei.

»Ein Streik bedeutet Anarchie und Aufruhr. Die Frage ist oft gestellt worden: Ermutigt die Bruderschaft ihre Mitglieder zum Streiken? Auf diese Frage antworten wir nachdrücklich: Nein! Sollen wir die Gesetze dieses Landes mißachten? Unsere Hände mit dem Blut unserer Mitbürger beflecken? Wir sagen wieder: Nein! Tausendmal Nein!«

Seine Worte stießen auf leeres Schweigen. Die Männer rückten auf ihren Sitzen, wandten sich ab oder fixierten ihn schärfer. Er sah sie zum Fenster hinaussehen oder zu Boden starren. Joshua Leachs Augen wichen ihm aus, als Gene das Podium verließ. Gene hatte versagt, er hatte seine Brüder enttäuscht.

Durch einen Seitengang verließ er den Saal und lief mehrere Stunden in der kalten Nachtluft umher. Er hörte eine Kirchturmuhr Mitternacht schlagen. Erst da fiel ihm auf, wie verlassen die Straßen waren. Nein, doch nicht ganz verlassen, dort vorne hörte er Schritte. Die Gestalt eines Mannes tauchte unförmig aus der Finsternis auf. Sie machten beide keine Anstalten, den anderen vorbeizulassen, sondern blieben grinsend stehen, als sei dies ein lange geplantes Treffen.

Der andere war Mitte zwanzig, so vermutete Gene, hatte ein Gesicht wie ein Kürbis und strohblonde Haare.

»Schau, schau«, rief der Fremde aus, »es gibt also noch eine Seele in Indianapolis, die nach Mitternacht durch die

Straßen geistert. Sind Sie ein Einbrecher oder ein Dichter?«
»Wenn ich unbedingt eines von beiden sein muß: ein Einbrecher!«
»Gut. Dann bleibt für mich der Dichter. Mein Name ist Jimmy Riley. Aber meinen Nachnamen können Sie vergessen, bis zu dem Tag, an dem einmal eines meiner Gedichte gedruckt wird.«
»Mein Name ist Debs, Eugene Debs.«
»Freut mich«, rief der Fremde. »Kennen Sie Indianapolis bei Nacht? Städte, wenn sie schlafen, sind wie Menschen. Man kann hinter ihre kalten Fassaden sehen, in ihre intimsten Geheimnisse eindringen, ihr Alter ablesen und ahnen, was sie im Schilde führen.«
»So habe ich das noch gar nicht gesehen. Genau genommen, habe ich bis jetzt überhaupt nicht an Indianapolis und seine Häuser gedacht.«
»Ich glaube, Sie haben einen Korb gekriegt«, meinte Riley, »wir wollen zu Ihrer Angebeteten gehen, und ich werde ihr meine schönsten Verse vorlesen, bis sie Ihnen verzeiht und Sie gerührt an die Brust zieht.«
Gene mußte lachen. »Sie haben recht, ich habe einen Korb gekriegt, aber nicht von einer Person, sondern von zweihundert.«
»Großartig!« tönte Riley. »Mein ganzes Leben wollte ich einen Mann kennenlernen, der zweihundert Frauen lieben kann.«
»Das waren keine Frauen«, erwiderte Gene, »es waren Gewerkschaftsdelegierte.«
Riley schlug sich auf den Mund, hakte sich dann bei Gene ein und blickte bewundernd zu ihm auf: »Sie sind ein Gewerkschaftsdelegierter! Ein Mann mit Verantwortung! Dann haben Sie ja ein geregeltes Dasein! Wahrscheinlich

wissen Sie genau, was Sie Donnerstag nachmittag um drei Uhr siebzehn machen werden?«
»Ja. Ich werde Eintragungen in das Hauptbuch von Hulman & Cox machen. Und wovon leben Sie?«
»Ich lebe von der Luft, vom Schlaf, wandle in den Wäldern, ich schreibe Verse – was braucht man mehr zum Leben?«
»Essen.«
»Sie sind ein Materialist, mein Freund.«
»Haben Sie zufällig ein Gedicht dabei?«
»Mein lieber, unschuldiger Freund, man könnte meinen Leichnam nackt auf der Straße finden, aber nie könnte ich so nackt gefunden werden, daß ich nicht ein Gedicht bei mir hätte!«
Sie waren an einen kleinen Park gekommen. Das Frösteln und das elende Gefühl des Mißerfolgs waren von Gene gewichen. »Setzen wir uns«, sagte er. »Lesen Sie mir das vor, was Ihnen am besten gefällt.«
»Sie gefallen mir alle gleich«, erwiderte Riley.
»Warum haben die Zeitschriften Ihre Arbeiten nicht gedruckt?« wollte Gene wissen.
»Man muß einen großen Namen haben, um seine Gedichte gedruckt zu sehen.«
»Wenn Sie ein großes Epos schrieben, würde das nicht helfen?«
»Überhaupt nicht. Ich habe einmal ein großes Gedicht geschrieben, den Namen Edgar Allan Poe daruntergesetzt und es an den Kokomo-Dispatch geschickt. Sie haben es unter seinem Namen veröffentlicht.«
»War es ein schlechtes Gedicht?«
»Nein. Ich kann keine schlechten Gedichte schreiben.«
»Dann war es also Ihr großes Gedicht, das die Zeitung brauchte, – nicht der Name von Edgar Allan Poe.«

»Mein junger Freund«, murmelte Riley, »Sie haben mich verwirrt.«
»Was halten Sie davon, Mr. Riley, nach Terre Haute zu kommen und Ihre Gedichte im Occidental Club vorzulesen? Wir würden Ihnen die Unkosten zahlen und die Hälfte vom Gewinn, falls einer bleibt.«
Riley sprang von der Bank auf und warf seine Papiere in die Luft. »Dies ist ein Wendepunkt in meinem Leben!«
»Wie wäre es, wenn Sie heute in zwei Wochen zu uns kämen? Ich würde eine Lesung eigener Gedichte von Jimmy Riley ankündigen.«
Dankbar blickte der Dichter zu ihm auf. »Würde es Ihnen etwas ausmachen«, fragte er, »meinen Zunamen Whitcomb in Ihre Ankündigung einzusetzen?«

4

Als Gene nach Terre Haute zurückkehrte, standen die Geschichten von den Pittsburgher Ereignissen mit dicken Überschriften auf den ersten Seiten der Zeitungen. Geharnischte Artikel forderten vom Staat Gesetze gegen die »eigenmächtigen Arbeiterhorden«. Gene, der nichts Gutes ahnte, ging zum Versammlungsraum und sah, daß ein Teil der Möbel zerschlagen, das Pult umgeworfen und der Teppich zerfetzt war. Er richtete das Pult wieder auf. Die Luft war stickig. Er ging zum Fenster, mußte jedoch feststellen, daß der Griff abgebrochen war.
Er brauchte nicht auf die Uhr sehen, um zu wissen, daß es nach neun war und niemand zur Versammlung erschei-

nen würde. Er war wieder dort angekommen, wo er angefangen hatte. Nur war er damals vom Reiz des Neuen begeistert gewesen, wie ein Wissenschaftler, der in einem Laboratorium experimentiert. Der weitere Weg versprach keine freudigen Ereignisse. Das Spiel hatte den Charakter des Krieges angenommen, und es schien ihm, als sei er nicht zwei, sondern zwanzig Jahre älter geworden.

Er nahm sein Notizbuch, schloß die Tür hinter sich und ging zum Bahnhof. Dad Jenkins und Sam Baker putzten gerade ihre Maschinen. Sie taten, als sähen sie ihn nicht. Gene entfernte sich ohne ein Wort und schlug den Weg zum Bahnhofsgebäude ein. Als er die Gleise überquerte, kam Dino Franchetti auf ihn zu. Gene blieb vor dem drahtigen kleinen Italiener stehen.

»Hallo, Dino!« rief er.

Doch Dino ging ohne aufzublicken vorbei. Gene stand lange Zeit mit hängendem Kopf da. Er hörte eine Stimme hinter sich sprechen.

»Entschuldigen Sie Mr. Debs, der Direktor der Terre Haute-Gesellschaft möchte Sie in seinem Büro sprechen.«

Nach einer Weile blinzelte Gene und schluckte schwer. Dann ging er langsam zum Büro des Direktors. Engles saß hinter seinem Schreibtisch.

»Mr. Debs, es gibt so viele tausend Quadratkilometer freies Land und so viele interessante Städte, warum müssen Sie ausgerechnet in den Bahnhöfen der Terre Haute-Gesellschaft Ihre Spaziergänge machen?«

Er sah Gene herausfordernd an. »Glauben Sie an Privateigentum, Mr. Debs?«

»Allerdings.«

»Dann empfehle ich Ihnen, unser Privateigentum in Zu-

kunft zu meiden. Wir wünschen Sie hier nicht mehr zu sehen. Übrigens auch die Heizer nicht.«
»Woher wissen Sie das?«
»Was in deren Köpfen los ist, wissen wir besser als sie selbst. Sie sind wie'n Rudel Schafe mit gerade so viel Gehirn, daß es zum Kohlenschaufeln reicht.« Engles erhob sich. »Ich verbiete Ihnen hiermit, dieses Grundstück noch einmal zu betreten. Wenn Sie nicht wegbleiben, lasse ich Sie verhaften.«
Gene schüttelte ungläubig den Kopf. Er starrte Engles wortlos an. Der Direktor sank langsam in seinen Sessel zurück.
»Sie werden auch noch erleben, daß Sie bei Hulman rausfliegen.«
»Und wie wird Ihnen das gelingen?«
»Wenn wir Hulmans Frachten nicht befördern, sitzt er auf dem Trocknen.«
Gene stand jetzt drohend vor dem Direktor. »Verzeihung, ich habe Sie unterschätzt. Ich wußte nicht, was Sie für ein einfallsreicher Kopf sind. Ich weiß jetzt, warum Sie Direktor geworden sind. Sie haben originelle Ideen und Mut. Ich sage Ihnen eine große Zukunft voraus.«
»Das kann ich Ihnen leider nicht prophezeien.«
Mit fieberndem Kopf wanderte Gene langsam nach Hause. Durch den Seiteneingang des väterlichen Hauses schlich er in sein kleines Büro, trat vor den Schreibtisch und schraubte den Docht der Lampe höher. In der Ecke neben der Tür, das Gesicht verzogen und die Augen geweitet, stand Dino Franchetti. Wortlos starrten sich die beiden an. Dann kam Dino näher.
»Ja, Gene, wir sind Schweine, aber du mußt uns verzeihen. Sie haben uns mit Rausschmiß gedroht, wenn wir nicht aus der Gewerkschaft austreten. Sie wollen sogar

eine schwarze Liste anlegen, damit keiner von uns bei einer anderen Gesellschaft Arbeit kriegt, wenn wir uns mit dir zusammen sehen lassen ... verstehst du ...«
Genes erste Reaktion war Erleichterung. Die Heizer hatten ihn und die Gewerkschaft nicht aus eigenem Antrieb fallen lassen, – sie waren terrorisiert worden.
»Setz dich, Dino. Hör mir zu, alter Freund. Die Gesellschaft kann ihre Drohungen nicht wahrmachen. Wenn sie alle Heizer in Terre Haute entläßt, können keine Züge mehr fahren.«
»Sie werden aus Chikago oder sonst woher Leute holen.«
»Merkst du nicht, Dino, daß dies für die Gesellschaft die große Gelegenheit ist, um unsere Organisation zu zerschlagen? Die würden den Sachschaden in Pittsburgh mit Freuden auf sich nehmen, wenn er dazu diente, die Eisenbahner-Gewerkschaften für immer zu vernichten.«
»Ich habe elf Bambini, Gene.«

Als Gene am folgenden Abend heimkam, hörte er laute Stimmen im Eßzimmer hinter dem Laden. Er stürzte in das Zimmer und sah den Tisch mit Daisys schönstem Tafeltuch gedeckt, mit dem schweren Familiensilber und Limoges-Schüsseln, die ihr die Familie mit nach Amerika gegeben hatte.
»Willkommen daheim, Gene Debs!« dröhnte eine mächtige Stimme. Dann stand er Robert Ingersoll gegenüber.
»Oberst Ingersoll! Warum haben Sie nicht geschrieben, daß Sie kommen?«
»Bis vor ein paar Stunden wußte ich es selbst noch nicht.«
Obwohl es erst zwei Jahre her war, daß Gene ihn gesehen hatte, fand er, daß Ingersoll beträchtlich älter aussah als damals. Nach dem Essen gingen die beiden in Genes Arbeitszimmer, wo Theodore bereits am Pult arbeitete.

»Ich höre, Sie hatten Ärger«, sagte Ingersoll gedehnt. »Erzählen Sie mir davon, das erleichtert das Herz.«
Gene berichtete von seinen Anstrengungen, eine Ortsgruppe der Heizer von Terre Haute aufzubauen, und wie sein Plan durch den Aufruhr in Pittsburgh geplatzt war. »Ich bin einfach am Boden zerstört«, schloß er.
»Deine Enttäuschungen drücken dich sehr schwer, Gene?«
»Ihnen kann ich's ruhig sagen – Ja.«
»Aber das ist vollkommen natürlich, lieber Freund. Der Idealist wird immer zwischen Ernüchterung und Sich-wieder-Aufraffen hin und hergerissen. Eine der bittersten Erfahrungen, die ich machte, Gene, war die, daß meine Arbeit immer wieder neu getan werden mußte, jeden Tag neu und mit gleichem Eifer.«
Gene war bestürzt. »Sie meinen, daß es ganz gleich ist, wie weit die Arbeit schon vorangeschritten ...«
»Zu Ende bringen wirst du sie nie«, unterbrach Ingersoll, »wenn das ginge, hätten wir schon das Paradies auf Erden.«
»Aber wenn das so ist, wie kann man dann weiterarbeiten?«
»Du wirst bald selbst die Erfahrung machen, daß in dem Augenblick, in dem du aufhörst zu kämpfen, deine Gegner die Oberhand gewinnen und dir alles zerstören, was du mühsam aufgebaut hast.«
Ingersoll stützte den Kopf auf seinen linken Arm und fuhr in gedämpftem Ton fort: »Jetzt habe ich es geschafft, daß ich endlich frei sprechen kann, Gene, doch wen habe ich in all den langen Jahren mit meinen neuen Ansichten bekehrt? In jedem Dorf in Amerika predigen die Geistlichen noch immer von der schwarzen Hölle, lehren den Haß gegen andere Religionen, lähmen den Geist der

Kinder durch Drohungen und Einschüchterungen – ja, Gene, mit derselben Drohung und Einschüchterung, die der Direktor der Eisenbahn gegen dich gebraucht.«
»Und doch haben Sie nie aufgegeben?« rief Gene voller Bewunderung.
Ingersoll schüttelte verneinend den Kopf. »Ach, Gene, ich habe hundertmal aufgegeben. Einmal, auf einer Veranstaltung, fielen die Leute über mich her und beschimpften mich als gefährlichen Teufelsschüler. Ich brach zusammen, wurde schwach wie ein eingeschüchtertes Kind. Ich sagte damals, daß ich für immer die Nase voll hätte.«
»Was geschah dann?«
Ein Lächeln erschien auf Ingersolls Biedermannsgesicht. »Wendell Phillips überraschte mich mit einem Besuch. Ich wußte nicht einmal, daß er meiner Arbeit wohlgesonnen war. Doch nun hatte er irgendwo gehört, daß ich in Schwierigkeiten sei. Er verbrachte einen Abend bei mir und erzählte mir einiges, was er bei seiner Aktion zur Befreiung der Sklaven durchgemacht hatte: Pöbelaufstände, Prügel, Lynchjustiz. Als er mich verließ, war ich ganz sicher, daß ich nie mehr aufgeben würde. Du siehst, Gene Debs, daß der Kampfgeist von Generation zu Generation weitergegeben wird.«
Oberst Ingersoll machte eine Pause. »Ich habe einen Rabbiner als Freund, der mir ein tröstliches Zitat aus dem Talmud sagte: ›Es ist nicht an dir, die Arbeit zu vollenden, und es steht dir nicht frei, von ihr abzulassen.‹«
Damit stand er auf und verabschiedete sich.
Gene und Theodore saßen lange still zusammen, dann hörten sie das Pfeifen des Nachtzuges auf seinem Weg nach Chikago.
»Gene – weshalb ist Oberst Ingersoll nach Terre Haute gekommen?«

»Ich weiß nicht, Theo. Wahrscheinlich geschäftlich.«
»Er ist aber erst mit dem Vier-Uhr-Zug gekommen und jetzt sitzt er im letzten Zug nach Chikago.«
Gene sah seinen kleinen schlauen Bruder mit schräggestelltem Kopf an. »Ich glaube, du hast recht, Theo. Er hat die lange Reise zu uns gemacht ... nur, weil er hörte, ich sei in Schwierigkeiten. Jetzt fällt mir eine große Sache ein. Hol Feder und Tinte. Wir wollen Wendell Phillips nach Terre Haute einladen.«

5

Obwohl Genes Gewerkschaft alle Mitglieder verloren hatte, nahm er die Arbeit wieder auf. Er abonnierte verschiedene Gewerkschaftszeitungen aus ganz Amerika und schrieb für die Zeitung der Lokomotivheizer geharnischte Leitartikel. Vor allem zwei Ungerechtigkeiten erregten seinen Zorn: Der Tageslohn der Heizer, im Depressionsjahr 1873 auf einen Dollar fünfundzwanzig herabgesetzt, war noch immer der gleiche geblieben, obwohl die Wirtschaft sich längst erholt hatte; das zweite war, daß von den Heizern verlangt wurde, zwei unbezahlte Arbeitsstunden zum Putzen der Lokomotiven zu leisten, bevor sie auf Fahrt gingen.
Da ihm das Betreten des Bahngeländes von Terre Haute verboten war, schrieb er an Direktor Engles einen Brief, in dem er die Wiedereinsetzung des alten Lohntarifs und die Vergütung der beiden Putzstunden forderte. Engles erwiderte prompt, das Putzen der Maschinen sei Sache

der Heizer gewesen, solange es Eisenbahnen gäbe. Im übrigen könne er weder für diese Arbeit gesondert zahlen noch die Löhne erhöhen, denn die Eisenbahn stecke in den roten Zahlen.

Darauf erwiderte Gene in einem Telegramm, daß die Terre Haute-Gesellschaft, wenn sie Geld zusetze, schlecht geleitet sei. Er kenne die Transportstatistik und wisse, daß mehr Fracht und Personen befördert wurden als je zuvor. Er machte Engles einen Vorschlag: Wenn die Gewerkschaft in sechs Monaten den Beweis erbringen könne, daß die Heizer der Ortsgruppe ihre Leistung erhöht hätten und weniger Unfälle eingetreten seien, solle Engles sich verpflichten, die Löhne für die Heizer der Terre Haute-Gruppe zu erhöhen.

Von Engles kam keine Antwort.

Gene suchte darauf Riley McKeen in seinem Privathaus auf. Ein Diener führte ihn in die Bibliothek, wo McKeen in einem riesigen Ledersessel ausgestreckt lag und las. McKeen legte sein Buch auf den Tisch nieder, schlürfte an seinem Whisky und fragte Gene, was er für ihn tun könne. Die Gruppe Terre Haute hatte die achtzehnhundert Dollar, wie vereinbart, zurückgezahlt, was McKeens Vertrauen in den jungen Mann wesentlich bestärkt hatte. Gene erzählte ausführlich von seinem brieflichen Angebot an Engles und von dessen Reaktion.

McKeen hörte aufmerksam zu und erklärte dann: »Das Problem ist nicht dieser Herr Engles, Gene. Er ist nur der Puffer zwischen den Arbeitern und den Besitzern. Je mehr Arbeit er für wenig Geld herausschlagen kann, um so fester ist seine Stellung bei den Eignern.«

»Sagen Sie mir eins, Mr. McKeen: Ist meine Forderung unangemessen? Sollen die Leute für die zwei Stunden im Lokomotivschuppen nicht bezahlt werden?«

Zögernd antwortete McKeen: »Doch, ich glaube schon.«
McKeen sprang auf und begann im Zimmer auf und ab zu gehen.
»Hör mal, Gene! Glaube nicht, daß jeder, der Industrieanteile besitzt oder in der Industrie was zu sagen hat, ein paradiesisches Dasein führt. In den vergangenen Jahren haben wir keine Dividenden zahlen können, und die Aktionäre weinten uns dauernd was vor, daß sie Ihr Geld anderswo besser anlegen könnten. Maschinen und Wagen werden von Jahr zu Jahr kostspieliger. Immer mehr Gleise müssen gelegt werden, aber das Geld dafür ist schwer zu bekommen. Versuche zu verstehen, daß wir nicht alle Menschenfresser und Geizhälse sind, die in ihren Millionen wühlen.«
»Ich glaube Ihnen, Mr. McKeen.«
»Was habe ich davon, wenn ich tausend Dollar im Jahr mehr verdiene und dabei das Gefühl habe, die Arbeiter der Vandalia-Bahn schinden sich dafür zu Tode?«
Gene sagte nichts dazu.
»Sieh mal, Gene, wenn die Leute nach hundert Jahren ein Geschichtsbuch aufschlagen und den Namen Riley McKeen lesen, will ich nicht, daß sie sich abwenden und ausspucken.«
McKeen nahm einen großen Schluck Whisky und sank in seinen Sessel zurück.
»Gene, ich akzeptiere das Angebot, daß du der Terre Haute-Gesellschaft gemacht hast. Komme in sechs Monaten wieder und beweise mir an Hand einer Statistik, daß die Gewerkschaftsarbeiter bessere Arbeit leisten. Dann wird die Gesellschaft ihnen einen höheren Lohn zahlen. Außerdem werde ich Anweisung geben, daß der Grundlohn der Heizer auf einen Dollar vierzig heraufgesetzt wird.«

Gene hatte sich für den Abend viel Arbeit vorgenommen. Aber nach dem Abendessen konnte er sich nicht entschließen, in sein Büro zu gehen. Er trat ins Freie und blickte auf den Sternenhimmel über Terre Haute. Er sehnte sich nach Gloria, nach ihrem lieben Gesicht und ihren strahlenden Augen, die ihn so oft anlachten.
Er fand sich plötzlich auf der Wabash-Street auf dem Wege zu Westons. Beim Öffnen der Tür lief er Gloria fast in die Arme.
»Gene! Gerade habe ich an dich gedacht!« rief sie überrascht.
Er schob seinen Arm unter den ihren, preßte sie einen Augenblick an sich: »Könnten wir heute abend das Boot von deinem Vater haben? Ich möchte so gerne mit dir meilenweit von Terre Haute wegfahren.«
Staunen und Freude zeigten sich auf ihrem Gesicht. »Warum nicht? Wir können etwas zum Trinken und Essen mitnehmen.«
Es war kühl auf dem Wabash, doch sie saßen Seite an Seite und erwärmten sich durch das Rudern. Bald gelangten sie an eine flache Uferbank, wo Gene Holz für ein kleines Feuer sammelte. Die Beine nach Indianerart gekreuzt, saßen sie sich gegenüber, während Gloria Kaffee braute.
»Ich bin so müde von allem«, sagte er, »du weißt nicht, was es mir bedeutet, bei dir zu sitzen und zu denken, wie schön du bist – statt darüber zu grübeln, was die Zigarrenmachergewerkschaft auf ihrer letzten Sitzung ausgebrütet hat.«
Gloria lachte. »Ich bin froh, daß ich mit den Zigarrenmachern konkurrieren kann.«
»Erzähle mir, was du gemacht hast, seit ich dich zuletzt gesehen habe.«

»Letzten Sonntag machte mir Eddy Deutsch einen Antrag.«
»Eddy... was für einen Antrag?« fragte er verwirrt.
»Ihn zu heiraten natürlich!«
Er wurde wütend.
»Eddy Deutsch! Das ist ja lächerlich... wie kommt der dazu?«
»Er meinte nur, mein zwanzigster Geburtstag wäre nun bald, und wenn eine Frau zwanzig wird, muß sie aufpassen, keine alte Jungfer zu werden.«
»Du, eine alter Jungfer!«
»Deine Schwester Mary hat mit siebzehn geheiratet. Als sie so alt war wie ich, hatte sie bereits zwei Kinder.«
»Du bist die letzte auf der Welt, Gloria, die eine alte Jungfer wird.«
»Ich wollte, du könntest Mutter und Vater über diesen Punkt beruhigen«, sagte sie kühl.
»Jedes Mal, wenn du zum Abendessen eingeladen bist, sagst du im letzten Moment ab, weil du einen Leitartikel für deine Zeitschrift schreiben mußt oder irgendwo gebraucht wirst. Zu Susis Geburtstagsparty konnten wir nicht hingehen, weil die Fahrer der Pferdebahn streikten und dich gebeten hatten, für sie zu verhandeln.«
»Aber ich habe den Streik schnell beendigt, Gloria.«
»Nein, nein, Gene, du verstehst mich nicht. Ich bin stolz auf dich und deine Arbeit. Ich gebe zu, daß es wichtiger ist, einen Streik zu schlichten, als mit mir zum Tanzen zu gehen. Und es ist schön, daß du für die Fahrer einen Kontrakt herausgeschlagen hast, der ihnen mehr Sicherheit bietet. Aber was habe ich für eine Sicherheit?«
Sie wandte sich ab, damit er ihr Gesicht nicht sehen konnte. Als sie weitersprach kam ihre Stimme leise und ruhig:

»Mach dir nichts draus, Gene, ich weiß, du mußt alles so machen, wie du es für richtig hältst. Es ist spät geworden, ich glaube, wir müssen heimfahren.«

6

Ein Brief von Major Smith forderte Gene auf, in die Redaktion der *Gazette* zu kommen. Als er eintrat, saß Smith mit finster drohendem Gesicht in seinem Sessel und sprach kein Wort. Stumm warf er ihm einen Korrekturabzug hin. Gene las, daß der Gemeinderat mit Bedauern das Ausscheiden seines Pastors Peter Hanford bekanntgab.

»Sag mir, Gene, was soll aus dem Mann werden? Sollen wir zuschauen, wie er aus der Stadt gejagt wird?«

»Nein, Major, ich glaube, wir können ihm helfen«, erwiderte Gene ernst. »Vielleicht ist es möglich, eine einfache, außerkonfessionelle Kirche für ihn zu eröffnen? Er verlangt kein großes Gehalt und ist in allem sehr bescheiden. Bestimmt kann ich die Heizer überreden, dabei zu helfen.«

Major Smith wühlte auf seinem Schreibtisch, zog ein Scheckbuch heraus und füllte einen Scheck aus, den er Gene überreichte.

Er lautete auf fünfhundert Dollar.

»Das ist ein kleiner Beitrag für die religiöse Freiheit in unserer Stadt. Lassen Sie mich wissen, wenn Sie so weit sind, die Kirche zu eröffnen. Wir werden dann die Sache doppelseitig ankündigen.«

Auf der Suche nach einem Kirchenraum für Peter Hanford fand Gene einen ehemaligen Gemüseladen hinter dem Gewerkschaftslokal. Der Raum war in schrecklichem Zustand, dafür war die Miete niedrig. Peter Hanford zog einen groben Kittel an und arbeitete wochenlang ohne Unterbrechung, bis die Wände des Saales in sauberem Weiß schimmerten und der Boden frisch lackiert war. Major Smith hielt sein Versprechen. Ganz Terre Haute bekam rechtzeitig zu hören, daß die Freie Bekenntniskirche eröffnet wurde, und die Familie Debs ging zum ersten Mal seit zwanzig Jahren geschlossen zum Gottesdienst.

Die Freie Bekenntniskirche hatte großen Zulauf. Die sonntägliche Morgenandacht wurde von dreißig bis vierzig Erwachsenen besucht, und Peter Hanford konnte dazu zwei Sonntags-Schulklassen einrichten. Die Heizergewerkschaft steuerte einige Dollar im Monat bei, denen Gene aus seiner eigenen Tasche noch etwas hinzufügte. »Wenn ich die Evangelien nicht falsch auslege«, sagte Gene einmal zu Theodore, »ist dies die Art von Kirche, von der Christus gesprochen hat.«

Nur Clarissa schien in den beiden einfachen Räumen, die ihr Vater in dem Hause eines alten Ehepaares gemietet hatte, unglücklich zu sein. Clarissa war hübsch – und eigensinnig. Es waren zahlreiche üble Gerüchte über sie im Umlauf.

Den Heizern war verboten, das Gewerkschaftslokal zu betreten, aber niemand konnte Gene verbieten, die Mitglieder in ihren Wohnungen aufzusuchen. Viele seiner Abende verbrachte Gene bei den Heizern und ihren Familien, wobei er sich wohl hütete, ihnen die Gewerkschaftsidee wie eine bittere Medizin einzulöffeln, sondern unterhielt sich mit ihnen über andere Dinge. Er wußte,

wieviel sie sich vom billigsten Fleisch kaufen, wieviel Milch und Brot sie ihren Kindern geben konnten.
Die Männer gingen ihrer Arbeit nach, sie konnten dem schäbigen Haushalt und dem Geschrei der Kinder entfliehen, aber die Frauen mußten daheim bleiben und sich mit den spindeldürren Kindern, die fast alle zu Rachitis neigten, herumquälen.
Gene sah auf den Elendsstraßen und auf den Gesichtern ihrer Bewohner das Gespenst der Furcht – der Furcht vor Arbeitslosigkeit und noch größerem Elend. Sein Kampfeswille, die Ortsvereinigung am Leben zu erhalten, wurzelte in der leidenschaftlichen Überzeugung, daß nur der gewerkschaftliche Zusammenhalt diesen Familien auf die Dauer helfen konnte. Entweder die Arbeiter schlossen sich mit vereinter Anstrengung fest zusammen, wurden eine selbstbewußte, starke Gemeinschaft, oder sie blieben Sklaven.
Seine eigene Gruppe spiegelte nur die Gesamtverhältnisse mikroskopisch verkleinert wider. Trotz aller Anstrengungen zerbröckelte die über das ganze Land verzweigte Gewerkschaft der Lokomotivheizer schnell. Die Ortsgruppen verschwanden zu Dutzenden; Hunderte von Mitgliedern sprangen ab. Die Gewerkschaft und die Zeitschrift gerieten in Schulden, die Organisation als Ganzes stand vor dem Ruin und der Auflösung, die Folgen waren verheerend.
Als James Whitcomb Riley, mit dem Gene eine Spazierfahrt unternahm, die Zügel des Pferdes lose hängen ließ, fragte Gene: »Willst du nicht wissen, wohin wir fahren?«
»Das Pferd kann schönere Plätze finden als wir; außerdem ist es nicht so wichtig, wohin man fährt, sondern, daß die Fahrt selbst Spaß macht.«
Gene warf verstohlen lächelnd einen Seitenblick auf den

jungen Riley, der neben ihm in dem gemieteten Einspänner saß.

Für Riley war alles um sie herum Musik und Poesie. Über Bienen und Schmetterlinge, Laubfrösche, Heuschrecken, Rosen und Klee machte er seine Verse.

»Wie bist du nur zu dieser Versemacherei gekommen?« fragte Gene.

Riley dachte einen Augenblick nach, bevor er antwortete: »Das war so, Gene. Ich war im Ausland und befand mich auf der Rückfahrt nach Indianapolis. Ich sah zum Himmel und bemerkte, daß er genauso blau war wie in Italien. Die Bäume am Wabash waren so grün wie die in Frankreich. Und da dachte ich mir, daß es gar nicht notwendig sei, Indiana und seine Farmen zu verlassen, um die Poesie des Lebens zu finden.«

»Du hast so viel Mitgefühl mit den Leuten, die ihr Brot im Schweiße ihres Angesichts verdienen, Jim; warum protestierst du niemals gegen das menschliche Elend? Burns und Shelley haben es getan.«

»Das ist der Unterschied zwischen uns: Du glaubst, daß die Menschen ihr Schicksal selbst in die Hand nehmen können, und ich suche lieber nach der Schönheit in den Dingen, so wie sie nun mal sind.«

Gene dachte an die Lesung, die Riley am Abend zuvor im Occidental Club gehalten hatte. Es waren nur wenige Leute gekommen, denn keiner kannte James Whitcomb Riley.

»Ist es so leicht, diese Gedichte zu schreiben, wie man es beim Vorlesen glaubt?«

»Leicht! Es ist, als ob man Knochen durch eine Mühle dreht.«

»Dann kostete es dich wohl auch viel Mühe, bis du das beendet hattest:

›Ich bete nur um einen Segen,
Meinem Nachbarn ins Gesicht zu schaun,
Frei und ehrlich, allem Neid entlegen,
Daß er meine Hand nur freundlich nehmen wollt,
Wär mir so viel lieber als der Erde Gold.‹«

Riley lehnte sich zurück und nickte schmunzelnd mit dem Kopf, während er seinen eigenen Worten zuhörte. »Ich habe das Gedicht an ein paar Zeitschriften im Osten geschickt, aber sie pfefferten es alle zurück.«

»Wie wär's denn, wenn du es mir für unsere Lokheizer-Zeitschrift geben würdest?«

»Mit Vergnügen! Du bist hiermit Eigentümer des Gedichts. Nebenbei, hast du zufällig eine Ahnung, wieviel Uhr es ist? Ich habe versprochen, heute abend in Indianapolis vorzulesen.«

Als Gene in den nächsten Tagen bei den Westons vorbeischaute, um ein paar Zeitschriften abzugeben, sah er Ned Harkness im Empfangszimmer, wo er neben Gloria auf dem Sofa saß. Als Gene eintrat, brach Harkness mitten im Satz ab.

»Der allgegenwärtige Mr. Debs«, murmelte Mr. Harkness.

Gene hatte ihn nicht ganz verstanden, aber er wußte, daß es nicht gerade ein Kompliment für ihn gewesen war. Kühl fragte er: »Praktizieren Sie jetzt als Anwalt in Terre Haute?«

Harkness ließ ein Lächeln sehn, in dem keine Freundlichkeit war. »Nein, aber es hätte seine Vorteile.« Er wandte sich an Gloria und fügte bedeutungsvoll hinzu: »Sehr große Vorteile.«

»Gene, setz dich hier neben mich«, sagte Gloria schnell, »du bist so weit weg von mir.«

»Ich bin nur gekommen, um dir zu sagen ... das heißt, ich wollte diese Zeitschriften hierlassen ... für deinen Vater.«
Er blieb noch einen Augenblick zögernd stehen, dann versprach er Gloria, am folgenden Abend wiederzukommen und verabschiedete sich. Er kehrte in sein Arbeitszimmer zurück, aber als er zu lesen versuchte, verschwammen die Buchstaben vor seinen Augen. Nach einer Weile hörte er ein schwaches Klopfen an der Tür, und Gloria trat ein. Sie schloß die Tür und lehnte sich dagegen. Sie sah sehr verstört aus.
»Was ist passiert, Gloria, was hast du?«
Er nahm sie bei der Hand und führte sie zu einem Stuhl. Sie blieb nur eine Sekunde sitzen, dann stand sie auf, ging im Zimmer umher und betastete die Gegenstände. Die Vorhänge, die sie selbst aufgehängt hatte, die Bücher, die sie ihm zum Geburtstag und zu Weihnachten geschenkt hatte, seine Notizbücher, die Bilder von Paine, Voltaire und John Brown, die Kartons aus Vaters Lebensmittelladen, in denen er seine Korrespondenz aufbewahrte. Gene bemerkte, daß sie bemüht war, ihm etwas zu sagen, aber alles, was sie sagte, waren Banalitäten. Er wollte ihr helfen, denn er sah, daß sie mit sich kämpfte. Doch etwas hielt ihn zurück, das stärker war als das Wissen, daß Gloria ihm entglitt. Dann war sie gegangen.
Ein paar Tage später las er in der »Gazette«: Gloria Weston heiratet prominenten Chikagoer Rechtsanwalt.
Das war es, was Gloria ihm sagen wollte. Harkness hatte um ihre Hand angehalten. Schließlich war sie jetzt zwanzig Jahre alt, und in Terre Haute würde man sie bald eine »alte« Jungfer nennen. Gene spürte während des Abendessens das Schweigen um sich. Er merkte, daß alle ihn beobachteten. Seine Eltern, Theodore, Jenny und Emma

begegneten scheu seinem schwermütigen Blick. Sie wußten, daß dies kommen mußte. Auch die Notiz in der Zeitung hatten sie schon vor ihm gelesen. Und nun machten sie sich Sorgen um ihn. Er sprang auf und lief in sein Schlafzimmer. Dort stand er lange am Fenster und starrte auf die Felder. Er fühlte sich zerschlagen und matt wie nach einer endlosen Nacht auf den rüttelnden Güterzügen, und wieder hörte er das Stampfen der Räder auf den stählernen Schienen.

Nach einer Weile kam seine Mutter zu ihm. Sacht legte sie den Arm um ihren ältesten Sohn. Er senkte den Kopf auf ihre Schulter und kämpfte mit den Tränen.

7

Es war Sonntagnachmittag, die Familie Debs trank ihren Kaffee im Wohnzimmer. Jenny legte die Zeitung weg, in der sie gelesen hatte: »Das ist aber viel Geld für einen Stadtsekretär«, stellte sie fest. »So 'n Mann kriegt fünfzehnhundert Dollar!«

Theodore fragte: »Was macht denn ein Stadtsekretär, Gene?«

»Er macht Steuerveranlagungen, beglaubigt Urkunden und schreibt die Protokolle bei den Stadtratssitzungen.«

»Ist das schwer?«

»Nein, ich glaube nicht.«

»Warum versuchst du dann nicht, den Posten zu kriegen?« sagte Theodore in einem Ton, als ob er fragen würde: »Willst du dir nicht einen Mantel kaufen?«

»Danke für die Blumen, Theo, aber zum Stadtsekretär wird man gewählt.«
»Andere Leute schaffen es, gewählt zu werden«, meinte Jenny vorwurfsvoll.
»Aber wer würde mich denn wählen?«
»Die Eisenbahngewerkschaft bestimmt«, erwiderte Theodore, »und die Pferdebahnkutscher, denen du geholfen hast, auch.«
»Alle Leute bei Hulman und Cox würden für dich stimmen«, fügte Jenny hinzu.
»Na, und die Mitglieder des Occidental Club und deren Eltern?« fragte seine Mutter. »Der Klub hat jetzt hundert Mitglieder.«
»Glaubt ja nicht, daß mir der Job nicht gefallen würde. Aber ich bin kein Politiker. Ich weiß nicht, wie man an den Straßenecken Reden hält.«
»Die Elsässer hier würden für dich stimmen, Gene«, sagte sein Vater. »Ich werde ein großes Schild in den Laden hängen: Mein Sohn kandidiert bei der Wahl zum Stadtsekretär.«
Gene stellte sich ans Ende des Tisches, stützte die Hände auf die Platte und beugte sich vor: »Meine Damen und Herren vom Wahlausschuß! Ich bin von Ihrem Vertrauen tief gerührt. Ich bin sicher, daß, wenn Susan B. Anthonys Frauenstimmrecht erst durchgesetzt ist, auch die Damen mir ihre Stimmen nicht verweigern werden. Aber wie es nun mal so ist, habe ich eine Unmenge Korrespondenz auf meinem Schreibtisch liegen, die erledigt werden muß. Aber wenn Sie mich gelegentlich zum Gouverneur oder Präsidenten nominieren wollen ...«
Damit verschwand er eilig in sein Arbeitszimmer. Etwa eine Stunde später kam Theodore herein und verkündete triumphierend: »Ich bin ganz sicher, Gene, daß du ge-

wählt werden könntest. Ich habe in der Nachbarschaft herumgefragt, was das für einer ist, der jetzt auf dem Posten sitzt. Alle meinen, daß nicht viel mit ihm los ist. Er soll noch nicht einmal Bürokenntnisse haben.«
Theodore sah Gene eindringlich an und fuhr fort: »Warum willst du es nicht wenigstens mal versuchen?«
Gene ließ die langen Beine vom Pult baumeln und starrte zur Decke empor: »Du scheinst die Sache schon bis ins Kleinste geplant zu haben, Theo. Also gut, mit dir als Wahlagenten habe ich vielleicht eine Chance.«
Es war nicht so schwer, wie er es sich vorgestellt hatte. Er ging zum Rathaus und erfuhr, daß er Bürgen brauche. Zwei Tage später reichte er seine Bewerbung um das Amt des Stadtsekretärs ein.
Die ganze Familie Debs war Tag und Nacht auf den Beinen. Gemeinsam wurde ein Schlachtplan entworfen. Als die Handzettel von der Druckerei Patrick & Lapish zurückkamen, stellte sich heraus, daß der Name Debs mit zwei »b« geschrieben war. Das wirkte wie ein Donnerschlag.
Jenny sah Theodore durchbohrend an.
»Ich habe keine Schuld!« schrie Theodore. »Auf dem Zettel, den ich dem Drucker gab, stand es richtig.«
»Na, schon gut«, beruhigte Daisy. »Schließlich werden die Leute Gene auch mit einem doppelten ›b‹ noch erkennen.«
Theodore kaufte siebenhundert Postkarten und schrieb an jeden, der als Handwerker oder Arbeiter eingetragen war, ein paar Zeilen. Jenny und Emma gingen mit gedruckten Karten von Haus zu Haus, auf denen Genes Bild und sein Lebenslauf zu sehen waren. Daniel sprach jede Hausfrau, die in seinen Laden kam, auf die Kandidatur Genes an und veranstaltete für seine elsässischen

Landsleute einen Bierabend. Zwei Nächte vor der Wahl zog der Occidental Club mit Fackeln durch die Stadt und trug Plakate mit dem Aufruf: »Wählt Gene Debs zum Stadtsekretär! Holt unseren Gene ins Rathaus«. Dann schleppten sie ihn durch die Hauptstraßen von Terre Haute auf den Marktplatz. Laute Zurufe forderten eine Ansprache. Er wurde auf ein improvisiertes Podium geschoben.

»Meine verehrten Wähler!« rief er. »Wenn Sie mich zum Sekretär der Stadt wählen wollen...« Er wurde von dröhnendem Beifall unterbrochen. »...so verspreche ich...« Der Occidental Club ließ drei schmetternde Hurras hören. »...daß die Pflichten des Stadtsekretärs mir wie nichts anderes am Herzen liegen...«

Eine Musikkapelle spielte »Auld Lang Syne«, und die Versammlung war beendet.

Am Tag der Wahl veröffentlichte Major O.J. Smith eine warmherzige Würdigung Genes in der »Gazette«, in welcher er seine Befähigung für das Amt hervorhob.

Eugene Victor Debs erhielt dreitausend Stimmen, während sein Gegner nur halb so viel für sich buchen konnte. Daniels elsässische Bläser spielten vor dem Haus fröhliche Lieder, während Genes zahlreiche Freunde sich hereindrängten, um ihm zu gratulieren.

Mr. Hulman und seine Mitarbeiter schlossen einen Kreis um ihn, worauf Hulman sagte: »Du weißt, Gene, daß du beim Start zu deiner neuen Karriere von unsern allerbesten Wünschen begleitet wirst. Als kleines Zeichen unserer Wertschätzung überreichen wir dir dieses Abschiedsgeschenk. Jeder hier hat dazu beigesteuert.«

Hulman überreichte ihm ein Kästchen. Gene öffnete es und fand eine goldene Uhr mit Kette darin. Er war tief ge-

rührt. »Sie sind alle sehr freundlich zu mir, Mr. Hulman, und falls ich nächstes Jahr nicht mehr gewählt werde, soll diese Uhr mir dazu verhelfen, pünktlich an meinem alten Pult bei Hulman und Cox zu erscheinen.«
Alles lachte. Noch einmal schüttelte man ihm die Hände und wünschte alles Gute. Allmählich leerte sich das Haus. Gene saß am Schreibtisch in seinem kleinen Büro und spielte mit der Uhrkette. Ironisch dachte er, daß er nun in der Lage sei, Gloria zu heiraten. Ein Jahr zuvor, mit dreiundzwanzig, schien es zu früh zu sein; jetzt, mit vierundzwanzig Jahren war es zu spät. In der Stille des Raumes ließ er die Jahre an sich vorüberziehen, er bedauerte nichts – außer – den Verlust Glorias.

8

Gene war entsetzt über Will Sayres Aussehen. Seine Wangen waren hohl und blaß, und in seinen Mundwinkeln zeigte sich ein nervöses Zucken. Er wußte, was Sayre so tödlich verwundet hatte. Die großstädtische Presse prangerte ihn als Sozialisten, Radikalen und Revolutionär an. Sie hätte ihn nicht schlimmer treffen können.
»Ach, Gene, wieviel Gemeinheiten muß ein Mensch über sich ergehen lassen. Jedes Schimpfwort sticht mich wie mit Nadeln.«
Gene wählte seine Worte sorgfältig: »Wenn mich jemand einen Schurken nennt, frage ich mich, welchen Grund er dafür haben kann. Hat er unrecht, so fällt die Beschuldigung auf ihn zurück.«

»Aber ich finde keine Möglichkeit, mich zu wehren«, erwiderte Sayre. »Ich schicke Briefe und Artikel an alle Zeitungen, aber sie weigern sich einfach, sie zu drucken. Du weißt doch, Gene, ich bin kein Sozialist! Ich habe nie ein aufhetzendes Wort geschrieben oder in unserer Zeitschrift veröffentlicht.«

Gene sah kaum einen Weg, wie er den Redakteur beruhigen konnte. Sayre vermochte es nicht, sich gegen Angriffe zu wehren, er war nicht zum Widerstand geschaffen.

»Du mußt versuchen, nur die Wahrheit aufzunehmen und die Verleumdungen nicht an dich herankommen zu lassen.«

»Ach, was soll's, Gene? Eine Zeitschrift, die keiner kaufen will, die keiner lesen will, nicht einmal die Heizer selber?«

»Du darfst nicht sagen, die Heizer wollen sie nicht lesen; sie sind nur verwirrt und eingeschüchtert. Ohne die Zeitschrift hätten sie keine Stimme, würden sie kaum mehr als Organisation existieren.«

Bevor Sayre Terre Haute verließ, war Gene Mitherausgeber der Zeitschrift der Lokomotivheizer geworden. Das bedeutete, daß sich noch mehr Arbeit auf dem Schreibtisch seines Privatbüros häufte, aber das war der einzige Weg, die Zeitschrift am Leben zu erhalten.

An einem der folgenden Tage stellte Gene auf seinem Kalender fest, daß es schon über sechs Monate her war, seit er mit McKeen gesprochen hatte. Seinerzeit hatte er die ehemaligen Mitglieder seiner Gruppe unterrichtet, daß McKeen die Löhne auf der Vandalia-Bahn erhöhen würde, wenn man ihm eine Leistungssteigerung nachweisen könnte. Genes Vereinbarung, so vage sie zunächst erscheinen mochte, hatte Eindruck auf die Leute gemacht,

da sie nicht nur Aussicht auf Lohnerhöhung, sondern auch auf Wiederanerkennung ihrer Gewerkschaft bot.
Die Erinnerung an die Pittsburgher Aufstände verblaßten mittlerweile. Die Zeitungen verteilten die Verantwortung für die Zerstörung der Bahnanlagen gleichmäßig auf die Streikenden, Mitläufer, Arbeitslosen, Miliz, die private Bahnpolizei und die Machthaber bei der Pennsylvanian-Bahn. Im Laufe des Jahres hatte auch eine Umwälzung innerhalb des Eisenbahnwesens stattgefunden. Die fünfzehnhundert Kurzstrecken, die die Städte Amerikas verbanden, wuchsen schnell zusammen und damit vergrößerten sich auch die Bereiche der einzelnen Gesellschaften. Der Bedarf an zuverlässigen Heizern und Bremsern wurde immer dringlicher.
Genes Leistungstabellen zeigten an, daß in der vereinbarten Probezeit die Anzahl der wegen Krankheit oder Nachlässigkeit fehlenden Heizer auf zwanzig Prozent gesunken war. Es hatte keine Kesselexplosionen gegeben, und nur zwei Beschwerden wegen Trunkenheit lagen vor.
»Sie brauchen mir nicht die Tabellen zu zeigen«, sagte Riley McKeen, den Gene in seinem Bankhaus aufsuchte. »Unsere Buchhalter merken bald, wenn die Leistungen steigen und die Unkosten fallen.«
»Dann sind Sie also der Meinung, daß wir unseren Teil der Vereinbarung erfüllt haben?«
»Ja. Ich versprach Ihnen einen Tagesgrundlohn von einem Dollar und vierzig Cent. Ich bin auch bereit, fünf Cent die Stunde für die Putzarbeit im Lokomotivschuppen zu zahlen.«
Am gleichen Abend schickten er und Theodore Postkarten an alle Gewerkschaftsheizer der Vandalia-Bahn und teilten ihnen den neuen Lohnsatz mit. Am nächsten Morgen trat ein Bote von der Eisenbahndirektion an Genes

Schreibtisch im Rathaus. »Mr. Engles möchte Sie sprechen, Mr. Debs.«
Gene war in seine Arbeit vertieft. Er sah auf und blickte den Boten nachdenklich an. Engles hatte ihn grob vom Grundstück der Eisenbahn gewiesen. Wenn er nun nach ihm schickte, konnte das nur bedeuten, daß die Herren der Terre Haute–Indiananapolis-Bahn etwas von ihm wollten. »Sagen Sie bitte Mr. Engles, daß er mich um die Mittagszeit hier sprechen kann, wenn er will.«
Als Gene um zehn vor eins in sein Arbeitszimmer kam, wartete bereits Mr. Engles auf ihn. Gene ließ sich hinter seinem Schreibtisch nieder: »Kann ich etwas für Sie tun, Mr. Engles?«
»Ich nehme an, es ist Ihnen bekannt, daß wir heute morgen fünf unserer besten Heizer an die Vandalia-Bahn verloren haben.« Nach einer kleinen Pause sprach Engles sehr schnell weiter: »Sie wissen von unseren Zusammenschlußplänen. Wir sind dabei, unsere Zugstrecken um mehrere hundert Kilometer auszudehnen. Wir wollen, daß die Heizer die ganze Fahrt machen, dann einen Tag überschlagen und auf unseren Zügen zurückkehren. Die Heizer wollen aber nicht vier Tage hintereinander unterwegs sein. Sie müssen es irgendwie fertigbringen, Mr. Debs, daß die Leute mit unserm Plan einverstanden sind.«
Genes erster Triumph hatte einen bitteren Beigeschmack, denn der Mann, der da vor ihm saß, war kein harter Gegner mehr, sondern nur noch ein ängstliches Geschöpf, das um seine Stellung fürchtete.
»Ich werde es versuchen, Mr. Engles, aber Sie werden Konzessionen machen müssen – schriftlich.«
»Wir sind darauf vorbereitet, unsere Löhne der Vandalia anzugleichen«, sagte Engles schnell.

»Den Leuten muß ein Spesenzuschuß für die Zeit, in der sie unterwegs sind, gezahlt werden; außerdem müssen sie eine angemessene Ruhepause haben, wenn sie nach Terre Haute zurückkommen.« Engles nickte. »Vor allem aber werden Sie die Bruderschaft der Lokomotivheizer anerkennen müssen.«
Engles erstarrte.
»Ich kann alles genehmigen, nur nicht die Anerkennung der Gewerkschaft.«
Gene wurde ärgerlich. »Sie bitten den Sekretär der Gewerkschaft, die Heizer auf Ihren Zügen zu halten, doch die Organisation, die den Einfluß auf die Leute allein ermöglicht, wollen Sie nicht anerkennen. Was ist das für eine sonderbare Logik?«
Die Nachricht von den Lohnerhöhungen bei der Vandalia-Bahn und den Vorzugskontrakten für die Angehörigen der Gruppe Terre Haute hatte sich mit Windeseile verbreitet. Am Samstagabend lagen auf Genes Pult im Versammlungssaal über vierzig neue Beitrittserklärungen und hundert Dollar für Beiträge. Seine Gruppe repräsentierte jetzt die einzige vollzählige Ortsgewerkschaft.

Am nächsten Tag erhielt er ein Telegramm von Joshua Leach, der ihn bat, nach Chikago zu kommen.
Gene kletterte eben aus dem Führerstand einer Maschine, als einer der Heizer ihn beim Arm nahm und aufgeregt sagte: »Joshua wartet im Lokomotivschuppen auf dich, Gene.«
»Was ist los?« fragte Gene, nachdem er Joshua Leach begrüßt hatte. »Du siehst aus, als hättest du gerade deine letzte Gewerkschaftsgruppe verloren.«
»Viel schlimmer, Kamerad.« Er sah sich besorgt um und

fuhr in gedämpftem Ton fort: »Will Sayre ist verschwunden.«
»Verschwunden? Du meinst, nicht aufzufinden?«
»Unsinn, nein. Abgehauen ist er und hat den letzten Dollar mitgenommen, den wir in der Kasse hatten.«
»Wieviel war das, Josh?«
»Ungefähr dreitausend.«
Gene dachte an seine letzte Unterhaltung mit dem gebrochenen Mann. Er allein wußte, was Will Sayres Moral den letzten Stoß versetzt hatte. Wahrscheinlich hatte er das Geld, von dem ihm das meiste sowieso an längst fälligem Gehalt zustand, nur genommen, um in die bürgerliche Ehrsamkeit zurückzufliehen.
»Das ist noch nicht alles«, fuhr Leach fort, »wir sitzen fest mit zwölftausend Dollar Schulden, einschließlich achttausend an den Drucker. Einige von den Todesfallprämien sind nicht ausgezahlt worden, und ich zweifle sehr, ob noch fünfzig aktive Gruppen vorhanden sind oder auch nur tausend ordentlich zahlende Mitglieder.«
Gene stockte der Atem. Sie hatten einmal sechzigtausend zahlende Mitglieder gehabt.
»Was hast du jetzt vor?«
»Unser Exekutivausschuß hat einen Plan. Komm mit, Gene, wir gehen ins Hotel.«
Das Hotelzimmer war gedrängt voll von Ausschußmitgliedern der Bruderschaft. Bei ihrem Eintritt blickten sie sorgenvoll auf.
»Was soll das hier?« fragte Gene. »Eine Totenfeier?«
»Das ist es, wenn du nicht einspringst«, sagte der Vorsitzende Arnold.
»Einspringen, mit was? Auf meinem letzten Bankauszug waren gerade sechzig Dollar.«
»Wir wollen nicht dein Geld, Gene. Wir wollen dich!«

Gene stand mitten im Zimmer. »Und was wollt ihr von mir?«
»Zunächst einmal«, begann Arnold, »bist du der Herausgeber der Lokomotivheizer-Zeitschrift.«
»Zweitens«, fiel Leach ein, »bist du der Schatzmeister der Organisation.«
»Einen Augenblick, bitte«, schrie Gene. »Ich habe einen Ganztagsjob als Stadtsekretär, ich gebe eure Zeitschrift heraus und bin außerdem vollauf damit beschäftigt, meine Gruppe zusammenzuhalten.«
»Ja. Deshalb wollen wir die Sache gerade dir übertragen«, sagte Leach. »wir haben sonst niemanden. Wir sind tief verschuldet, die Zeitschrift existiert so gut wie nicht mehr, und die Lokheizer werden auseinanderlaufen, wenn du nicht das für die Gewerkschaft tun kannst, was du für die Gruppe Terre Haute getan hast.«
Gene streckte sich in voller Länge auf dem Bett aus, so daß seine Füße durch das Messinggeländer am Fußende ragten. Er faltete die Hände im Nacken und starrte zur Decke. Wo sollte er zu all seinen anderen Arbeiten die Zeit für weitere Aufgaben hernehmen? Wie könnte er das riesige Arbeitspensum bewältigen? Wenn er seine Anstrengungen im Amt verdoppelte, wenn er gleichzeitig für die Zeitschrift zweifache Arbeit leistete und sie zu einem Kampfmittel ausbaute, um die zerbröckelnde Zentralorganisation wieder zu einer lebensfähigen Gewerkschaft aufzubauen, wenn er außerdem noch Schatzmeister wäre, wann hätte er dann noch Zeit zu leben? Zeit zur Liebe? Zum Essen und Schlafen?
Mit einem Ruck richtete er sich vom Bett auf. Die Männer, die schweigend ihre Zigarren geraucht hatten, sahen ihn an. »Ich kann es nicht machen, Leute. Ich müßte mich vierteilen, und das ist unmöglich. Ihr müßt es einsehen.«

»Ja, das sehen wir ein«, erwiderte Arnold ruhig. »Die Gewerkschaft ist tot, und wir könnten ebenso gut eine Leichenfeier abhalten.« Er sah sich im Zimmer um, sah von Gesicht zu Gesicht und sagte feierlich: »Wir haben's uns nicht leicht gemacht, die letzten Jahre. Aber es war zu früh. Vielleicht werden unsere Kinder die Sache einmal besser hinkriegen.«

Niemand sprach. Gene lag mit geschlossenen Augen auf dem Bett. Dann hörte er sich plötzlich sagen: »Das Zentralbüro wird nach Terre Haute verlegt.

»Ja, Gene.«

»Unsere Schulden werden wir bis zum letzten Dollar bezahlen.«

»Ja, Gene.«

»Jeder Cent, den ihr in euren Taschen habt, geht in die Kasse.«

»Ja, Gene.«

Er nahm Joshua Leachs Hut, zog aus seiner Brieftasche einige Dollarnoten und warf sie hinein. Dann ließ er den Hut von Mann zu Mann gehen und wartete geduldig, bis sie nicht nur ihre Dollarscheine, sondern auch ihr Silber-, Nickel- und Kupfergeld hineingeworfen hatten.

»Noch etwas«, sagte er. »Der Schatzmeister muß durch eine ordentliche Versammlung gewählt werden, meint ihr, daß ihr mich durchbringt?«

»Wir werden's versuchen«, erwiderte Joshua Leach und lächelte gelassen. »Die Delegierten der noch funktionierenden Gruppen warten im Versammlungsraum auf uns.«

Ungefähr fünfzig Männer saßen auf den harten Stühlen des kleinen Saales. Als Gene hinter Arnold und Leach in der offenen Tür erschien, erhoben sich die Versammelten wie ein Mann und riefen: »Gene Debs, Gene Debs!«

Gene wandte sich fragend an Arnold: »Was soll das denn bedeuten?«
»Ganz einfach, Gene, wir haben dich schon gewählt, bevor du hier warst.«

9

Seiner Familie sagte Gene nichts von dem, was in Chikago geschehen war. Am Abend schrieb er dem Drucker in Dayton, daß die Redaktion der Zeitschrift nach Terre Haute verlegt sei, worauf der Mann postwendend antwortete, daß die Bruderschaft ihm achttausend Dollar schulde. Gene mußte nun einen Weg finden, einerseits die beträchtlichen Druckschulden zurückzuzahlen und andererseits den Heizern und ihren Familien das Vertrauen wiederzugeben, daß kein zweiter Bankrott ihre Einlagen bedrohen werde. Er mußte eine Anleihe aufnehmen. Doch gegen welche Sicherheit? Gene wußte keinen Rat und mußte daher den einzigen Bankier fragen, den er kannte.
»Ich brauche ungefähr zehntausend Dollar, Mr. McKeen. Wenn ich dem Drucker viertausend in bar schicke und einen Schuldschein für die anderen vier, bin ich sicher, daß er die Zeitschrift mit unserm Material freigibt. Und wenn ich bei Ihnen eine Anleihe von sechstausend Dollar für unseren Versicherungsfonds aufnehme, wäre ich sicher, daß mir die Heizer wieder ihr Vertrauen schenken. Was ich Sie fragen möchte: Wie bekommt man in dieser Welt zehntausend Dollar?«

McKeen lachte, als er erwiderte: »Wenn Sie ein Fabrikant wären, würde ich vorschlagen, daß Sie Ihre Lager räumen; wenn Sie ein Gutsbesitzer wären, würde ich raten, eine Hypothek aufzunehmen.«
»Und was raten Sie dem Schatzmeister einer dahinsiechenden Gewerkschaft?«
»Sie sollten sich hier in der Stadt zehn Unterschriften besorgen, die für Ihre Anleihe bürgen.«
»Glauben Sie, daß es zehn Leute in Terre Haute gibt, die dazu bereit wären?«
Riley nahm ein Formular aus seinem Schreibtisch, schrieb etwas darauf und erwiderte: »Jetzt brauchen Sie nur noch neun.«
Es fiel Gene nicht so schwer, die Unterschriften zu bekommen, wie er gedacht hatte. Sein Vater unterschrieb, Marys Mann, Mr. Hulman und Mr. Cox unterschrieben, und selbst der Bürgermeister gab seine gewichtige Unterschrift.
Der Drucker in Dayton war so erstaunt, einen Barscheck über viertausend Dollar zu erhalten, daß er Gene die alten Platten, Illustrationen und Titeldrucke sofort zuschickte. Doch nun, da die Zeitschrift wieder der Gewerkschaft gehörte, entdeckte Gene, daß es in Terre Haute nur kleine Handdruckpressen gab. Als er sich von dem Schock erholt hatte, setzte er seinen Hut auf und besuchte die Firma Moore & Langen, die einzige Lohndruckerei in der Stadt.
»Sie lassen sich eine Menge einträglicher Geschäfte entgehen, Mr. Langen, weil Sie keine moderne Druckmaschine haben. Die meisten großen Aufträge gehen nach Indianapolis und Chikago.«
»Das stimmt«, erwiderte Langen. »Aber solche Maschinen sind sehr teuer.«

»Nehmen wir an, Sie hätten eine größere Auftragsgarantie, die die Kosten für die Presse Monat für Monat abtragen würde? Ich bin im Begriff, die Gewerkschaftszeitschrift in Terre Haute herauszugeben. Ich könnte Ihnen zunächst monatliche Aufträge über fünftausend Exemplare garantieren, bis zum Ende des Jahres dürften es zwanzigtausend sein.«

Langen blickte Gene eine Weile an, dann sagte er entschuldigend: »Ich habe gehört, daß die Heizergewerkschaft im Augenblick nicht so flüssig ist.«

»Nein, Mr. Langen, wir sind nicht reich, aber ich habe soeben unsere Schulden bei unserem früheren Drucker in Dayton bezahlt.«

»Na, gut, Mr. Debs, ich will versuchen, noch andere große Bestellungen hereinzubekommen.«

»Ausgezeichnet!« meinte Gene. »Jetzt habe ich noch etwas auf dem Herzen: Ein Gewerkschaftsblatt kann nur von einer Gewerkschaftsdruckerei gedruckt werden.«

Langen starrte Gene eine Weile kühl an. Dann sagte er mit seltsamem Lächeln: »Mr. Debs, von Ihnen kann wirklich niemand behaupten, daß Sie schwache Nerven haben. Also gut, alter Junge, wenn Sie mal wieder hier hereinschneien und sehen eine große Druckpresse, dann wissen Sie, daß die Männer, die daran arbeiten, zur Druckergewerkschaft gehören.«

10

Zunächst bereitete Gene das Wiedererscheinen der Zeitschrift vor. Dann ging er an die heikle Aufgabe, die Versicherungsverpflichtungen in Ordnung zu bringen. Er stellte fünf Zahlungssprüche fest, und es wunderte ihn nicht, daß in diesen fünf Städten auch die Ortsgruppen zusammengebrochen waren. Von dem verbliebenen Geld befriedigte er diese Forderungen voll und teilte in einem Begleitbrief mit, daß die Gewerkschaft und ihr Vermögen nun unter seiner Obhut seien. Die Ergebnisse ließen nicht lange auf sich warten. Heizerfrauen aus den verschiedensten Orten schickten sofort die rückständigen Gebühren und Versicherungsbeiträge ihrer Männer ein. Der erste Jahrgang der Zeitschrift unter seiner Leitung kostete ihn neunhundert von den fünfzehnhundert Dollar seines Jahresgehaltes. Er hielt das Geld für gut angelegt. Gene kannte kein Privatleben. Seine Reisetasche stand immer bereit, um sofort nach Elmira oder Nashville aufzubrechen, wenn ein Hilferuf sein persönliches Eingreifen erforderte. Das lief oft darauf hinaus, daß er in Regen oder Schnee die halbe Nacht über Gütergleise stapfte, als Agitator aus Lokomotivschuppen hinausgeworfen oder von einem Zug auf freier Strecke abgesetzt wurde, wenn er als blinder Passagier gereist war.

Aber niemals kam er mit leeren Händen heim, ohne einen neuen Anhänger oder ein neues Mitglied gewonnen zu haben. Bahnwärter, Schlosser, Weichensteller, Brem-

ser – alle wandten sich an ihn, weil sie keinen Organisator hatten, und sie waren ihm alle gleich willkommen, denn sie waren Eisenbahnarbeiter.
Als Gene auf einer Versammlung der Streckenwärter in einem Schuppen in Shewoygan als Arbeiterführer vorgestellt wurde, erhob er sofort Protest und rief: »Ich bin kein Arbeiterführer! Wenn ihr einen Moses sucht, der euch aus der Wüste führt, dann bleibt, wo ihr seid.«
So fuhr er auf den Maschinen über Bergstrecken und Ebenen, aß aus den Eßkübeln der Heizer und schlief in den Lokomotivständen, das Rütteln der schweren Räder unter dem bleiern müden Kopf... Nun, da Gloria fort war, gab es nicht einmal mehr die wenigen schönen Augenblicke, wo sie sich bei den Händen gehalten oder ein paar ungeschickte Tanzrunden im Salon gemacht hatten. Dies war kein Leben für eine Frau, schon gar nicht für eine Ehefrau. Es wäre ihm nie eingefallen, zu denken, daß es auch für einen Mann kein Leben war.

11

Gene wußte nicht, wie lange sie schon in ihrem Hause verkehrte, bevor er sie überhaupt bemerkte. Was um so erstaunlicher war, weil sie eine sehr beachtliche Figur hatte. Ihr Name war Kate Metzel. Und jeder, der sie kannte, mußte zugeben, daß ihr Wesen etwas Geheimnisvolles hatte. Einige Leute in Terre Haute hielten sie für hochmütig.
Gene war die Zerstreuung durch eine reizvolle Frau kei-

neswegs unangenehm. Seit Gloria Terre Haute verlassen hatte, war er mit keinem jungen Mädchen mehr in Berührung gekommen.
Ganz gleich, wie spät er jetzt von einer Versammlung heimkam, immer fand er Kate noch im Wohnzimmer vor, wo sie sich mit seinen Schwestern unterhielt oder mit Daisy über einer Näharbeit saß. In der Nähe von Debs' Haus gab es eine üble Gegend, die nur von wenigen trüben Gaslaternen erleuchtet war. Oft wurde Emma von Kate gebeten, sie abends durch diese finstere Gegend, die sie auf ihrem Weg nach Hause durchqueren mußte, zu begleiten. Das wurde Emma nach einiger Zeit lästig.
Eines Abends, als Gene spät von einer Versammlung zurückkehrte, hörte er Emma rufen: »Weißt du, Kate, wenn du jeden Abend zu uns kommst und solange bleibst, bis du Angst hast, allein nach Hause zu gehen, mußt du schon auf Begleitung verzichten. Ich bin doch kein Polizist!«
Gene fragte sich, warum Emma so ärgerlich war, schließlich waren sie und Kate gute Freundinnen. Er machte einen Scherz, als er die gespannte Atmosphäre bemerkte, und sagte zu Kate, daß er sie heimbringen werde. Es war angenehm, eine schöne Frau an seiner Seite zu haben, ihre Schulter in zufälliger Berührung zu fühlen, oder ihre Hand auf seinem Arm zu spüren.
Seine Welt war eine männliche, im Rathaus mit den Bittstellern und Geschäftsleuten, im Gewerkschaftsbüro mit den derben Heizern. Auch auf seinen häufigen Fahrten sah er nur in die Gesichter von Männern, die von Jahren harter Arbeit und Entbehrung gezeichnet waren.
Kate war anmutig und sanft, ihre gepflegte Stimme klang warm und melodiös an seinem Ohr. Sie hatte ein aristokratisches Gesicht mit klaren grauen Augen, deren kühler Blick ruhige Unvoreingenommenheit ausdrückte. Ihr

Stiefvater hatte kein Geld für ihre Erziehung ausgeben wollen, doch Kate war immer eine vollendete Dame.
Für Gene bekamen die Abende zu Hause mehr und mehr Anziehungskraft. Niemand wußte genau, wie es gekommen war, aber Kate war allmählich ein enger Freund der Familie geworden. Gene merkte bald, daß auch er Kates Freund geworden war, daß sie alles wußte, was er unternahm und welche Fortschritte er bei seiner Arbeit machte. Seit er Gloria verloren und eine Aufgabe übernommen hatte, die nichts Geringeres als die gewerkschaftliche Organisation des gesamten Eisenbahnwesens war, traten romantische Gedanken immer mehr bei ihm in den Hintergrund.
Im Laufe des Sommers gingen die Beiträge so zahlreich ein, daß Gene sein erstes Büro mietete. Er fand zwei geeignete Räume über McKeens Bank, einen größeren für sich und Theodore, der mittlerweile sein fester Mitarbeiter geworden war, und einen kleineren, in den er einen ehemaligen Lokomotivführer setzte, der bei einem Zugunglück eine Hand verloren hatte. Diesem konnte Gene bald die Verwaltung des Versicherungsfonds anvertrauen, für den mehrere tausend Dollar monatlich eingezahlt wurden.
Obgleich Gene unermüdlich arbeitete und auch die wenigen freien Stunden unterwegs war, außerdem einen Teil seines Gehaltes für Schreibmaterial, Porto und Rechnungen opferte, hörte er nie von Daisy und Daniel irgendwelche Vorhaltungen. Es war sein Leben, und er mußte es auf seine Art führen. Und für seine selbstgewählte Aufgabe hatte er einen Gefährten gefunden: Theodore, mit dem er alles besprach, dem er seine Sorgen nannte, die Last der unerfüllbaren Pläne, die Rückschläge und Enttäuschungen. Gene wurde sich selten bewußt, daß sein

Bruder neun Jahre jünger war und kaum praktische Lebenserfahrung besaß.
Nie hörte er ein Wort der Entmutigung von seinem Bruder. Noch immer standen sie an Sonntagen um fünf Uhr früh auf und streiften durch die Wälder. Das waren ihre Stunden der Entspannung, in denen sie sangen, lachten und sich lustige Geschichten erzählten, es waren die Stunden, aus denen sie die Energie für ihre gemeinsame Arbeit schöpften.

12

Es war eine glückliche Zeit, in der Kate in Genes Leben eintrat. Am Ende seines zweiten Jahres als amtierender Sekretär der Bruderschaft konnte Gene Debs bekanntgeben, daß sie hundertfünfzig Gruppen, fünftausend Mitglieder und ein Guthaben von zehntausend Dollar in der Kasse hatten.
Auf diese erstaunliche Leistung hin erhöhte die Gewerkschaft sein Gehalt auf zweitausend Dollar im Jahr und gewährte ihm einen Unkostenzuschuß, so daß er Porto und Schreibmaterial nicht mehr aus eigener Tasche zahlen mußte. Die Zeitschrift hatte es auf achttausend Abonnenten gebracht.
Aber Gene erlahmte nie in seiner Wachsamkeit. Auf einer Reise nach Chikago sprach er im Büro von O.S. Lyford, dem Direktor der Bahn Chikago-Ost-Illinois, vor. Lyford stand in dem Ruf, daß er seine Leute hart anfaßte, ihnen jedoch angemessene Löhne zahlte. Gene folgte ei-

nem Impuls, als er in das Direktionsbüro eintrat und sich vorstellte.
Ohne aufzublicken, erwiderte Lyford: »Ich bin beschäftigt, kann jetzt niemand sprechen.«
»Sie sollten nie zu beschäftigt sein, einen Vertreter der Heizergewerkschaft zu sprechen.«
Lyford schnellte von seinem Stuhl in die Höhe, streckte ihm die Hand entgegen: »Sie vertreten die Gewerkschaft der Heizer? Sehr erfreut, Sie kennenzulernen.« Er drückte Gene in einen Stuhl. »Unser Betriebsleiter berichtete mir, daß in den letzten zwei Jahren nicht ein einziges Ihrer Mitglieder wegen Trunkenheit oder Nachlässigkeit entlassen werden mußte. Vorher mußten wir fast täglich zwei oder drei Heizer ersetzen.«
»Gut«, erwiderte Gene, »vielleicht können Sie jetzt etwas für mich tun.«
»Würde mich freuen.«
»Dann unterbinden Sie sofort den Alkoholausschank in Ihren Bahnhofskantinen. Um ein paar Dollar im Monat nebenher zu verdienen, setzen Sie ihren Eisenbahnern Schnaps vor, bevor sie die Fahrt antreten. Es kostet Sie jetzt drei Millionen Dollar, hundertachtzig Kilometer Gleis zu bauen. Wegen der winzigen Nebeneinnahme mit dem Schnaps gefährden Sie nicht nur die Arbeiter, sondern auch das Leben von Tausenden Passagieren. Habe ich nicht recht, Mr. Lyford?«
»Sie haben recht.« Lyford schüttelte Gene die Hand. »Schauen Sie wieder vorbei, wenn Sie in Chikago sind. Im nächsten Monat werden die Kneipen verschwunden sein.«
Aber während es Direktoren gab, die die Existenz der Bruderschaft begrüßten, gab es Inspektoren und kleine Geister im Lande, die sich weigerten, einen Gewerk-

schaftsheizer einzustellen. Gegen diese Leute richtete Gene seine Leitartikel.
»Betriebsleiter, die Mitglieder der Heizergewerkschaft nicht einstellen, haben kein Verständnis für gesellschaftliche Zusammenhänge. Sie sind die Feinde der Bahnen, die ihnen anvertraut sind. Ihr trauriges Ziel ist es, die Arbeiter aller Unabhängigkeit zu berauben und sie zu geduckten Speichelleckern zu machen.«
Seine Zeitschrift stärkte die Selbstachtung der Männer, die bisher verachtet wurden. Die Mitgliederzahl stieg auf zehntausend. Mit dem Geld, das in die Kasse floß, stellte er Samuel Stevens an und ließ ihn durch sämtliche Staaten der Union reisen, um die Ziele der Gewerkschaft zu erläutern. Stevens war so erfolgreich, daß er an allen größeren Orten neue Gruppen gründete. Als im Jahre 1882 eine Gewerkschaftszusammenkunft in Boston einberufen wurde, war sie bereits zu einem bedeutenden Machtfaktor geworden.
Genes Gehalt wurde wieder um tausend Dollar erhöht, und als besondere Ehrung bestimmte man Terre Haute als nächsten Tagungsort. Jetzt konnte sich Gene endlich eine gute Bibliothek anlegen und ein paar freie Stunden gönnen, um Hand in Hand mit Kate am Wabash entlangzuwandern oder sie in ein Konzert zu führen. Noch war kein Wort von Liebe oder Ehe zwischen ihnen gefallen, aber für die Leute galten sie bereits als verlobt.
Eines Tages fragte Kate: »Meinst du, Eugene, daß du in der Politik bleiben wirst?«
»Aber ich bin nie in der Politik gewesen!«
»Du hast dich doch jetzt drei Jahre hintereinander zum Stadtsekretär wählen lassen.«
»Ach, so meinst du das! Aber das war mehr eine Notwendigkeit, um meine eigentliche Arbeit zu finanzieren.«

»Du bekommst jedes Jahr größere Stimmenmehrheiten, Eugene, du könntest dich zu jedem beliebigen Amt wählen lassen.« Gene lachte. »Ich meine es ernst, es ist kein Problem, dich auch in die Staatsregierung wählen zu lassen. Von da ist nur ein kleiner Schritt zum Kongreß und zum Senat.«

»Holla! Holla!« rief Gene. »Du verfügst schon über den Rest meines Lebens. Ich will nicht in die Politik einsteigen. Das ist nicht der richtige Ort für einen Gewerkschaftsmann.«

»Aber denke doch, was du alles Gutes tun könntest!«

»Gutes wird nie von oben herabgereicht, Kate, das muß man sich von unten her mühsam erkämpfen.«

»Aber du nimmst es mir doch nicht übel, wenn ich der Ansicht bin, daß du ein wunderbarer Senator wärst.«

»Wie käme ich dazu, dir das Recht auf eine eigene Meinung abzusprechen?«

Lächelnd blickte sie ihm ins Gesicht. »Du könntest mir meine Meinung auch gar nicht ausreden.«

Am 11. September begannen die Lokomotivheizer, zu ihrer Gewerkschaftsversammlung in Terre Haute zusammenzuströmen. Gene ging zum Bahnhof, um den Gouverneur von Indiana zu begrüßen. Am Nachmittag bildete sich ein echter Aufmarsch: Voran ein Polizeitrupp, dahinter die Musikkapelle, gefolgt von den Schülern des Riley McKeen Gymnasiums und den Veteranen des Bürgerkrieges in voller Uniform, dann die jungen Leute vom Occidental Club und schließlich die gesamte Heizergewerkschaft von Terre Haute. Das Opernhaus war bis auf den letzten Platz besetzt.

Der Vorsitzende Arnold stand auf und rief: »Ich kann es mir nicht versagen, Ihrem Mitbürger, unserm Generalse-

kretär und Schatzmeister, Eugene Debs, für seine Verdienste um den Sieg unserer Sache zu danken!«
Nach stürmischem Beifall begannen die Reden. Als Gene und seine Freunde gegen Mitternacht den Saal verließen, wurde er auf dem Bürgersteig vor dem Opernhaus von zwei Männern angehalten.
»Mr. Debs«, sagte der kleinere der beiden, »was halten Sie davon, sich in die Staatsregierung wählen zu lassen?«
»Gar nichts!«
Der Mann schnaufte vor Eifer: »Wir könnten Sie sofort für die Demokraten aufstellen lassen!«
»Ich danke für das Angebot, meine Herren, aber ich habe bereits einen anstrengenden Beruf.«
Der andere, der eine angenehme Stimme hatte, meinte: »Es gibt eine Reihe Gesetze, Mr. Debs, die ihre Gewerkschaft gern durchsetzen möchte. Wenn Sie gewählt sind, könnten Sie dafür eine Menge tun.«
»Hörst du, Gene?« rief einer seiner Freunde, die um ihn herumstanden. »Seit Jahren setzen wir uns für ein Haftpflichtgesetz ein. Vielleicht ist dies unsere Chance.«
»Ein fähiger Mann wie Sie kann es in der Politik weit bringen... bis zum Senator«, fuhr der Mann mit der wohlklingenden Stimme fort.
Aus der Menschenmenge, die sich rasch angesammelt hatte, klang ein Hurra-Ruf auf.
Gene erwiderte: »Meine Herren, Sie haben zu viel getrunken!«
Er schob die beiden Männer mit einer Handbewegung zur Seite und vergaß den Vorfall schon auf dem Heimweg.

Aber die beiden hatten ihn nicht vergessen. Wenige Tage nach der Versammlung standen sie überraschend in seinem Büro. Inzwischen war unter den Heizerfamilien des Ortes das Gerücht umgegangen, daß die Demokratische Partei Gene zur Wahl vorschlagen wolle. So fand er sich bald in einem Kreuzfeuer zwischen dem Drängen der Politiker, der Heizer, seiner Familie und Kate. Gene konnte keinen vernünftigen Grund anführen, die Kandidatur abzulehnen.

Er war überrascht von den Beifallsstürmen, die seine Zustimmung auslösten. Samuel Gompers allerdings, der Präsident der Zigarrenmachergewerkschaft, schrieb einen flammenden Protest gegen den Eintritt von Gewerkschaftsfunktionären in die nationale Politik: die Gewerkschaften würden sich damit auch viele politische Gegner schaffen.

Terence V. Powderly, Präsident der »Ritter der Arbeit«, der einzigen Gewerkschaft, die Arbeiter aus allen Berufen in sich vereinte, stimmte dagegen Genes Kandidatur leidenschaftlich zu. Wenn die Arbeiter eigene Regierungsvertreter wählen würden, erklärte er, könnten sie Gesetze durchbringen, die ihre Integration in die Gesellschaft endlich verwirklichten.

Gene befand sich in der ungewöhnlichen Lage, mit Gompers übereinzustimmen, der seinen Entschluß verdammt, und Powderlys Ansicht abzulehnen, der ihn gebilligt hatte. Er tat noch weniger dazu, sich wählen zu lassen als bei der Wahl zum Stadtsekretär.

Kates Familie konnte dem Drange nicht widerstehen, tausend Dollar in Genes Wahlkampagne anzulegen. Kate schlug ihr Hauptquartier auf der Main Street auf, verschickte Tausende von Rundschreiben und arbeitete Tag und Nacht. Gene war von ihrer Ergebenheit gerührt. Als die Wahlergebnisse bekannt wurden und er erfuhr, daß er mit beträchtlichem Vorsprung gesiegt hatte, konnte er

nicht so undankbar sein, zuzugeben, daß ihm eine Niederlage lieber gewesen wäre.
Kate trat auf ihn zu. »Meinen herzlichen Glückwunsch, Herr Abgeordneter! Ich weiß, daß dies erst der Anfang einer langen und wundervollen Karriere ist. In ein paar Jahren sitzt du bestimmt in Washington.«
Was konnte er tun, als sie in die Arme nehmen, ihr sagen, wie glänzend sie gearbeitet hatte, und daß er sie liebte . . .
Am frühen Morgen seines Hochzeitstages rüttelte er Theodore an der Schulter. Der Bruder stöhnte, wälzte sich herum und fragte, wie spät es sei.
»Nach vier. Zeit zum Aufstehen.«
»Du willst doch heiraten, nicht ich.«
»Komm schon, Junge, ich will noch ein bißchen durch den Wald laufen.«
Sie zogen sich schnell an. Draußen begann schon die Morgendämmerung. Beide fühlten den Schatten der kommenden Trennung.
»Es wird herrlich sein, wenn du weg bist«, sagte Theodore, »da weckt mich keiner mehr mitten in der Nacht.«
»Ja, und wenn ich mal meine neue Krawatte suche, dann wird sie nicht gerade um deinen langen Schwanenhals gewickelt sein.«

Durch die bunten Fenster der Sankt Stephens Kirche fiel die Morgensonne auf die Blumen am Altar. Kate in ihrem rehfarbenen Kaschmir-Kleid mit dunkelrotem Samtkragen und Manschetten war wundervoll anzusehn.
Abends um acht nahm das junge Paar den Zug nach Indianapolis, um seine Hochzeitsreise anzutreten. Kate hatte Kleider und Hüte für jede Gelegenheit bei Madame Gourunder in Louisville anfertigen lassen. Gene fragte sich verwundert, ob sie eigentlich wußte, daß die meisten

gesellschaftlichen Verpflichtungen, die auf sie zukamen, Treffen bei den Lokomotivheizern sein würden.

Dritter Teil

1

Die Bruderschaft ließ es sich etwas kosten. Die Gewerkschaftsgruppen von Chikago schenkten einen Mahagoni-Salon mit Plüschpolstern in Blau und Gold. Die Möbel waren so elegant, daß sie nicht in die einfache Wohnung paßten, die sie gemietet hatten. Eine weitere Wohnzimmerausstattung kam von der Gruppe in St. Louis. Sie wurden Besitzer von drei eingerichteten Schlafzimmern. Jeden Tag kamen neue Geschenke an: Teppiche, Silberbestecke, Porzellan, Lampen und viele Antiquitäten.
Gene stöhnte: »Mein Gott, was sollen wir denn nur damit?«
Kate lächelte bedeutungsvoll. »Das überlaß nur mir, Liebster.«
Im Januar fuhr er in die Hauptstadt. Zur ersten Regierungssitzung hatte er eine Mappe mit Notizen über den geplanten Antrag mitgenommen, ferner einen Packen Gewerkschaftspost und Manuskripte, an denen er in Sitzungspausen arbeiten wollte. Die Schreibtische seiner Kollegen waren zu seinem Erstaunen nicht mit einem einzigen Blatt Papier bedeckt, und bald erfuhr er, daß die wichtigste Arbeit meist im Hotelzimmer irgendeines Abgeordneten bei einem Pokerspiel und einer Karaffe Bourbon geleistet wurde.
Während der ersten Tage nahm er sich jeden Abgeordneten einzeln vor und versuchte, ihn an Hand von Tabellen und graphischen Darstellungen für das Haftpflichtgesetz

zu interessieren. Er fand ein paar Leute, die ihm ein geneigtes Ohr liehen, doch die meisten machten sich über seine Naivität lustig.
Sie sagten in väterlichem Ton zu ihm: »Nehmen Sie es nicht zu schwer, mein Lieber, Rom ist auch nicht an einem Tag erbaut worden. Wird schon werden.«
Gene verschaffte sich die Adressen sämtlicher Abgeordneter, überfiel sie früh morgens oder spät abends in ihren Hotelzimmern und machte allen klar, daß er seinen Antrag nicht im Papierkorb landen lassen werde. Dabei entdeckte er, daß jeder Abgeordnete gewisse Gesetzesvorschläge durchzubringen versuchte.
Oft wurde er mit seltsamen Fragen konfrontiert: »Was halten Sie von dem Antrag, Debs, den Privatverkauf von Mineralvorkommen auf staatlichem Besitz zu erlauben?« Oder: »Es gibt eine ansehnliche politische Gruppe, die es für ratsam hält, das Wetten auf den Rennbahnen zu legalisieren.«
Sein Bestreben, den Antrag auf industrielle Haftpflicht mit Stimmenmehrheit durchzubringen, erfüllte ihn ganz. Doch wenn die Abgeordneten seinen Antrag unterstützen sollten, dann mußte er seine Aufmerksamkeit auch ihren Wünschen zuwenden. Nach dreiwöchigem Einsatz hatte er genug Stimmen hinter sich, um seinen Antrag im Staatsparlament durchzusetzen. Triumphierend kehrte er am Wochenende nach Hause zurück, um von seinem Erfolg zu berichten.
Die Dreizimmerwohnung im Obergeschoß war sehr klein, doch Kate schritt würdevoll durch die Räume. Selbst in dieser kleinen Behausung, dachte Gene, ist sie wie eine Lady.
Er sah ihr zu, wie sie den Tisch deckte. Das war nicht die Hast wie im Haushalt der Debs, sondern eher eine Zere-

monie. Immer wieder schien es Kate notwendig, das schöne Tischtuch glattzustreichen. Das Silberbesteck war in der Küche auf Hochglanz poliert, bevor es mit unfehlbarer Genauigkeit arrangiert wurde. Die Trinkgläser funkelten, und als Kate sie auf ihren Platz stellte, vergewisserte sie sich jedesmal, daß der richtige Abstand von der Serviette gewahrt wurde.

Das Essen auf dem Herd begann ihn zu beunruhigen: »Soll ich nicht lieber einmal nachsehen?«

»Nein, Liebster, warum denn? Du darfst überhaupt nicht in die Küche gehen.«

»Es könnte doch was anbrennen.«

»Bei mir brennt nie etwas an.«

Das feierliche Ritual, mit dem das Abendessen vorbereitet wurde, dauerte etwa eine Stunde. Gene war hungrig wie ein Löwe, aber es gelang ihm nicht, den Rhythmus seiner Frau zu beschleunigen. Endlich tauchte sie mit frisch gebürstetem Haar aus ihrem Schlafzimmer auf. Sie hatte das Kleid gewechselt und die Schürze abgelegt.

»Wie heiter und gelassen du aussiehst, Kate!«

»Warum sollte ich denn nicht gelassen sein?«

»Na, ja, die ganze Arbeit in der Küche . . .«

»Ich will dir mal was sagen, Liebster, eine Frau muß nicht unbedingt gehetzt herumlaufen, nur weil sie den Haushalt besorgt. Wenn man ein System hat, findet sich Zeit für alles. Jetzt setze dich bitte, Eugene, in einer Minute bringe ich das Essen.«

Gene setzte sich zu Tisch und lauschte auf die Geräusche, die aus der Küche kamen. Es dauerte nochmals eine geraume Zeit, bis Kate mit strahlendem Gesicht erschien. Sein Blick fiel auf einen kunstvoll auf einer großen Platte tranchierten Braten, der von einem Ring aus Kartoffeln umkränzt war. Von dem Ring führten schmale Streifen

aus Karotten wie Speichen eines Rades zu dem Braten. Sie setzte die Platte mitten auf den Tisch, dann nahm sie Platz, legte die Hände in den Schoß und betrachtete glücklich und triumphierend das Stilleben.
Gene konnte nicht widerstehen, um den Tisch herumzugehen und sie zu küssen. »Es sieht wirklich herrlich aus, Kate.«
»Ja, es ist ein richtiges Gemälde, nicht wahr?«
Er kehrte zu seinem Platz zurück, bediente sich ausgiebig mit Fleisch, Kartoffeln und Karotten, lud eine gewaltige Menge auf seine Gabel und steckte sie in den Mund. Das Essen war eiskalt. Jetzt verstand er, warum Kate sich keine Sorgen wegen des Anbrennens gemacht hatte. In dem kurzen Augenblick, in dem er mit dem kalten Bissen im Munde dasaß, blitzte ein Kaleidoskop von Erinnerungen in ihm auf: seine Mutter und Schwestern mit prasselnden Bratpfannen in der Hand; sie riefen: »Eßt, so lange es heiß ist!« Bilder von Gloria und ihrer Mutter, wie sie mit glühenden Wangen aus der Küche kamen, um ihren vielen Gästen frische Pfannkuchen zu servieren. Er begann, mechanisch zu kauen, denn das Essen war nicht nur kalt, sondern auch fad im Geschmack.
»Hast du keinen Hunger, Kate?«
»Ich bin sehr selten hungrig.«
»Aber du hast dir doch so viel Mühe gegeben.«
»Ach, das hat mir Spaß gemacht, Eugene.«
Er aß seinen Teller nur zur Hälfte leer. Kate schien es gar nicht zu bemerken. Sie brauchte offenbar nur das Ritual des Gastmahls, die Zeremonie, um sich selbstgefällig darin zu spiegeln. Sie hatte ihren Beitrag geleistet, jetzt war es Sache der anderen, ob sie mit dem Ergebnis etwas anfangen konnten oder nicht.
Nach dem Abendessen kam Theodore. Als Kate in der

Küche verschwunden war, bat Gene um einen ausführlichen Bericht über die Arbeit während seiner Abwesenheit. Theodore gelangte nur etwa bis zur Hälfte seiner Schilderungen, dann sprang Gene plötzlich auf und lief in die Küche.
»Kate, ich mache noch einen Spaziergang. Bin in einer Stunde zurück. Komm mit, Theo!«
Gene war zu sehr in Gedanken, um zu bemerken, daß es seiner Frau nicht recht war. Theodore bemerkte, daß Gene unschlüssig und ziellos umherschlenderte. Sie sprachen nicht viel miteinander. Als sie am Rose Polytechnikum mit seinen unzähligen Türmchen und Spitzen vorbeikamen, blieb Gene plötzlich stehn.
Gene sah nachdenklich zu dem monströsen Gebäude auf. »Auf wen, meinst du, wollte der Architekt wohl Eindruck machen?«
»Auf Gott wahrscheinlich.«
»Ach, Theo, ich war ein furchtbarer Trottel. Ich habe mich auf miese Sachen eingelassen.«
»Zum Beispiel?«
»Zum Beispiel habe ich eine Menge korrupter Abmachungen getroffen.«
»Du meinst, du bist jetzt ein Politiker geworden?«
»Wenn du nur ein paar von den Anträgen zu Gesicht bekämst, für die ich meine Stimme hergegeben habe!«
»Ist das nicht üblich in der Politik, daß man einer Sache zustimmt, die einem unwichtig ist, um etwas zu erreichen, was einem wichtig ist?«
»Ich weiß nicht. Jetzt, fern von Indianapolis, bin ich kein Politiker mehr.«
Sie gingen quer durch die Stadt nach Hause. Wieder nahm Gene seinen Bruder am Arm: »Ich werde morgen früh nach Indianapolis zurückfahren. Ich muß diesen

ganzen Kuhhandel rückgängig machen!«
»Moment mal, Gene, was wird dann aus unserem Haftpflichtgesetz?«
»Ich weiß nicht, Junge, ich werde eben einen anderen Weg finden müssen.«
Aber der andere Weg war nicht leicht zu finden. Erst ganz allmählich konnte er den Widerstand gegen seine Person, den er durch den Verzicht auf Tauschgeschäfte hervorgerufen hatte, abbauen. Er verbrachte lange Nachmittage und Abendstunden mit den Abgeordneten, denen er nahekam, und nach Ablauf eines Monats hatte Gene ein Dutzend Stimmen zur Unterstützung seines Antrags gesammelt.
Am Tag, als es zur Abstimmung kam, hielt Gene eine leidenschaftliche Rede für die Sache der Eisenbahner. Die Abgeordneten, die versprochen hatten, für diesen Antrag zu stimmen, unterstützten ihn. Gene bat um Abstimmung. In seiner erwartungsvollen Erregung verstand er gar nicht, warum so viele seiner heftigsten Gegner duldsam lächelten, und er wunderte sich sehr, daß einige von ihnen sogar ihre Stimme für seinen Antrag abgaben.
Doch bald erfuhr er, warum. Der Senat hatte schnell ein Dutzend Ergänzungsbestimmungen hinzugefügt, die das Gesetz völlig wirkungslos machten.
Am folgenden Tag erhob sich Genes hagere Gestalt von neuem.
»Herr Präsident, ich ziehe hiermit meinen Antrag auf Einführung des Haftpflichtgesetzes zurück. Ich habe viel von Ihrer und meiner Zeit verschwendet – verschwendet, weil ich die allgegenwärtigen Eisenbahnanwälte vergessen hatte, die das Denken für den Senat besorgen. Unter Protest gegen das, was hier vorgegangen ist, lege ich mein Mandat als Abgeordneter dieses Hauses nieder.«

Gene nahm seine Papiere auf, stopfte sie in seine Aktenmappe und verließ den Saal. Tiefes Schweigen lag über dem Raum.

2

Kate wußte, daß etwas nicht stimmte, als sie Genes schwere Schritte auf der Treppe hörte. Sie legte ihr Strickzeug beiseite und eilte ihm entgegen. Als sie ihn küßte, bemerkte sie, wie erschöpft er aussah.

»Bist du krank, Eugene?«

»Nein, es geht mir gut. Oder vielmehr, es wird mir gut gehen, wenn ich ein paar Stunden in der frischen Luft von Terre Haute war.«

»Ist etwas passiert?« fragte sie beunruhigt. »Sind denn die Parlamentssitzungen schon vorüber?«

»Nein, sie gehen weiter, auf vollen Touren, ohne daß etwas getan wird.«

»Ja, aber warum bist du dann nach Hause gefahren?«

»Ich bin zurückgetreten.«

»Was? Du willst doch nicht ...«

»Zurückgetreten, Punkt. Aus. Erledigt.«

»Aber, Eugene, du kannst doch nicht so einfach zurücktreten, du bist doch gewählt worden!«

»Ich habe genug von der Politik! Für immer!«

Entsetzt starrte sie ihn an, dann brach sie in Tränen aus, stürzte in ihr Schlafzimmer und warf sich mit dem Gesicht aufs Bett.

Gene stand eine Weile neben dem runden Tisch. Er war nie auf die Idee gekommen, daß sein Entschluß so niederschmetternd auf Kate wirken könnte. Er folgte ihr ins Schlafzimmer und setzte sich auf den Bettrand.

»Willst du denn nicht meine Gründe hören, Kate? Willst du nicht wissen, was passiert ist?«
Sie weinte nur noch heftiger.
Dann hörte er aus dunkler Vergangenheit Glorias tränenverschleierte Stimme: »Du darfst dich nie von den Tränen einer Frau von deinem Ziel abbringen lassen.« Er wollte Kate in die Arme schließen und sie trösten, aber ihr Leiden schien unstillbar. Er versuchte, sie hochzuheben, aber sie hielt sich am Bett fest. Nach einiger Zeit beruhigte sie sich und richtete sich auf.
»Es tut mir leid, Eugene, daß ich mich so gehen ließ, aber es war so ein Schock für mich. Es hat mir so viel bedeutet.«
»Was? Das Abgeordnetenhaus?«
»Nein, nein, ich meine deine ganze politische Karriere. Alle sagten, du hättest das Zeug zum Senator. In ein paar Jahren hätten sie dich vielleicht die »Eiche vom Wabash« genannt, oder so was ähnliches.«
»Und nun habe ich mich selbst umgehackt.«
Kate starrte ihren Mann entgeistert an. »Du hast soeben eine glänzende politische Zukunft über Bord geworfen und kannst noch dasitzen und schlechte Witze machen!«
»Theo sagt immer, ein schlechter Witz ist besser als gar keiner.«
»Bitte, zitiere nicht dauernd deinen Theo. Ich hole mir meine Weisheit nicht von Kindern.« Sie richtete sich zu voller Größe auf. »Eugene, du bist dir doch darüber im klaren, daß du hier versagt hast oder? Das Parlament kann nicht über Nacht seine Methoden ändern, bloß damit du dich dort wohlfühlst. Es war deine Sache, dich nach ihnen zu richten, dich ein bißchen anzupassen. Nach fünf oder zehn Jahren vielleicht...«

»Willst du mich etwa für zehn Jahre zu diesem Parlament verurteilen?«
»...nach fünf oder zehn Jahren hättest du drangehen können, ihre Methoden zu ändern«, vollendete sie unbeirrt ihren Satz.
»Aber ich tauge nicht zum Politiker, Kate!«
»Unsinn! Du kannst alles, wenn du nur willst. Du hast alle meine Träume und Pläne für dich zerstört, Eugene, nun wirst du vermutlich wieder zu dieser Gewerkschaft zurück wollen.«
»Zurück? Ich habe sie nie verlassen.«
»Du konntest es aber, wenn du die Gelegenheit wahrgenommen hättest.«
»Ich bin doch nur der Gewerkschaft wegen in die Politik gegangen, Kate.«
»Aber du willst doch in der Welt weiterkommen, dich erheben...«
»Ich erhebe mich in der Welt – jeden Morgen um fünf.«
»Hör endlich mit diesen elenden Wortspielen auf! Jeder erfolgreiche Mann betrachtet seine verschiedenen Stellungen als Stufen auf einer Leiter.«
»Wenn du mit mir dort gewesen wärest, Kate, hättest du gesehen, daß das Parlament Indianas keine Stufe höher steht als der Lokomotivheizerbund.«
»Wenn du dich bewährt hättest, wärst du später sicher in den Kongreß gewählt worden.«
»Das Klima in Washington ist mir zu heiß.«
»Ich verstehe nicht, Eugene, wie man bei einer so ernsten Sache noch lachen kann.«
Genes Stimme klang ganz ruhig: »Ich gebe mir Mühe, dir zu zeigen, daß mein Rücktritt nichts Weltbewegendes ist. Ich bin vollständig glücklich mit meinen Lokomotivheizern.«

Entgeistert schrie Kate auf: »Soll das etwa heißen, du willst den Rest deines Lebens als Gewerkschaftsangestellter verbringen!«
Die Betonung lag nicht auf dem Wort »Angestellter«, sondern auf »Gewerkschaft«. Wenn sie die einfachen Leute und die Sache, für die er arbeitete, verachtete, wo war dann ihr Platz an seiner Seite?
»Du bist unter dem Gewerkschaftsvolk einfach nicht in deinem richtigen Element. Du könntest mit deinen Fähigkeiten große Geschäfte machen und eine Menge Geld verdienen. Alle Welt würde zu dir aufsehen. Um die Gewerkschaft kümmert sich niemand, außer den Leuten, die um ihr bißchen Lohn schwitzen müssen. Wirklich, Eugene, wenn du nur halb so schwer für dich selber arbeiten würdest wie für diese Heizer, so wärest du in ein paar Jahren ein wohlhabender Mann, könntest am Stadtrand eine schöne Villa haben und dich in der feinsten Gesellschaft bewegen.«
»Ich bin schon der reichste Mann der Welt.«
»Du und reich?«
»Ja, ich habe dich!«
Verwirrt durch den schlauen Seitenhieb ihres Mannes gab Kate für heute auf.
Langsam ging sie zur Tür und sagte: »Ich will dir gleich dein Abendessen machen.«
Gene blieb in dem halbdunklen Zimmer zurück und dachte: Das Leben ist komisch: Ich war glücklich mit Daisy, Vater, Theo und meiner Arbeit. Bei Gloria versäumte ich das Handeln und verlor alles. Diesmal handelte ich und verliere.

3

Gene war froh, wieder zu seiner alten Arbeit zurückzukehren, in das Büro mit den Tabellen an den Wänden, zu den Alltagssorgen der Eisenbahner, den Stößen von Briefen, die ihm zeigten, daß er auf dem richtigen Weg war. Durch das außerordentliche Wachsen seiner Organisation, die soliden Finanzen und den guten Ruf, den er überall genoß, wurde die Gewerkschaft der Lokomotivheizer zum Vorbild für andere Berufsgruppen, die sich gewerkschaftlich zusammenschließen wollten.

Eines Tages machte ein Bremser mit Namen Osterhout die lange Fahrt von Oneonta im Staate New York, um ihn zu besuchen.

»Mr. Debs, ich bin von meinen Kollegen beauftragt worden, genaue Informationen über den Aufbau einer Gewerkschaft einzuholen.«

Gene zeigte Osterhout die Buchführung und die Mitgliederkartei, außerdem versuchte er, eine Gewerkschafts-Verfassung auszuarbeiten. Am späten Abend brachte er den Bremser zum Bahnhof. Als der Zug einfuhr, bat er den Zugführer, Osterhout umsonst mitzunehmen.

»Sehr gern, Gene! Jeden, der dein Freund ist.«

»Osterhout will eine Bruderschaft der Bremser organisieren, vielleicht könntest du ihm ein bißchen Mut machen.«

Der Zugführer brach in Gelächter aus: »Bruderschaft der Bremser? Heiliger Strohsack!«

Der Sarkasmus klang Gene noch in den Ohren, als der Zug längst verschwunden war. Ein Riß klaffte in der Gewerkschaftsbewegung, die ihre Mitglieder nach Berufen einstufte und klassifizierte. Die Lokführer im Bewußtsein ihrer Verantwortung sahen auf alle anderen verächtlich herab. Die Schaffner mit ihren weißen Leinenkragen verachteten die rußigen Heizer, diese wieder fühlten sich den Bremsern überlegen, und die Bremser hielten sich für wichtiger als die Bahnhofsarbeiter. Gene hatte immer die Ansicht vertreten, daß alle, die auf der Eisenbahn arbeiteten, ein und derselben Gewerkschaft angehören sollten.

Trotz der untergründigen Bemühungen der Lokführer und Schaffner, die Organisation der »Bremsklötze« zu verhindern, konstituierte sich eine erste Gruppe in Oneonta und nannte sich: Eugene Debs-Gruppe.

Osterhout kam noch einmal nach Terre Haute. »Du bist der Pate unserer Bruderschaft, ich bin gekommen, dir als Zeichen unserer Dankbarkeit diesen Ring zu bringen.« Er schob dem verwirrten Gene einen schweren Goldring mit einem Rubin auf den Finger.

»Dieser Ring muß euch eine Handvoll Scheine gekostet haben«, sagte er bedächtig, in dem er den Ring wieder abstreifte und in Osterhouts Tasche fallen ließ. »Sag den Leuten, sie sollen ihn zum Juwelier zurücktragen und das Geld für den Aufbau neuer Gruppen verwenden.«

Zwei Monate später arbeitete Gene bei einer neugegründeten Gruppe in Scranton, als einer der Heizer zu ihm sagte:

»Gene, der Bürgermeister hat gehört, daß du in der Stadt bist. Er will dich kennenlernen.«

»Der Bürgermeister – was will der von mir?«

»Der Bürgermeister heißt Terence Powderly und ist Präsident der ›Ritter der Arbeit‹.«
Auf seinem Weg zum Rathaus dachte Gene an den phantastischen Aufstieg Powderlys, der vom Weichensteller zum Großmeister der Ritter aufgestiegen war, der mächtigsten Arbeiterorganisation des Landes. Die »Ritter« waren eine Art Orden, der früher einmal im Untergrund gearbeitet hatte, und es war Powderly zu verdanken, daß er nun im Licht der Öffentlichkeit bestehen konnte. Als erster Arbeiterführer war Powderly zum Bürgermeister einer großen Stadt gewählt worden.
Gene fühlte sich von der vitalen Frische Powderlys überwältigt. Er hatte tiefblaue, funkelnde Augen und einen schneidigen Schnurrbart, der an den Enden in die Höhe gezwirbelt war.
»Ich habe immer erwartet, Sie eines Tages als Bürgermeister von Terre Haute in Ihrem Büro begrüßen zu können«, sagte er zu Gene.
Gene erzählte daraufhin von seinem Scheitern als Abgeordneter. »Verstehen Sie mich recht«, schloß er, »ich will nicht meinen Fehlschlag beschönigen, aber es ist wahr, ich stimme grundsätzlich mit Samuel Gompers überein, der meint, daß Gewerkschaftler nicht in die Politik gehören.«
»Gompers! Dieser traurige kleine Wurm! Dieser Zigarrenlutscher! Der denkt, wenn er für seine Leute ein paar Cent mehr die Stunde herausschlägt, haben sie schon den Himmel auf Erden erlangt.«
»Aber das ist doch ein rechtmäßiges Gewerkschaftsziel!« rief Gene. »Nur so werden die Arbeiter langsam aus ihrer Sklaverei herausgeführt!«
Powderly sprang auf und ging stampfend im Zimmer auf und ab. »Sie haben genau das richtige Wort gebraucht,

Debs! Langsam, im Schneckentempo, so daß es tausend Jahre dauern kann.«
»Sehen Sie sich doch die Geschichte unseres Landes an, Powderly. Sie zeigt, daß die Gewerkschaften mehr für ihre Leute erreicht haben als irgendwelche Reformer.«
Powderly warf den Kopf zurück und lachte.
»Ich bin auch ein Reformer. Ich will Amerika reformieren, aber nicht durch Lohnerhöhungen von fünf Cent die Stunde, sondern durch völlige Abschaffung der Löhne. Warum sollen wir uns mit Trivialitäten wie ›Frische Luft in den Fabriken‹ verzetteln, wenn wir eben dabei sind, die Arbeiter Amerikas für die Übernahme ihrer eigenen Industriewerke zu schulen?«
Gene war bestürzt. Was Powderly da sagte, bedeutete Revolution.

4

Auf dem Heimweg von einem seiner sonntäglichen Besuche in seinem Elternhaus kam Gene ein gut aussehendes Mädchen entgegen, das ihn von weitem anlächelte. Als sie näher heran war, rief sie:
»Hallo, Mr. Debs, erinnern Sie sich nicht an mich? Ich bin Clarissa Hanford.«
»Die kleine Clarissa«, murmelte Gene staunend. Sie war hoch aufgeschossen. Obwohl sie wenig über sechzehn sein mochte, war sie ein langbeiniges Geschöpf mit vollem Busen und wachen Augen. Als er fragte, ob sie noch auf die Höhere Schule gehe, lachte Clarissa ihn an.

»Höhere Schule! Das ist was für Kinder. Ich gehe jetzt zur Arbeit und verdiene mir Geld für meine Kleider. Wie finden Sie denn das Kleid, das ich anhabe, Mr. Debs? Sie glauben doch nicht, daß die ›Freie Bekenntniskirche‹ mir sowas hätte kaufen können, oder?«
Fröhlich lachend warf sie den Kopf zurück und eilte die Straße hinunter. Etwas beunruhigt blickte Gene ihr nach, sie hatte sich sehr verändert.
Auch Theodore hatte sich verändert. Vor einiger Zeit hatte Gene Theodore zu einer Versammlung nach Denver geschickt. Als er zurückkam, erzählte er wenig von der Versammlung, dafür sprach er ununterbrochen von einem Mädchen namens Gertrude, das er dort kennengelernt hatte.
»Sie ist klug und fröhlich«, schwärmte er. «Sie fand die Versammlung aufregend. Ich mußte ihr alles von unserer Arbeit erzählen und vor allem, was ich in der Gewerkschaft zu tun habe.«
Theodores Redefluß wollte nicht enden.
»Wir haben es nicht eilig, weißt du, sie ist erst achtzehn. Wir wollen uns erstmal Briefe schreiben und nächsten Sommer, wenn die Bruderschaft in Atlanta tagt . . . könntest du vielleicht einen Freifahrtschein für sie besorgen?«
Gene lachte amüsiert. »Sie kann selbstverständlich auf meine Karte fahren, wenn sie will. Das ist das mindeste, was ich für meine künftige Schwägerin tun kann.«

Als Gene am Abend in seine Wohnung kam, fand er den Haushalt auf den Kopf gestellt. Kate war gerade dabei, Geschirr in einer Kiste zu verpacken. Als sie ihn sah, sprang sie auf und umarmte ihn lachend mit ganz ungewohnter Heftigkeit.
»Eugene!« rief sie. »Ich habe ein entzückendes Häuschen

gefunden, ganz für uns allein! An der North Eight Street. Sicher kennst du das kleine gelbe Haus weit ab von der Straße. Und was soll ich dir sagen, Gene, ich habe es für nur sechzehn Dollar im Monat gemietet. Ist das nicht günstig? Der Eigentümer sagt, wir können schon morgen einziehen!«

Gene konnte sich nicht erinnern, seine Frau in letzter Zeit so glücklich gesehen zu haben. Er freute sich ihretwegen, aber er war auch selbst ein wenig froh darüber. In den kleinen Zimmern war an Geselligkeit kaum zu denken gewesen. Doch in einem eigenen Häuschen ...

»Du mußt mir packen helfen.«

Eine Woche lang war sie wie besessen. Das Nähen der neuen Vorhänge und Bettdecken nahm ihr die Ruhe zum Essen und Schlafen. Hundertmal stellte sie die Möbel um, bis sie richtig standen, hängte Bilder auf und wieder ab und arrangierte ihre blitzblanken Teller und Tassen in den Küchenborden.

Endlich war das Haus eingerichtet, – gerade noch rechtzeitig, um eine gesellschaftliche Verpflichtung zu erfüllen. Der Occidental Club hatte Henry George, den Verfechter der Bodenreform, zum Vortrag eingeladen.

»Er kommt morgen mit dem Nachmittagszug, Kate, und ich möchte ihn vor dem Vortrag gern zu einem kleinen Abendessen einladen.«

»Aber er ist doch ein Radikaler, Eugene, nicht wahr?«

»Henry George? Die Gutsbesitzer halten ihn für radikal, weil er den Großgrundbesitz abschaffen möchte.«

»Warum willst du ihn dann in unser Haus einladen?«

»Ich verstehe dich nicht, Kate, warum sollten wir Henry George nicht zum Abendessen hierhaben?«

»Ich meine, man sollte nicht mit Leuten zu tun haben, die als Staatsfeinde gelten.«

»Dann hast du auch was gegen sein Auftreten im Occidental Club?«
»Nein, Eugene. Ich glaube, daß jeder, der seinen Standpunkt vertreten will und Leute findet, die ihm zuhören, ein Recht hat, zu sprechen.«
»Für einen Augenblick hattest du mich sehr erschreckt.«
»Aber, Eugene, nur weil ich an das Recht auf freie Meinungsäußerung glaube, bin ich doch noch nicht verpflichtet, einen Revolutionär zu Tisch zu bitten? Wenn ich einem Mann das Essen serviere, so heißt das, wir sind Freunde, ich denke genauso wie er und habe die gleichen Ideale. Und das will ich nicht.«
»Nein, Kate! Ich habe alle möglichen Leute ins Haus meiner Eltern gebracht und war bei Leuten zu Gast, mit denen weder meine Eltern noch ich immer einer Meinung waren. Wenn wir uns nur mit Menschen umgeben, die unsere Ansichten teilen ...«
»Du denkst nicht an die Folgen, Eugene. Wenn meine Freunde erfahren, daß ich Henry George zu Tisch hatte, werden sie denken, ich habe mich von den Radikalen anstecken lassen.«
»Hör mal, Kate«, unterbrach er sie ärgerlich, »es gibt Leute in Terre Haute, die behaupten, ich sei ein Radikaler, nur weil ich für eine Gewerkschaft arbeite.«
»Ich weiß, daß du kein Radikaler bist, Eugene, aber Henry George ist einer. Deswegen sollte er bei seinesgleichen bleiben. Laß ihn sein Abendbrot auf dem Bahnhof einnehmen. Dort kann man vorzüglich essen.«
»Warum nimmst du das nicht einfach als eine gute Gelegenheit, um gesellschaftlich zu glänzen? Du hättest den Mann, von dem die Welt spricht, in deinem Haus. Henry George kommt gerade von einer triumphalen Vortragsreise aus England zurück.«

»Triumphal für wen? Für Leute, von denen ich keinen einzigen an meinem Tisch haben möchte.«
Er war zu verletzt, um zu antworten. Gene hatte geglaubt, das neue Heim würde seinen Freunden Gastfreundschaft erweisen. Der Gedanke, daß er die Auswahl seiner künftigen Besucher Kates Vorstellung von politischer Ehrsamkeit unterwerfen müsse, war eine fast unerträgliche Demütigung.
»Tu's bitte mir zuliebe, Kate. Ich verspreche dir, daß wir bei Tisch kein Wort von Sozialpolitik reden werden.«
Die Stimme ihres Mannes hatte einen Unterton, der Kate aufhorchen ließ. Beunruhigt legte sie ihre Handarbeit weg.
»Also gut«, sagte sie, »wie du willst. Sag mir, wann das Essen fertig sein soll.«
Gene schloß sie erleichtert in die Arme. »Ich danke dir, Kate, daß du das für mich tun willst.«

Als er am folgenden Nachmittag mit Henry George in den Salon kam, merkte er gleich, daß etwas nicht in Ordnung war. Das Haus war zu still. Er roch auch nichts von den gebratenen Hühnchen, die er vorgeschlagen hatte. Er bat George, einen Augenblick Platz zu nehmen, und ging schnell ins Schlafzimmer. Die Jalousien waren heruntergelassen. Flach auf dem Rücken, mit bleichem Gesicht und geschlossenen Augen, lag Kate ausgestreckt auf dem Bett, sie sprach, ohne sich zu rühren oder nur die Augen zu öffnen.
»Es tut mir so schrecklich leid, dich zu enttäuschen, aber mir wurde so übel. Vielleicht bin ich krank. Ich hatte niemand, um dich zu benachrichtigen. Bitte, entschuldige mich bei Mr. George. Sag ihm, es tut mir so leid, eine schlechte Gastgeberin zu sein.«

Schwer atmend saß Gene auf dem Bettrand. So hatte sie also doch noch ihren Willen durchgesetzt. Er stand auf, ging zur Tür und blieb mit gesenktem Kopf stehen. Drinnen saß Henry George, ein Mann, den er bewunderte und achtete. George hatte zu viele Verleumdungen und Schmähungen über sich ergehen lassen, um nicht zu bemerken, daß dieser kalte Empfang kein Zufall war. Doch halt, er hatte Henry George nicht gesagt, wohin er ihn zum Essen einlade.

Mit einem breiten Grinsen auf dem Gesicht öffnete Gene die Tür zum Salon. »Kommen Sie, Mr. George, damit es nicht zu spät zum Abendessen wird.«

Dann führte er ihn zu seinen Eltern ins Eßzimmer hinter den Laden. Wenn Daisy und Daniel überrascht waren, so zeigten sie es jedenfalls nicht. Daisys vorzügliches Essen schmeckte allen großartig. Daniel, der »Fortschritt und Armut« gelesen hatte, machte George ungewollt ein Kompliment, denn aus seiner Ablehnung von Georges Schlußfolgerungen ging hervor, daß er sich intensiv mit den Gedanken des Autors befaßt hatte.

Um elf Uhr brachte Gene seinen Besucher zum Pullmanwagen nach St. Louis.

Er ging langsam nach Hause. Die angeregte Stimmung, in die ihn der Vortrag versetzt hatte, veränderte sich durch die Scheu vor einer Auseinandersetzung mit seiner Frau.

5

Kate hatte seit der Heirat kaum noch Kontakt zu ihrer Familie. Eines Tages fragte Gene seine Frau, ob sie nicht einmal ihre Familie zum Abendessen einladen wolle.

»Erst wenn ich so weit bin, Eugene«, erwiderte sie.

»Wenn du so weit bist? Was meinst du damit? Das klingt nicht gerade, als ob du hier glücklich wärst.«

»Oh, ich bin hier glücklich, Liebster. Dies kleine Häuschen wird uns vollkommen genügen, bis wir in unser eigenes Haus ziehen.«

»Haus?« ruckartig wandte er ihr den Kopf zu, »was für ein Haus?«

»Na, das Haus, das wir uns bauen lassen, wenn wir so weit sind.«

»Ach, du hast alles schon geplant?«

»Natürlich. Wenn man keine Pläne hat, kann man nichts erreichen. Ich weiß seit Jahren genau, wie mein Haus aussehen wird.«

»Hast du dir etwa von jemand Entwürfe machen lassen?«

»Ich habe mir die Bilder aus den vornehmen Zeitschriften ausgeschnitten und alle in ein Album geklebt.«

»Wenn ich nun gar kein großes Haus haben möchte? Vielleicht in ein paar Jahren, wenn wir Kinder haben und Platz brauchen, wenn wir mehr Geld ...«

»Nein, Eugene, das Haus kommt zuerst. Ein Haus ist der greifbare Beweis dafür, daß du ein erfolgreicher Mann bist. Es wird andere erfolgreiche Männer an dich ziehen, wird dir Gelegenheit zum Weiterkommen bieten.« Gene grinste. »Die einzigen erfolgreichen Männer, die mich eventuell besuchen kommen, werden Gewerkschaftler sein, und was die zu bieten haben, sind höchstens Probleme.«

»Aber sieh doch mal, Eugene, wenn du ein großes Haus hast, werden bedeutende Männer aus allen Lagern zu dir kommen und sie werden die Augen aufreißen. Komm, laß dir die Bilder zeigen. Wenn du erst siehst, wie imposant es ist, bist du genauso versessen darauf wie ich.« Sie ging aus dem Zimmer, kehrte mit einem Album zurück und setzte sich mit aufgeregt blitzenden Augen neben ihn auf das Sofa.

»Hier hast du die Außenansicht, Eugene.«

Gene sah ein zweieinhalbstöckiges Fachwerkhaus im Queen-Anne-Stil mit steilem Dach und vielen Giebeln. Er hatte ein schales Gefühl im Magen, denn das war nicht das Haus eines Mannes, der von seiner Arbeit lebt, das war fast ein Schloß.

»Wie sollen wir je Geld genug zusammenbringen, um das zu bauen?«

»Ach, das kannst du ruhig mir überlassen«, erwiderte sie, »ich habe bereits eine hübsche Summe in Wohnungsbauanteilen angelegt.«

»Und woher hattest du das Geld?«

»Ich habe Dollar für Dollar zusammengekratzt, habe alles selbst genäht und gewaschen.«

»Aber kannst du nicht verstehen, daß es für mich in meinem Beruf ...«

»Warum nicht?« unterbrach sie ihn, »du bist der geborene Aristokrat.«

»Ich bin Gewerkschaftler. Ich sollte nicht in einem so großen Haus wohnen.«

»Aber, Gene, du sagst doch selbst immer, daß ein Arbeiter so viel wert ist, wie er verdient. Wenn du gerade so viel verdienst, daß du in einer Hütte wohnen kannst, dann bist du nicht viel wert. Wer wollte behaupten, daß du nach langen Jahren schwerer Opfer und Arbeit nicht verdient hättest, gut zu leben? Die Lokomotivheizer werden stolz darauf sein, daß du so großartig wohnst. Es wird ihnen ein Beweis für die Stärke ihrer Organisation sein.«
»Kann sein, daß da was dran ist.«
»Natürlich. Wenn wichtige Persönlichkeiten nach Terre Haute kommen, werden sie dich in deinem schönen Haus aufsuchen, und es wird dir helfen, die Ziele zu erreichen, die dir für deine Leute vorschweben.«
»Das mag im Wirtschaftsleben so sein, Kate, aber ich bin kein Geschäftsmann.«
»Du bist kein Geschäftsmann?« Sie lachte. »Du verwaltest jeden Monat viele tausend Dollar! Du nimmst so viel ein wie eine mittlere Kleinstadt, und es wird täglich mehr. Wenn deine Organisation so weiterwächst, kann es gar nicht mehr lange dauern, bis dein Gehalt auf zehntausend kommt.«
»Was sollte ich denn mit so viel Geld anfangen, selbst wenn ich es bekäme?«
»Du gibst es mir«, erwiderte seine Frau kühl. »Ich werde es gut anlegen und einen steinreichen Mann aus dir machen.«
»Aber Kate«, sagte er kläglich. »Ich will nicht mehr verdienen, als ich zum Leben brauche.«
»Geld ist das Wichtigste auf der Welt, Eugene, weil es alles beherrscht. Deine Bruderschaft ist durch Mangel an Geld fast aufgeflogen, stimmt's nicht?«
»Ja.«
Er war gebrochen.

Kate spürte ihren Triumph. Sie fuhr fort: »Wenn ich eine andere Frau wäre, hätte ich leicht dein Gehalt durch leichtsinnige Ausgaben durchbringen können.« Sie ging zu ihrem Schreibtisch und zog das Abrechnungsbuch der Baugesellschaft heraus. »Sieh dir das an, Eugene, unsere Anteile bei der Wohnungsbaugesellschaft bringen uns acht Prozent. Wenn ich dieses viele Geld gespart habe, dann habe ich es auch verdient, nicht wahr?«
Seine Stimme kam so leise, daß sie ihn kaum verstehen konnte:
»Ja, Kate, das hast du.«

6

Wochen und Monate vergingen. Gene baute die Weichenstellervereinigung, die in Chikago örtlich organisiert gewesen war, zu einer Landesgewerkschaft aus und leistete so viel beim Zusammenschluß der Eisenbahnbremser, daß sie ihm ein Gehalt und einen Spesenzuschuß anboten. Unter dem Hinweis, daß die Lokomotivführer, die sein Gehalt um weitere tausend Dollar erhöht hatten, ihn mit allem Nötigen versorgten, lehnte er diese Zuschüsse ab.
Im April 1886 brachten ihn seine Reisen mit Samuel Gompers zusammen, dem vielbewunderten Organisator mehrerer gut funktionierender Gewerkschaften, die sich über das ganze Land erstreckten. Samuel rühmte sich gern, daß ein Gompers stämmig wie eine Eiche sei. Nach Genes Eindruck eine sehr treffende Kennzeichnung,

denn der Mann war ein Koloß mit mächtigem Brustkasten und breiten Schultern, aus denen der breite Schädel fast ohne Halsansatz hervorwuchs. Er sah wie ein roher Klotz aus, der sich rücksichtslos seinen Weg bahnt. Doch Samuel Gompers war einer der versöhnlichsten Führer in der Arbeiterbewegung, der den Arbeitgebern seine Forderungen ruhig, vernünftig und ohne Drohungen darlegte und ihnen auf diese Weise seine größten Erfolge abluchste.

»Die Hälfte der Niederlagen, die mir heute die Industrie beibringt, habe ich dem Umstand zuzuschreiben, daß die Direktoren uns mit den ›Rittern der Arbeit‹ in einen Topf werfen, als ob wir alle auf den Sozialismus eingeschworen wären«, sagte er zu Gene. »Sie denken, wenn sie uns höhere Löhne zahlen, werden wir uns Gewehre kaufen und auf die Barrikaden gehen.«

»Aber es gibt einen Punkt in Powderlys Programm, den ich wirklich gutheiße«, erwiderte Gene. »Niemand weiß besser als Sie, wie verzweifelt nötig die Arbeiter Bildung brauchen. Aber Sie widersetzen sich jeder Bestrebung, die Gewerkschaften zu Bildungsstätten zu machen.«

Gompers antwortete gelassen: »Wir sind im Begriff, die Öffentlichkeit über die Notwendigkeit des Achtstundentages aufzuklären. Wir zeigen Amerika die Schäden ungelüfteter Werkhallen, dumpfer Behausungen, die Schande der Kinderarbeit. Diese Art Belehrung verspricht uns die besten Ergebnisse. Wir wollen den Arbeitern nicht Beethoven oder Shakespeare nahebringen. Wir wollen, daß sie etwas Gutes zu essen haben und saubere Waschräume in den Fabriken. Wenn wir den Wirtschaftskampf gewonnen haben, wird es den Männern freistehen, sich nach Belieben weiterzubilden. Die mystischen Ritter Ihres Freundes Powderly begnügen sich da-

mit, auf ihr Utopia zu warten. Wir sagen, daß jede Stunde in einer stickigen Werkstatt und jede fehlende Mahlzeit für ein hungerndes Kind ein Verbrechen gegen die Menschlichkeit ist, und zwar jetzt, in dieser Sekunde.«
Gene hörte ruhig zu. Gompers nahm sein Schweigen für Zustimmung. Er hatte Respekt vor Gene Debs, dessen Zeitschrift er seit Jahren gelesen hatte.
Er fuhr fort: »Die Welt lebt seit achttausend Jahren in Sklaverei. Und der gewerkschaftliche Zusammenschluß ist der einzige Weg, die Freiheit zu erringen. Die Arbeitgeber werden mit uns verhandeln, weil wir die wirtschaftliche Notwendigkeit unserer Sache beweisen können. Ich setze auf die Gewerkschaft und nur auf die Gewerkschaft.«
»Ich glaube, es können Zeiten kommen, in denen wir mit anderen Gruppen zusammenarbeiten müssen«, bemerkte Gene. »Im Kampf um den Achtstundentag zum Beispiel brauchen wir jede Unterstützung.«
»Von wem?« fragte Gompers barsch.
»Na, vielleicht von der Anarchistengruppe in Chikago. Die Leute haben viel Vorarbeit geleistet.«
»Es beschämt mich, Debs, daß Sie eine Arbeitervereinigung wie einen Bettler mit dem Hut in der Hand auf die Straße schicken wollen. Wenn man andere für sich vorarbeiten läßt, muß man riskieren, daß auch deren Unsitten mitübernommen werden. Keiner kann diese Phantasten in der Gewalt halten. Seit wann hat ein Bettler über einen Almosengeber Gewalt? Früher oder später würden die Anarachisten die gute Sache mit sich in den Dreck ziehen!«
Als Gene drei Wochen später von New York zurückkehrte, stellte er fest, daß Gompers Worte prophetisch gewesen waren.

7

Kate war hysterisch vor Angst, als Gene von der Reise kam. »Du kanntest doch keinen von diesen Männern, Eugene? Dein Name ist doch nicht irgendwie mit der Sache verknüpft?«

»Was für Männer, verknüpft womit?«

»Diese Anarchisten in Chikago, die Verbrecher, die die Bomben geworfen und Hunderte von Polizisten getötet haben.«

»Ruhig, Kate, jetzt setze dich erst einmal und erzähle mir, was das alles bedeutet.«

»Auf dem Haymarket wurde eine Versammlung wegen eures Achtstundentages abgehalten. Die Polizei wollte die Menge zerstreuen, und da warfen sie Bomben!«

»Woher hast du das?«

»Es steht in der Zeitung. Ganz Amerika ist empört. Ach, Eugene, wenn diese Leute deine Freunde sind, dann weiß ich nicht, was dir passieren wird. Sie werden dir die Morde mit zur Last legen.«

»Wo ist die Zeitung, Kate?«

»Im Schlafzimmer.«

Er ging ins Schlafzimmer und hob die verstreuten Blätter auf. Ein Blick genügte ihm: Ein journalistischer Großangriff auf den Achtstundentag war im Gange.

»Schreckenstat in Chikago!« schrie die Überschrift Gene an.

Am Ende einer Massenversammlung auf dem Haymar-

ket hatte ein Hauptmann die Zerstreuung der Menge befohlen. Eine Bombe war explodiert, die eine große Anzahl Polizisten verletzte, worauf andere Polizisten in die zurückflutende Menge gefeuert hatten.
Gene bebte, als er mit der Zeitung in der Hand ins Wohnzimmer zurückkehrte. Er sank neben Kate auf dem Sofa nieder. Ihre Angst hatte sich inzwischen noch verstärkt.
»Werden sie dich mit diesen schrecklichen Menschen in Verbindung bringen, Eugene?« Sie nahm ihm die Zeitung ab, und ihr zitternder Zeigefinger glitt über den Artikel. »Mit diesem Albert Parsons oder August Spiess oder Samuel Fielden?«
»Nein, ich kenne sie nicht«, antwortete er.
»Bist du sicher? Hast du sie nie zum Vortrag eingeladen oder als Redner in einer Versammlung gehabt?«
»Nein, Kate.«
»Warum mußtest du dich mit diesen gräßlichen Menschen abgeben? Wir werden die Polizei im Hause haben, sie werden dich anklagen.«
Ihre Augen waren vor Angst geweitet. Er brachte so viel Kraft auf, mit seinen Armen ihre bebenden Schultern zu umschlingen und zu sagen: »Beruhige dich, ich habe nicht mehr mit diesen Leuten zu tun als du.«
Sie legte den Kopf auf seine Schulter. Sie wurde von heftigem Schluchzen geschüttelt.
»Du mußt mir zuhören, Kate. Ich habe mit solchen Sachen nichts zu tun. Ich hasse jede Gewalttätigkeit. Meine Gewerkschaft ist eine Wohlfahrtsorganisation. Unsere Ziele beschränken sich auf das Aushandeln besserer Löhne und Fürsorge für die Familien.«
»Ich glaube dir, Eugene, doch alle Welt sagt, Gewerkschaftsführer sind radikal. Man wird euch mit den Radikalen in einen Topf werfen, ob ihr wollt oder nicht.«

Sie stand auf, ging ins Schlafzimmer und kam mit einem Spitzentaschentuch zurück, um sich die Tränen abzuwischen. Der Schrecken hatte ihre weichen Gesichtszüge versteinert.

»Um deinetwillen, Eugene, mußt du diese Arbeit aufgeben. Früher oder später wird wieder etwas Entsetzliches geschehen, und du wirst darin verwickelt werden. Wenn du verhaftest würdest ... ich überlebte es nicht!«

»Aber Kate, das ist wilde Phantasie! Ich bin ein Geschäftsmann wie deine Brüder. Ich verhandele über Lohnverträge und versuche, das Beste dabei herauszuschlagen wie jeder ehrbare Kaufmann. Wie will man das mit Bombenwerfen und Mord in Verbindung bringen?«

Kate blieb untröstlich.

Als Gene am nächsten Tag nach Hause kam, war Kate nicht da. In schwarzem Kleid und Hut erschien sie einige Stunden später und sagte sofort, als sie ihn sah:

»Ich habe mit meinen Brüdern gesprochen, Eugene. Sie wollen dir etwas Geld leihen, damit du dich selbständig machen kannst. Oh, Liebster, sie haben so viel Vertrauen zu dir und ich auch. Du kannst dir eine neue Existenz aufbauen. Siehst du nicht, Eugene, daß du mit der Gewerkschaftsarbeit nichts als Ärger hast? Wenn du erst einmal im Geschäftsleben stehst, kann dir nichts mehr passieren. Da fragt keiner, ob du ein Radikaler bist, da bist du in der besten Gesellschaft. Jeder Mann, der seine Frau liebt, würde das für sie tun.«

Gene wandte sich ab.

8

Eine direkte Folge des Chikagoer Gerichtsverfahrens und der Erhängung der Anführer Spiess, Parsons, Fischer und Engel war, daß Kate mitteilte, sie werde jetzt mit dem Bau ihres Hauses beginnen. Sie meinte, das sei die mindeste Sicherheit, die sie haben müßte, um gegen die Unsicherheit geschützt zu sein, die das gefährliche Leben ihres Mannes mit sich brachte.
Er hatte nichts dagegen, daß sie baute, im Gegenteil. Sie waren jetzt drei Jahre verheiratet und hatten noch keine Kinder. Er erinnerte sich, daß er hauptsächlich deswegen geheiratet hatte, damit er eine eigene Familie gründen konnte. Doch Kate hatte keine Kinder in die Welt setzen wollen, solange sie ihnen nicht die Geborgenheit eines eigenen Hauses bieten konnte. Gene wußte nicht genau, wie sie es schaffte, keine Kinder zu bekommen. Alle Familien aus seinem Bekanntenkreis schienen Kinder im Überfluß zu haben, ob sie wollten oder nicht.
Sobald Kate ihr neues Haus hatte, würde er sich nicht mehr länger hinhalten lassen. Denn all die Jahre seiner Ehe hatte er die Wärme des Familienlebens, wie er es aus seinem Elternhaus kannte, vermißt. Doch darüber sprach er nie mit Kate.
Statt dessen sagte er: »Kate, bauen wir das Haus doch in der Nähe des Bahnhofs, dann bin ich schnell bei dir, wenn ich in Terre Haute ankomme. In einem Vorort wird uns viel Zeit durch die Entfernung verloren gehen.«

Sie saß vollkommen ruhig da, während ihre Fingerknöchel, mit denen sie die Stuhllehne umklammerte, weiß wurden. Mit bleichem verstörtem Gesicht nahm sie Genes Bitte auf, die darauf hinauslief, ihren Jugendtraum aufzugeben! Gene wußte, wo sie bauen wollte: draußen in dem exklusiven Vorort, wo McKeens und Hulmans ihre geräumigen Villen hatten. Nach einer Weile eisigen Schweigens kehrte die Farbe in ihre Wangen zurück. Sie blickte ihrem Mann frei in die Augen und sagte, jede Silbe deutlich betonend:

»Ja, Eugene, du hast ein Recht, darum zu bitten. Ich kann dich nicht meilenweit zu deiner Wohnung laufen lassen. Meine Großmutter besitzt mehrere Grundstücke an der Achten Straße, in der Nähe von Sycamore. Ich denke, sie wird mir eines davon zu günstigem Preis überlassen.«

»Das wäre wunderbar, Kate. Das ist ganz nahe an der Bahn. Ich danke dir, Liebste.«

Sie verkniff ihre Tränen und hob den Mund, um seinen dankbaren Kuß zu empfangen. »Es soll dein Haus sein so gut wie meines – doch bitte überlaß mir allein das Bauen und die Einrichtung!«

In den nächsten Wochen und Monaten war Gene fast immer auf Reisen. Die wachsenden Reibungen zwischen den einzelnen Bruderschaften führten ihn auf den langen, jetzt unvermeidlichen Weg von den bloßen Gewerkschaftsvereinen zu den mächtigen Industriegewerkschaften. Die neue Organisation der Arbeitgeber forderte dies heraus.

Bald nach der Explosion der Bomben auf dem Haymarket schlossen sich die vierundzwanzig Eisenbahngesellschaften zum »Allgemeinen Arbeitgeberverband« zusammen, mit Sitz in Chicago. Nun konnte zum Beispiel die Bruderschaft der Lokomotivheizer der Great Nor-

thern ihre Anträge nicht mehr wie früher der Great Northern direkt vorlegen, sondern hatte es nun mit einem riesigen Eisenbahntrust zu tun.
Bei seinen vielen Fahrten auf dem weitverzweigten Liniennetz warb er ständig für seine Idee von dem Zusammenschluß der einzelnen Bruderschaften zu einer einzigen großen Industriegewerkschaft, – aber Gene hatte keine Eile: Es war ihm bewußt, daß dies ein umwälzender Gedanke war, der besonders auf seiten der Arbeitgeber auf Widerstand stoßen würde.
Der Bau ihres neuen Hauses hatte fünf Monate gedauert und die Innenausstattung zwei weitere Monate. Mit Eifer und unermüdlicher Energie war Kate an die Arbeit gegangen, und oft erschien sie früh morgens noch vor den Maurern und Zimmerleuten auf der Baustelle.
Als Gene eines Morgens aus Kansas kam, führte sie ihn in die Achte Straße hinunter und blieb vor dem Hause Nr. 451 stehen.
»Treten Sie ein, Mr. Debs«, sagte sie lächelnd.
Beim Betreten der bedrückend großen Diele wurde Gene ganz schwach in den Knien. Er hatte das Bedürfnis, aus Kates Arm in den nächsten Sessel zu flüchten. Zur Rechten führte eine breite Wendeltreppe in das Obergeschoß, an deren Fuß ein bronzener Merkur eine Gaslampe in der erhobenen Hand hielt.
»Komm ins Empfangszimmer, Liebster.«
Gene sah flüchtig zu dem Steinway-Flügel in der Ecke und fragte sich, wer wohl darauf spielen würde.
Der Kamin war mit bronzierten Kacheln verkleidet, und über dem großen Teppich lagen noch mehrere Perserbrücken. Staunend folgte er ihr in die Bibliothek; beim Anblick der kirschholzgetäfelten Wände und der eingebauten Bücherregale stockte ihm der Atem; die Tapete

hatte längliche weiße Blumen auf blauem Grund; die Polsterstühle und das Sofa waren auf das Blau der Tapete abgestimmt. Vor dem Kamingitter stand ein Lesetisch, auf den sie seine Pfeifen, Zeitschriften und Notizbücher genauso hingelegt hatte, wie er sie vor einem Monat in ihrem kleinen Häuschen liegengelassen hatte.
Kate führte ihn durch die offene Tür ins Eßzimmer. Ihren Erläuterungen hörte Gene zu wie ein Tourist dem Fremdenführer. Sie sagte ihm, daß der Porzellan-Schrank im Flur so stände, daß man das Tafelservice und die Kristallgläser gleich zur Hand hätte. Sie machte ihn darauf aufmerksam, wie herrlich die rotbraune Tapete mit den Möbeln und Vorhängen harmoniere.
Zu seinem Erstaunen entdeckte Gene im Hintergrund einen Vogelbauer aus Messingdraht, in dem ein Kanarienvogel schlief, den Kopf unter einen Flügel gesteckt.
»Aber Kate, ich wußte gar nicht, daß du Vögel magst!«
»Na ja, ich mag sie nicht gerade sehr, aber das Modell, nach dem ich dieses Eßzimmer kopiert habe, hatte eben einen Vogelbauer. Komm, ich möchte dir jetzt dein Arbeitszimmer und unser Schlafzimmer zeigen. Findest du es nicht auch entzückend hier, Eugene?«
»Führe mich, Kate, ich verlaufe mich sonst in diesem Palast.«
»Aber, Eugene, das ist doch kein Palast! Es ist eben einfach ein behagliches Heim.«
Dann wurde er von einer großen Hängelampe gefesselt: sie hatte vier Kupferarme, auf denen grüne und weiße Glaslilien und Quasten im Tageslicht funkelten. Kate führte ihn in das pompöse Schlafzimmer, einem großen Raum mit schweren, geschnitzten Möbeln, auf denen Meißner Vasen und Figuren standen.
»Hast du wirklich vor, mich in diesem prunkvollen Raum

schlafen zu lassen? Ist es nicht zu luxuriös für einen einfachen Mann wie mich?«
Kate errötete, dann sagte sie: »Dahinter ist ein kleiner Raum, wenn du irgendwann nicht hier schlafen willst, kannst du den für dich alleine haben.«
Als sie später in der Küche beim Essen saßen, sagte Kate plötzlich: »Wir müssen eine schöne Party zur Einweihung geben, Eugene.«
Dies war die beste Neuigkeit, die er seit Betreten des Hauses gehört hatte. Ein Haufen Leute würde das kühle Gebäude vielleicht erwärmen.
»Ein guter Gedanke, Kate. Wir wollen alle Leute einladen, die wir kennen.«
Sie lächelte ihn nachsichtig an. »Nun, vielleicht nicht jedermann, nur die Leute, die sich hier hingezogen fühlen.«
»In ein schönes Haus fühlt sich jeder hingezogen.«
»Alle prominenten Leute müssen kommen – und natürlich auch Riley McKeen und Hulman und Cox.«
»Riley McKeen?« fragte Gene überrascht, »warum sollte er herkommen?«
»Er ist doch dein Freund, nicht wahr?«
»Wir hatten nur geschäftlich miteinander zu tun.«
»Nun, dann wird er entzückt sein, zu sehen, daß du seinen Lebensstandard erreicht hast.«
»Warum, Kate«, sagte Gene bedächtig, »warum sollten all diese Leute den Wunsch haben, uns zu besuchen? Wir waren nie bei ihnen eingeladen.«
»Aber jetzt, wo du ein großes, eigenes Haus hast, werden sie darauf brennen, herzukommen.«
»Glaubst du wirklich, die bloße Existenz dieses Hauses macht uns zu Mitgliedern der vornehmen Gesellschaft?«
»Ja, natürlich, Eugene«, sagte sie ernst, »wie meinst du denn, daß jemand in die gute Gesellschaft gelangt?«

Geduldig antwortete Gene: »Schon recht, Kate. Aber nachdem du deine Party gehabt hast, könnte ich dann auch meine geben?«
»Ja doch. Wen willst du denn einladen?«
»Die Kumpels.«
»Kumpels?«
»Die Männer, deren Beiträge dieses Haus gebaut haben.«
Sie brach in ein hysterisches Lachen aus.
»Sollen denn hundert Lokomotivheizer durch unser Haus trampeln, die sich die schwarzen Stiefel an dem neuen Teppich abwischen und Vorhänge und Polster mit ihren schmutzigen Händen anfassen?«
»Sie würden nicht von der Arbeit kommen, Kate. Sie würden gebadet und rasiert sein und hätten ihre besten Sonntagsanzüge an. Du wärst überrascht, wie gut sie aussehen. Ich glaube kaum, daß du sie von der großen Gesellschaft unterscheidest, die du einladest.«
»Entschuldige, daß ich lache, Eugene! Ich kann verstehen, daß du die Heizer in deinem Haus sehen willst. Das ist wieder eine von deinen edelmütigen Gesten. Aber siehst du nicht, daß es sich einfach nicht schicken würde, sie mit der Nase auf deinen Wohlstand zu stoßen? Sie würden mißvergnügt brummend nach Hause gehen und sagen: ›Warum hat der Mann mehr Anrecht auf die Güter dieser Welt als wir?‹«
»Einen Augenblick, Kate! Ich wollte das Haus gar nicht bauen! Und was die Heizer betrifft, sagtest du mir: ›Sie werden stolz darauf sein, mit dem Finger darauf zeigen und triumphierend erklären: So lebt also unser Sekretär! Hübsch, nicht wahr?‹ Wenn diese Begründung ausreichte, das Haus zu bauen, sollte sie auch ausreichen, die Leute einzuladen, die es bezahlt haben!«

»Du redest so, als wenn die tausend Kohlenschaufler deine Arbeitgeber wären.«
»Das sind sie.«
Kate wurde wütend.
»Unsinn. Du stehst weit über ihnen! Hättest du nicht für sie gearbeitet, wären sie heute noch mit einem Dollar am Tag zufrieden.«
Aus tiefster Überzeugung antwortete Gene: »Wenn ich diese Aufgabe nicht angepackt hätte, würde es ein anderer getan haben. Die Gewerkschaft ist nicht von einem einzelnen geschaffen worden, sie kann auch nicht von einem einzelnen zerstört werden – und niemand ist für sie unersetzlich.«

9

Viele Großmeister und hohe Gewerkschaftsangestellte ließen sich für ein paar Jahre wählen und traten dann häufig aus der Bruderschaft aus, um freiberuflich zu arbeiten oder eigene Geschäfte zu betreiben. Nur Gene Debs blieb Jahr für Jahr auf seinem Posten. Sobald Kate erfuhr, daß wieder jemand zurückgetreten war, bedrängte sie Gene, dies auch zu tun.
»Du bist doch nicht mit dieser Organisation verheiratet, Eugene. Du sagst mir immer, die Organisation ist jetzt so stark und solide verankert, daß niemand sie zerstören kann. Dann bist du doch gar nicht mehr so wichtig für sie, nicht wahr?«
Er wußte die Antwort darauf, aber er wußte auch, daß sie

Kate nur lächerlich vorkommen würde: Die Lokomotivheizer brauchten ihn nicht mehr, er brauchte die Lokomotivheizer.

Als Jay Gould in der Presse bekanntgab, daß seiner Meinung nach jeder Arbeiter in seiner Bahngesellschaft eine Kapitalbeteiligung haben müßte, schrieb Gene einen geharnischten Artikel über diesen zynischen Witz, denn Jay Gould – ein mehrfacher Millionär – zahlte die niedrigsten Löhne von allen. Als der Leiter der Lokomotivführergewerkschaft erklärte, daß er nie mit anderen Arbeiterorganisationen zusammengearbeitet habe, berichtete Gene, wie jener während eines Streiks zu ihm gekommen war und ihn angefleht hatte, die »Ritter der Arbeit« zu überreden, ihre Streikbrecher von den Maschinen herunterzuholen.

Dies war Genes Leben, sein Kampf, sein aufregendes Abenteuer. Ohne das wäre sein Dasein bedeutungslos. Als jemand zu ihm sagte: »Sie leisten ungeheuer viel für die Arbeiterbewegung«, erwiderte er: »Im Gegenteil, die Arbeiterbewegung tut sehr viel für mich.«

Aber es wurde Gene nicht leicht, mit dem »Gegner im eignen Haus« zu leben. Ganz gleich, was für ein Problem oder was für eine Entscheidung zur Debatte stand, Kate schlug sich stets auf die Seite der Zeitungsreporter und Artikelschreiber, die Genes Anschauungen verkannten oder offen bekämpften. Ständig stand Kates Meinung der seinen schroff entgegen, da half keine logische Beweisführung seinerseits, kein Hinweis auf statistische Tatsachen, nichts bewirkte je die geringste Meinungsänderung bei ihr.

Die Atmosphäre in Kates üppig möbliertem Haus wurde täglich kälter, und Nacht für Nacht wälzte sich Gene unruhig in seinem Bett herum.

Theodore und Gertrude hatten beschlossen, im Sommer zu heiraten. Doch schien es Theodore wichtig, Genes Meinung zu diesem Entschluß zu hören. Er selbst war sich ganz sicher, daß seine Ehe mit Gertrude gut verlaufen würde, aber wie konnte er zu Gene sagen: »Bitte entmutige mich nicht, Gertrude ist anders als Kate.«
»Was meinst du, Gene«, fragte er seinen älteren Bruder, »Gertrude und ich lieben uns seit fünf Jahren. Glaubst du nicht, daß es Zeit ist, zu heiraten?«
Sie waren auf einen kleinen Hügel gestiegen, der ihnen freien Blick über das Tal bot. Gene blickte ruhig auf das silbern schimmernde Band des Wabash, dann sagte er: »Hör mal, alter Kumpel, Gertrude ist ein wirklich liebes Mädchen. Sie gefiel mir vom ersten Augenblick an. Ihr werdet so glücklich miteinander sein wie Daisy und Daniel.«
Gene kehrte nach Hause zurück, packte seinen Koffer und ging auf eine lange Reise, die ihn kreuz und quer durch alle Staaten der Union führte.

Als er Clarence Darrow in Chikago kennenlernte, war Darrow ein viel beschäftigter Rechtsanwalt. Darrow, literarisch interessiert – insbesondere an Ibsen, Tolstoi und Zola –, nahm Gene in den »Sunset Club« mit, wo es scharfe Diskussionen über die Romane Flauberts und Turgenjews gab. Gene war dankbar für diese geistigen Anregungen. Ausführlich sprach er mit Darrow über das Gewerkschaftswesen und versuchte, ihn für den Gedanken einer allgemeinen Eisenbahnergewerkschaft zu interessieren.
»Die Gewerkschaftsstruktur bedarf dringend einer Überholung, Mr. Darrow. Die einzelnen Bruderschaften haben hohe Verwaltungskosten, und die Bestrebun-

gen der einen kommen den anderen ständig ins Gehege.«
Als Darrow fragte, was die Bruderschaften von Genes Plan hielten, antwortete er: »Sie lehnen ihn schroff ab, weil jeder fürchtet, sein Einfluß würde dadurch geschwächt werden. Sie möchten die Errungenschaften der Gewerkschaft nicht mit den achthunderttausend ungelernten Arbeitern im Eisenbahnwesen teilen.«
»Wie wollen Sie aber die ungelernten Arbeiter ansprechen, Mr. Debs? Sie setzen sich wahrscheinlich aus zwanzig verschiedenen Nationalitäten zusammen und sprechen ein Dutzend Sprachen!«
»Wir werden sie aufklären und organisieren. Sie brauchen keine Angst zu haben, daß wir uns an ihnen gesundstoßen wollen, denn der eine Dollar Jahresbeitrag soll freiwillig gezahlt werden. Weder ein Arbeiter noch eine Ortsloge muß einen Beitrag bezahlen, um stimmberechtigtes Mitglied zu sein. Und ich habe bereits gute Kräfte als Mitarbeiter gewonnen: George Howard und Sylvester Keliher, beides ehemalige Beamte der Schaffnergruppe, wollen als Vizepräsident und Sekretär eintreten. Lou Rogers, der Herausgeber des »Zeitalter der Arbeit«, will unsere Zeitungen herausbringen, und auch mein Bruder wird mitmachen.«

Theodore und Gertrude saßen in Daisys Eßzimmer und erzählten von ihrer romantischen Hochzeitsreise in die Rocky Mountains, als Gene in der Tür erschien.
Einen Augenblick lang sprach niemand ein Wort.
»Du hast mir doch versprochen, ein Telegramm zu schikken, Theo, damit ich euch von der Bahn abholen kann.«
»Ich habe eines geschickt.«
»Merkwürdig, ich habe aber keines bekommen.«

»Kate hat es.«
Gene schluckte schwer. Seine Augen wanderten zu Theos ausgepacktem Koffer. »Warum hast du euer Gepäck hierhergebracht? Wir hatten doch ausgemacht, daß ihr bei uns bleibt, bis ihr eine Wohnung gefunden habt.«
»Kate hat uns nicht dazu aufgefordert, Gene.«
Daisy schaltete sich ein: »Ich habe ihnen geraten, ihre Koffer aus deinem Haus zu holen und wieder hierherzukommen.«
»Dann warst du bei mir drüben?«
»Ja!«
Gene blickte auf das Essen, das Daisy den Jungverheirateten aufgetragen hatte. »Habt ihr denn bei mir nichts zu essen bekommen?«
»Wir wollten Kate keine Arbeit machen«, sagte Theodore.
Er überwand seinen Ärger, ging zu Gertrude und hieß sie mit einer herzlichen Umarmung in der Familie Debs willkommen.
Dann sagte er zu Theodore: »Du kommst doch mit mir, ja? Ihr könnt das überzählige Zimmer haben, es wird euch gefallen.«
»Gene«, schaltete sich Daisy ein, »laß die beiden hier, in deinem alten Zimmer sind die beiden gut aufgehoben.«
Er sah ein, daß sie recht hatte, setzte sich und versuchte zu essen. Aber sein Magen sperrte sich, und seine Kehle war wie zugeschnürt. Sein Heim war »das Haus« geworden, in dem nichts verändert, nichts von der Stelle gerückt werden durfte – darum war es Kate unmöglich, eine gute Gastgeberin zu sein. Wenn Freunde an ihre Haustür klopften, gab sie keine Antwort; erfuhr er einmal bei Gelegenheit, daß ein Freund oder Genosse nach Terre Haute gekommen war, und fragte sie, warum sie nicht ge-

öffnet habe, antwortete sie ungerührt: »Oh, ich dachte, es wäre nur ein Bettler.«

In Genes Phantasie hatte die Vorstellung gelebt, daß in seinem Heim die Tür weit offenstehen müsse, damit jeder bei ihm ein- und ausgehen, das Essen mit ihm teilen und mit ihm fröhlich sein könnte.

Wenn Gene die Kälte und Vereinsamung nicht mehr ertragen konnte, ging er zur Mulberry Street hinüber, wo Theo und Gertrude sich inzwischen zwei Zimmer gemietet hatten. Dann saßen sie oft zu dritt in der Küche und plauderten und lachten über unwichtige Dinge; manchmal kochte Gertrude Schokolade und backte ein Blech mit Keksen, und der Papagei, den ihnen irgend jemand zur Hochzeit geschenkt hatte, krächzte aus dem anderen Zimmer: »Gertrude, was zum Teufel machst du da?«

10

Als er seine Pläne genügend durchdacht hatte, ging Gene in Theodores Büro. Er sah sich um und sagte: »Ein nettes Büro hast du hier, Theo.«

»Freut mich, daß es dir gefällt. Schau doch öfter mal rein, dann siehst du, wie's läuft.«

»Du hängst sehr an deiner Arbeit, stimmt's? Da fällt mir ein, daß das dein erstes eigenes Büro ist. Es würde dir sicher schwerfallen, hier wieder aufzuhören, nicht wahr?«

»Komm schon heraus mit der Sprache«, sagte Theo, »was willst du ...«

Gene unterbrach ihn: »Theo, ich dachte, ob ich dir nicht

die Stelle des Schatzmeisters der Lokheizer verschaffen sollte?«
»Wieso beschaffen? Diesen Posten habe ich doch jetzt seit fünf Jahren, während du im ganzen Land herumgegondelt bist und dir die Gegend angesehen hast.«
»Ich meine es ganz ernst, Theo. Es gibt niemand, der für das Amt besser geeignet wäre als du.«
»Immer von dir abgesehen.«
»Das ist es, was ich dir sagen will: Ich trete zurück.«
Theo sprang auf:
»Du willst zurücktreten?«
»Ich kann für die Heizer nicht mehr viel tun. Das weiß ich schon seit zwei Jahren. Schau her, Theo, ich möchte dir eine Frage stellen. Du hast hier eine gute Stellung bei der Bruderschaft. Du kannst für den Rest deines Lebens dabeibleiben, hast deine Sicherheit und eine Arbeit, die dir Spaß macht.«
»Du stellst mir keine Frage, du hältst mir eine Rede.«
»Also gut dann. Wenn du mit mir kommen willst und ...«
»Natürlich!« unterbrach ihn Theo.
»Jetzt warte doch mal, du Esel, du weißt doch noch gar nicht, wohin ich gehen will.«
»Es ist mir egal, wo du hingehst.«
Gene schlug Theodore auf die Schulter. »Ich muß jetzt zu der Hauptversammlung nach Chikago und werde dir von unserem neuen Vorhaben erzählen, sobald ich zurück bin.«
Theodore rief lachend: »Meinetwegen brauchst du nicht extra zurückzukommen. Ich weiß längst, was du vorhast!«
»Tatsächlich?«
»Glaubst du, du könntest irgend etwas ausbrüten, ohne daß ich davon etwas merke?«

Nach einigem Zögern erwiderte Gene: »Es wird kein Geld für Gehälter da sein.«
»Stimmt!«
»Der ganze Plan kann scheitern, und wir sitzen beide auf der Straße.«
»Stimmt!«
»Du riskierst deine Stellung, deinen Lebensunterhalt und alles, was du dazu zu sagen hast, ist ...«
»Stimmt!«
Gene lachte, nahm eine Zeitung aus dem Fach neben der Tür, warf sie seinem Bruder an den Kopf und ging.
Als Gene in die Achte Straße einbog, entdeckte er Kates Gestalt hinter den Eßzimmervorhängen, wo sie ihre einsamen Stunden herunterhäkelte und auf ihren Mann wartete. Sie kam ihm an der Tür entgegen.
»Die Reise kam mir so lang vor, Eugene. Ich dachte, du kommst überhaupt nicht mehr heim.«
»Mir schien sie auch ewig zu dauern«, erwiderte er müde.
»Ich habe mich noch nie mehr gefreut, endlich wieder daheim zu sein als jetzt.«
»Du mußt hoffentlich nicht gleich wieder verreisen?«
»Nein, ich kann eine Weile zu Hause bleiben und werde mehr Zeit haben als sonst.«
»Du siehst müde aus, Eugene. Komm, ich werde dir gleich einen Kaffee machen.«
Am nächsten Nachmittag jätete er Unkraut in dem kleinen Gartenstück neben der Veranda, auf der Kate saß und häkelte. Nach einer Stunde legte er den Spaten nieder, wischte sich die Hände an seiner alten Khakihose ab und trat zu seiner Frau auf die Veranda.
»Ich habe dir etwas Wichtiges mitzuteilen«, sagte er und stützte sich auf die Seitenlehne ihres Stuhls.
Erschrocken und beunruhigt sah sie ihn an.

»Ich bin aus der Gewerkschaft der Lokomotivheizer ausgetreten.«
Ein freudiges Strahlen erschien auf ihrem Gesicht. Sie legte ihre Arme um seinen Hals.
»Oh, Eugene, du machst mich so glücklich, ich bin so erleichtert. Ich wußte, du würdest diese scheußliche Stellung eines Tages aufgeben!«
»Warte, Kate, du hast noch nicht alles gehört.«
»Ich habe meinen Brüdern die ganze Zeit gesagt, daß die Sache mit den Heizern nur etwas Vorübergehendes ist. Endlich ist es soweit. Jetzt brauche ich nicht mehr dauernd Angst zu haben, daß du in Schwierigkeiten geraten könntest. Weißt du, was du nun machen wirst? Ich habe Geld gespart. Du kannst hier in Terre Haute ein Geschäft eröffnen, eine Drogerie vielleicht oder einen Blumenladen.«
Gene war bestürzt. »Aber nein, Kate, ich suche keine neue Beschäftigung, ich habe schon eine.«
»Du hast eine? Hoffentlich hier in Terre Haute? Wir werden doch nicht umziehen müssen?«
Ihre Stimme bebte vor echtem Entsetzen bei dem Gedanken, ihr Haus aufgeben zu müssen.
»Nein, Kate, wir werden unser Haus nicht verlassen müssen. Ich kann wie bisher von Terre Haute aus arbeiten.«
»Ach, dann willst du wieder herumreisen? Warum kannst du dich nicht wie jeder andere Geschäftsmann hier niederlassen, morgens um acht zur Arbeit gehen und um sechs wiederkommen?«
»Willst du denn nicht wissen, was ich machen werde?«
Ihre Augen flackerten vor Angst. »Doch, sag's mir, Eugene, was hast du für Pläne?«
»Ich bin dabei, eine neue Gewerkschaft zu gründen.«
Sie fiel in ihren Schaukelstuhl zurück und begann zu

schluchzen. »Nein, nur keine neue Gewerkschaft! Wozu soll es gut sein, von einer auf die andere hinüberzuwechseln?«

Er nahm ihre Hände in die seinen und hielt sie fest. »Dies ist eine neue Art von Gewerkschaft, Kate. Etwas, das nie vorher in der Welt versucht worden ist. Es ist eine Vereinigung, die groß, mächtig und wichtig werden wird.«

Die klangvollen Worte rissen sie aus ihrer großen Verzweiflung.

»Wozu soll denn das gut sein? Und was bedeutet das für dich?«

»Sieh dir die Eisenbahn-Industrie an. Es gibt dort an die zwanzig verschiedene Gewerkschaften. Jede einzelne will ihre Interessen durchgesetzt haben. Wenn die Lokomotivführer höhere Löhne verlangen, finden sich immer Heizer, die ihnen den Platz wegnehmen; wollen die Heizer eine Erhöhung ihrer Löhne, warten die Bahnhofsarbeiter nur darauf, für ein bißchen mehr Geld an ihre Stelle zu rücken. Darum wollen wir einen Verband schaffen, dem alle Eisenbahner angehören sollen.«

»Eine Gewerkschaft, die alle Eisenbahnarbeiter umfaßt, das könnten mehrere hunderttausend Mitglieder sein?«

»Wenn unser Plan etwas taugt, dürften wir ein paar Hunderttausend zusammenbekommen.«

»Das wird riesige Einkünfte bringen!«

Sein Mut sank. »Nein, Kate, wir werden niemals reich sein, weil wir keine Pflichtbeiträge verlangen. Ein Eisenbahner kann Mitglied werden, ohne einen Penny zu zahlen. Diese Großzügigkeit gehört zu unserm Plan.«

»Aber das ist ja lächerlich, Eugene. Warum solltet ihr sie ohne Beiträge aufnehmen? Kein Geschäftsmann tut so etwas. Wenn sie den Nutzen davon haben wollen...«

»Für die, die den Beitrag freiwillig entrichten wollen,

wird die Mitgliedschaft einen Dollar im Jahr betragen. Aber es wird kein Druck ausgeübt werden.«

»Und wie wirst du eine Organisation auf die Beine stellen, wenn niemand Beiträge zahlt?«

»Sie werden zahlen«, sagte er hartnäckig. »Die meisten werden sogar zahlen wollen.«

»Wie viele werden das sein?«

»Ungefähr die Hälfte, schätze ich.«

»Dann wirst du ja bald fünfzig- bis hunderttausend Dollar im Jahr einnehmen! Gerade das Fehlen des Zwanges wird auch die andern hereinholen.«

»Ja, das glaube ich.«

»Du kennst dich mit diesen Leuten wirklich gut aus, Eugene. Du hast mich ausgelacht, als ich sagte, du würdest zehntausend, ja zwanzigtausend im Jahr verdienen.«

»Vielleicht«, murmelte er müde, »aber es dürfte lange dauern, von fünfundsiebzig im Monat auf zehntausend im Jahr zu kommen.«

»Fünfundsiebzig Dollar im Monat? Wovon sprichst du überhaupt?«

»Von mir. Von mir, Howard und Keliher. Das ist das Gehalt, das wir drei uns im ersten Jahr zahlen wollen, bis die Kasse eine solide Reserve hat.«

»Du meinst, du hast viertausend Dollar freiwillig aufgegeben, um dich mit weniger als tausend abspeisen zu lassen?«

Er zog einen Stuhl heran und stellte ihn trotz ihrer automatischen Abwehrgeste dicht vor sie hin.

»Hör mal zu, Kate«, sagte er, »dies ist die wichtigste Aufgabe, die ich je gehabt habe. Sie gibt mir neue Hoffnung, weil ich einen Weg sehe, Tausenden von Menschen Sicherheit zu bringen, die sie nie gekannt haben. Stell dir vor, was es bedeutet. Kate, du hast mir nicht zugehört!«

»Aber wie soll ich denn mit fünfundsiebzig Dollar im Monat unsere Ersparnisse weiter vermehren!«

»Gar nicht! Du wirst das Geld hergeben müssen, das wir gespart haben, um dieses neue Wagnis zu finanzieren.«

»Niemals!« rief Kate aufgebracht. »Keinen Dollar gebe ich davon her! Ersparnisse sind dazu da, Geld zu verdienen. Meinst du, ich werde auch nur eine von meinen Aktien verkaufen, solange einige von ihnen zwölf Prozent Zinsen bringen?«

Er lachte.

»Deine zwölf Prozent Zinsen, Kate, werden uns beim Aufbau unserer Organisation viel helfen. Du wirst verpflichtet sein, sechs Prozent an die Männer und Frauen abzugeben, deren Arbeit deinen Wohlstand geschaffen hat. Die anderen sechs Prozent kannst du meinetwegen zu deinen Ersparnissen dazugeben.«

Sie konnte ihre Tränen nicht zurückhalten, sie hielt nicht einmal die Hände vors Gesicht, um sie zu verbergen. Er zog ihren Kopf an seine Schulter, und seine Hand strich tröstend über ihr Haar.

11

Die folgenden Monate verbrachte Gene in ungetrübter Hochstimmung. Siebenhundert Eisenbahner besuchten seine Eröffnungsversammlung in Hirzels Saal in Terre Haute, von denen zweihundert der neuen Organisation beitraten, noch bevor die Veranstaltung zu Ende war. Danach war er viel auf Reisen, sprach dutzendemal am

Tag vor kleineren Gruppen, mit einzelnen Arbeitern und vor großen Versammlungen.
Im Depressionsjahr 1893, als die Arbeitslosigkeit anstieg und das Geld knapp wurde, übernahm er ganze Ortsgruppen mit ihrer vollen Mitgliederzahl, ohne einen Dollar an Beiträgen zu erhalten.
Im April hatten er, Howard und Keliher hundertachtzig Ortsgruppen in fünfundzwanzig Staaten organisiert. Zunächst beschränkten sie ihre Arbeit auf den mittleren Westen.
Das änderte sich, als Martin Elliot, ein vierschrötiger rothaariger Bursche aus den Kupferbergwerken von Butte, und der humorvolle Him Hogan aus Montana zu ihnen stießen, die die Idee von der neuen Gewerkschaft vor allem in den Weststaaten propagierten. Durch William E. Burns, der ein schlagfertiger Redner war, und den belesenen Roy Goodwin wurde die Gruppe vervollständigt. Die Zusammenarbeit von Gene, Theodore und Lou Rogers, dem Herausgeber der »Railway Times«, klappte ausgezeichnet.
Die Bruderschaften konnten nicht offen gegen Gene Debs opponieren. Er hatte zu viel für sie getan. Er war auch der Pate der Bremsergewerkschaft, und deren Mitglieder strömten ihm jetzt zu Hunderten zu. Ebenso kamen viele seiner Freunde von den Heizern.
Es gab nur wenige Eisenbahner im ganzen Land, die noch nie den Namen Gene Debs gehört hatten. Achtzehn Jahre seines Lebens hatte er den Eisenbahnern gewidmet. Überall in Amerika, wo Züge über Schienen rollten, kannte man die Geschichten von seiner Selbstlosigkeit und seiner Hilfsbereitschaft. Er war wohl der einzige Mann in Amerika, der das nötige Vertrauen genoß, das man brauchte, um eine große Gewerkschaft aufzubauen.

So wuchs die amerikanische Eisenbahnergewerkschaft sprunghaft von zweitausend Mitgliedern auf zehn-, zwanzig-, dreißigtausend und mehr, die Idee von der Macht der Solidarität verbreitete sich mit der Geschwindigkeit eines Präriebrandes durch die Reihen der Arbeiter. Theodore leitete das Büro, Gene reiste weiterhin als Aufklärer und Organisator umher. Während seiner Aufenthalte in Terre Haute saß er mit Theodore über Tabellen und Statistiken und prüfte aufmerksam das Material, um sich über die Gründe Klarheit zu verschaffen, warum diese oder jene Gruppe nicht beigetreten war.

»Wir kommen gut vorwärts, Theo, es kommen mehr Leute zu uns, als ich zu hoffen wagte. Wenn wir nur genügend Zeit haben, bevor etwas geschieht ...«

Aber sie hatten nicht genug Zeit.

Die Great Northern Eisenbahn, die James G. Hills gehörte, setzte den Tageslohn der Bahnwärter von eineinviertel Dollar auf einen Dollar herab, und die Arbeiter traten in den Streik. Da sie keiner anderen Organisation mehr angehörten als der Amerikanischen Eisenbahngewerkschaft, gingen sie zu George Howard, der sich in St. Paul aufhielt und forderten ihn auf, der Great Northern den Streik anzukündigen. Howard gab den Streikbefehl und telegraphierte um Hilfe.

Gene und Theodore erreichten Minneapolis bei wolkenbruchartigem Regen. Sie wechselten ihre nasse Kleidung und warteten im Hotelzimmer. George Howard kam mit finsterem Gesicht.

»Wie sieht's aus?« fragte Gene.

»Alles ist ein großes Durcheinander«, erwiderte Howard.

»Haben Sie versucht, mit Hill zu verhandeln?«

»Er hat mich ausgelacht.«

Gene zog einen Stuhl ans Fenster und starrte grübelnd in

den Regen hinaus. Seine junge Gewerkschaft stand noch auf zu schwachen Beinen, um einer großen Kraftprobe standzuhalten. Er hatte Streiks immer für ein schlechtes Mittel gehalten, die Ziele der Arbeiterbewegung durchzusetzen. Sobald sich die Arbeiter zu Streiks hinreißen ließen, wurde eine Bruderschaft nach der anderen zur Strecke gebracht. Er wandte sich Theodore und Howard wieder zu, die halblaut miteinander gesprochen hatten. »Ich will versuchen, bei Hill zu vermitteln.«

Wortlos und geräuschlos wurde Gene in Hills Allerheiligstes geführt, der ihn mit einem prüfenden Blick empfing, in dem Gene die Aufforderung las, sein Anliegen ohne Zögern vorzubringen. Hill hatte einen mächtigen Schädel mit breiter Stirn und buschigen Augenbrauen, eine große Hakennase; ein breiter Mund und ein festes Kinn ließen auf einen willensstarken Charakter schließen.

Gene war froh, daß sein Gegner nicht gereizt oder kampfeslustig war. Wie Hill dort schweigend saß, strahlte er eine ungemeine Energie aus. Erst nachdem sie sich eine Weile angesehen hatten, bemerkte Gene, daß ein Auge seines Gegenübers aus Glas war.

»Ich besitze eine ziemlich gute Menschenkenntnis, Mr. Debs«, sagte Hill mit einer tiefen Stimme. »Sie sind kein gewöhnlicher Agitator. Erzählen Sie mir, wie Ihre Karriere verlaufen ist.«

Gene schilderte die Jahre seiner Kindheit, wie er dann vier Jahre als Heizer gearbeitet hatte und wie durch Joshua Leachs Eintritt in sein Leben die Gewerkschaftsbewegung zu seinem Lebensinhalt geworden war.

»Mr. Hill, ich meine, Sie schulden mir jetzt ebenfalls eine kurze Zusammenfassung der Umstände, die Sie ins andere Lager geführt haben.«

»Das ist nur recht und billig«, murmelte Hill, und drehte seinen Drehstuhl so weit herum, daß Gene sein totes Auge nicht sehen konnte.
»Mein Anfang ist fast derselbe wie Ihrer, Mr. Debs. Mein Vater starb, als ich vierzehn war. Ich arbeitete vier Jahre als Gehilfe in einem ländlichen Kaufhaus in Rockwood. Ich hatte viele Bücher über den fernen Osten gelesen, und eines Tages schlug ich mich zur Pazifik-Küste durch, um ein Schiff zu finden. Ich segelte nach St. Paul, wo ich ein paar Tage zu spät ankam, um an einer Trapperexpedition teilzunehmen. Danach arbeitete ich bei einer Gesellschaft, die Dampfer auf dem Mississippi laufen hatte. Ich war anfangs nur ein kleiner Angestellter, aber ich verbrachte meine ganze Zeit damit, Frachten für unsere Schiffe zu besorgen und neue Brennstoffquellen für den Betrieb der Dampfer. 1875, in dem Jahr, in dem Sie Ihre Ortsloge gründeten, gründete ich die North-Western-Fuel Company. Ich hatte nun selbst eigene Dampfschiffe und begann, bankrotte Eisenbahnen zu übernehmen. Meine Freunde sagten, ich sei wahnsinnig, aber ich trieb eine neue Bahnlinie bis an die kanadische Grenze vor und baute mein Schienennetz systematisch nach Westen aus, bis ich im vorigen Jahr die Pazifik-Küste erreichte. Sie sehen also, Mr. Debs, bis zur Stunde sind sich unsere Lebensläufe sehr ähnlich. Ich habe Eisenbahnen gebaut und Sie Gewerkschaften.«
Zum ersten Mal war ein strenger, fast drohender Ton in seiner Stimme: »Wir müssen nun die Frage entscheiden, was wichtiger ist: Die Eisenbahn oder die Leute, die dafür arbeiten.«
Gene antwortete ruhig: »Sie sind beide gleich wichtig!«
Dann fuhr er fort: »Ich habe Streiks immer bekämpft. Ich habe seit achtzehn Jahren für friedliches Verhandeln plä-

diert. Arbeitsniederlegung ist die allerletzte Konsequenz, die ich ziehen möchte. Wir sollten versuchen, unsere Differenzen friedlich auszugleichen.«

»Werter Herr, wir haben gar keine Differenzen auszugleichen. Es ist mein Job, so viel Geld für die Aktionäre aus der Eisenbahn herauszuholen, wie ich kann. Es ist Ihr Job, so viel Geld wie möglich für Ihre Gewerkschaftsmitglieder herauszuschlagen.«

»Wir haben unseren Leuten gesagt, daß die Direktion über einen Kompromiß verhandeln wird. Wenn Sie uns Lügen strafen, Mr. Hill ...«

»Werden Sie streiken! Wie wollen Sie es schaffen, die Leute von der Arbeit wegzubekommen?«

»Durch Worte wie Einigkeit, Solidarität ...«

»Worte!« Hill lachte laut und dröhnend.

Gene wandte sich entsetzt ab.

12

Die ganze Nacht saß Gene auf einem Stuhl am Fenster seines Hotelzimmers und starrte in die Nacht. Theodore wälzte sich unruhig hinter ihm und forderte ihn ab und zu auf, endlich ins Bett zu gehen. Doch Gene rang um die schwerste Entscheidung seines Lebens. Wie konnte er den Männern befehlen zu streiken, wo er stets der heftigste Gegner von Streiks gewesen war? Wenn Streiks die Gewerkschaften sprengten, war es dann nicht Selbstmord, die amerikanische Eisenbahnergewerkschaft zur Arbeitsniederlegung aufzufordern?

Daniel hatte ihn vor langer Zeit gewarnt: »Gewerkschaftlicher Zusammenschluß bedeutet Streik, und Streik bedeutet Gewalt.«
Schriftlich und mündlich hatte Gene immer wieder jede Art von Gewalt als den schlimmsten Feind des Arbeiters angeprangert. Wie konnte er jetzt seine tiefsten Überzeugungen ablegen wie ein Paar alter Schuhe? Er hatte zu James Hill von zwei Möglichkeiten gesprochen: Verhandeln oder Streik! Wenn Hill nicht verhandlungsbereit war, mußte Gene die Wahl treffen: Entweder weigerte er sich, seinen streikenden Bahnwärtern beizustehen, oder er rief den allgemeinen Streik aus!
Als er schließlich erschöpft und fröstelnd neben Theodore ins Bett kroch, hatte er seine Entscheidung getroffen. Es war ihm leichter gefallen, seine Überzeugungen aufzugeben, als seine Leute im Stich zu lassen. Er würde den Streik ausrufen.

Als sie an jenem Abend in den Saal kamen, war er bis auf den letzten Platz besetzt. Es war Theodore und Howard anscheinend gelungen, auch den letzten Eisenbahnarbeiter für diese Veranstaltung zu interessieren. Die Bruderschaften waren vollzählig erschienen. Gene stieg die kleine Seitentreppe hinauf, ging an dem Präsidentenstuhl vorbei und trat an den Rand der Bühne. Alle Augen waren auf ihn gerichtet und brachten ihm lebhaft zum Bewußtsein, wie schwer seine Aufgabe sein würde.
Gene holte tief Luft und begann seine Rede. Er gab einen Rückblick auf die Geschichte der verschiedenen Bruderschaften und zeigte, was sie in den wenigen Jahren seit ihrer Gründung schon alles erreicht hatten. Er beschrieb die langsam ansteigende Erfolgskurve der Entwicklung, die mit der Organisation der Lokomotivführer begonnen

und mit der der Streckenarbeiter zum Abschluß gekommen war. Er bewies, daß durch Solidarität der verschiedenen Bruderschaften die gemeinsamen Ziele erreicht worden waren und daß dort, wo keine Einigkeit herrschte, immer Niederlagen zu verzeichnen waren. Er sprach von James Hill und erwähnte die Höhe der Dividenden, die an die Aktionäre gezahlt wurden. Dann berichtete er über Hills kategorische Ablehnung, in Schlichtungsverhandlungen einzutreten.

Es war eine anschauliche Darstellung der Situation. Nichts Wichtiges wurde ausgelassen, er erlaubte sich keine Abschweifungen. Doch sein ruhiger Tatsachenbericht hatte keine Überzeugungskraft. Das fiel ihm mitten in einem Satz auf, so daß er kurz abbrach, einen Augenblick auf die dicht geschlossene Masse menschlicher Gesichter starrte und dann langsam zu dem einsamen Präsidentenstuhl ging. Gene setzte sich, stützte seine knochigen Ellbogen auf die Knie und begrub sein langes, mageres Gesich in den Händen.

Mein Gott, dachte er, ich habe versagt. Es stimmt etwas nicht. Sie glauben mir nicht, sie sind nicht bei der Sache. Ich muß etwas falsch machen. Ich kenne diese Leute zu gut. Ich weiß, daß sie einem Hilferuf zugänglich sind. Warum hören sie also nicht auf mich? Ich darf nicht versagen. Wenn sie die Bahnwärter heute in ihrem Elend alleinlassen, wird nie wieder eine Gruppe der anderen helfen. In der Arbeiterbewegung wird es den gleichen Kampf bis aufs Messer geben wie in der Welt des Kapitals, wo der Starke den Schwachen rücksichtslos verschlingt.

Er hob das Gesicht und öffnete die Augen. Zum ersten Mal hörte er das Wispern im Saal. Eine Veränderung war vorgegangen.

Gene stand auf und begann langsam zu sprechen:
»... Handlanger hat man euch noch vor gar nicht allzu langer Zeit genannt, Handlanger, weil man euch für eine seelenlose, stumpfe Masse hielt. Man hat euch verachtet, weil ihr keine Macht hattet. Heute seid ihr mehr als Handlanger – heute seid ihr Gehirne und Seelen – heute seid ihr Menschen. Und es ist eine Frage der Menschlichkeit, eure Brüder, die heute in der gleichen Lage sind wie ihr noch vor wenigen Jahren, nicht im Stich zu lassen.«
Seine Worte kamen wie von selbst, er hatte seine ursprüngliche Rede vergessen.
»... Ich kenne euch Männer gut. Ich habe mit euch gehungert, ich bin in euren zugigen Wagen durch endlose Winternächte gerollt, ich bin mit euch über verschneite Güterbahnhöfe gestapft, wenn es keine Arbeit gab, wenn eure Kinder hungerten, wenn ihr der Gnade der Mächtigen ausgeliefert wart, mit denen ihr nicht streiten konntet. Die Bahnwärter der Great Northern sind heute nacht in der gleichen Lage. Ihre Augen sind auf euch Männer hier im Saal gerichtet, und sie beten, daß in euren Herzen Verständnis statt Gleichgültigkeit sein möge, daß ihr jene Brüderlichkeit zeigt, die allein uns zu Menschen macht.«
Er brach ab. Seine Augen waren getrübt, er konnte die Gesichter vor sich nicht erkennen. Ein langes Schweigen folgte. Niemand bewegte sich. Dann erhob sich ein Mann in der ersten Reihe, dann ein weiterer auf der anderen Seite des Saales, dann auf allen Seiten und gruppenweise. Sie brüllten, jubelten und schrien.
»Alle Menschen sind Brüder«, dachte Gene.

Achtzehn Tage lang stand die Great Northern still. In seinem Hotelzimmer in St. Paul unterhielt Gene ein Streikbüro der amerikanischen Eisenbahnergewerkschaft. Ein

paar Häuserblocks weiter arbeitete Mr. Hill in seiner Direktion, um den Bahnbetrieb wieder in Gang zu bringen. Er bot den Bruderschaften Vergünstigungen an, um sie zur Arbeit zurückzubringen, machte Versprechungen, bot höhere Löhne und bessere Arbeitsverträge. Kein Mann kehrte an die Arbeit zurück. Mr. Hill wollte sich Truppen verschaffen, doch niemand wollte ihm Truppen geben. Dann bemühte er sich um eine richterliche Entscheidung, die den Streik als einen verbrecherischen Akt brandmarken sollte. Doch es gab niemand, der eine solche Verfügung durchsetzen konnte. Die Handelskammer von Minneapolis, deren Mitglieder schwere Verluste erlitten, bat Gene, in einer Vollversammlung ihrer Mitglieder seinen Standpunkt darzulegen. Gene erzählte den Herren von der Handelskammer nichts von Brüderlichkeit, er erklärte bloß, daß die Arbeiter nicht genügend kaufen könnten, wenn der Arbeitslohn unter dem Existenzminimum blieb.
Die Kammer dankte ihm für seine Information. Charles Pillsbury, ein millionenschwerer Mühlenbesitzer, bildete ein Komitee und suchte Mr. Hill auf. Am späten Nachmittag erhielt Gene einen Bescheid, der ihn in Hills Büro rief. Hill war allein, als Gene eintrat. Die beiden Männer begrüßten sich nicht. Gene fiel in den gleichen Sessel, in dem er bei seinem ersten Besuch gesessen hatte, und wartete, daß Hill sprechen würde.
»Ich habe beschlossen, Mr. Debs, Ihrer Bitte um Schlichtungsverhandlungen stattzugeben.«
»Damit kommen Sie genau achtzehn Tage zu spät, Mr. Hill. Das erste Mal, als ich hier war, bemühte ich mich um einen Kompromiß. Wären Sie uns halbwegs entgegengekommen, hätten wir uns sicher geeinigt. Ich hatte Sie gebeten, die Leute nicht zum Streik zu treiben. Aber Sie ha-

ben uns den Ausstand aufgezwungen.« Er nahm einen Briefbogen aus seiner Brusttasche, entfaltete ihn und legte ihn auf Hills Schreibtisch. »Dies sind die Bedingungen, unter denen wir die Arbeit wieder aufnehmen.«
»Vor drei Wochen bettelten Sie um Schlichtungsverhandlungen, jetzt, da ich so nobel bin...«
Gene unterbrach ihn: »Wenn Mr. Charles Pillsbury und sein Komitee beiden Parteien Gehör schenken, wollen wir ihren Schiedsspruch annehmen.«

Am gleichen Abend trafen Gene, Theodore und Howard in Hills Büro mit Mr. Pillsbury und dem Komitee der Geschäftsleute zusammen. Mr. Hill saß in einer Phalanx von sechs Mitgliedern seines Aufsichtsrates. Es dauerte sieben Stunden, bis alle Parteien ihren Standpunkt klargemacht hatten. Das Komitee zog sich in einen benachbarten Raum zur Beratung zurück, kam aber nach erstaunlich kurzer Zeit mit der Entscheidung zurück: Es hatte den Bahnwärtern siebenundneunzig Prozent ihrer Forderungen zugebilligt!
Hill war kein Spielverderber. Als das Zimmer sich leerte, schüttelte er Gene die Hand. »Sie haben eine Aufbesserung für alle Leute auf der Great Northern erreicht«, sagte er, »und wo bleibt meine Aufbesserung?«
»Am besten, Sie schließen sich der Allgemeinen Eisenbahnergewerkschaft an. Wir werden demnächst die Bruderschaft der Eisenbahnpräsidenten angliedern.«
Hill lachte. »Erlauben Sie eine persönliche Frage, Mr. Debs: Wieviel fällt bei diesem Sieg für Sie persönlich ab?«
»Ein Vermögen, Mr. Hill: hundertfünfzigtausend Dollar pro Monat für die Männer.«

Gene und Theo gingen zum Bahnhof und warfen sich auf die Schlafbank in einem Postwagen. Sie spürten, wie der Zug anfuhr, aber sie schienen kaum von der Stelle zu kommen.
»Warum fahren wir so langsam, Theo?«
»Ich will mal nachsehen.«
Theo ging auf die Plattform, gleich darauf steckte er den Kopf wieder in das Innere des Wagens und rief: »Komm heraus, Gene! Schnell!«
Er stand müde auf und trat auf die Plattform. Zu beiden Seiten der Gleise bildeten die Männer aus Minneapolis und St. Paul, die meisten in ihrer Arbeitskleidung, ein Spalier. Die Schlosser aus den Lokomotivschuppen, die Bremser und Schaffner, die Inspektoren und Verwaltungsbeamten, die Bahnwärter und Streckenarbeiter. Der Lokomotivführer hatte die Weisung erhalten, langsam aus dem Bahnhof auszufahren. Es ertönte kein Gebrüll, kein Hurrageschrei. Aber als der Zug schwerfällig an ihnen vorbeistampfte, nahmen sie die Hüte ab und sahen zu den beiden Männern hin, die auf der Plattform standen. Als das Ende der barhäuptigen Männerschar erreicht war, wurde Gene bewußt, daß er Tränen in den Augen hatte.

Als sie in Terre Haute einfuhren, erwartete sie eine riesige Menschenmenge auf dem Bahnhof.
»Da ist Gene Debs!« rief eine gellende Stimme aus der Menge. Dann erhob sich ein brausendes Rufen. Mehrere Heizer nahmen Gene und Theodore auf ihre Schultern und schleppten sie auf den Bahnhofsplatz, wo eine Musikkapelle und ein geschmückter Wagen bereitstanden. An dem Wagen hing ein Transparent mit den Worten: »Willkommen zu Hause, Gene Debs!« Die Kapelle be-

gann zu spielen, und der kleine Festzug bewegte sich durch die Straßen von Terre Haute. Vor seinem Haus stieg Gene die Eingangstreppe hinauf, dankte seinen Anhängern für ihre Freundlichkeit und drückte auf die Türklinke. Das Haus war verschlossen. Er wollte mit seinem Schlüssel aufschließen, doch die Tür war von innen verriegelt. Er klopfte mit der Faust gegen die Tür und rief: »Kate, ich bin's, Eugene. Mach auf!«
Er hörte kein Geräusch aus dem Innern des Hauses. Er ging zum Hintereingang, schloß die Küchentür auf und trat ins Haus. Er fand Kate in ihrem Schlafzimmer. Sie saß vor dem Toilettentisch, den Kopf zwischen den Armen begraben. »Kate, was ist los, was ist passiert?«
»Oh, dieser Pöbel, Eugene. Ich hörte sie die Straße heraufkommen und dachte, sie wollten dich holen.«
Er war verblüfft, dann brach er in Lachen aus.
»Um Himmels willen, Kate, das war mein Begrüßungskomitee. Sie haben mich mit Musik am Bahnhof empfangen.«
»Ach, Eugene, es steht so viel Schlimmes über dich in den Zeitungen. Du wärst besser dran, wenn du den Streik verloren hättest. Sie haben dich schon immer gehaßt, aber jetzt, wo du James Hill geschlagen hast ... Du hättest die Schimpfnamen lesen sollen, die sie für dich gefunden haben!«
Er setzte sich neben sie und zog sie an sich. Gelassen und geduldig erzählte er ihr, wie der Streik verlaufen war, daß es keine Gewalttaten und Beleidigungen gegeben habe und daß alles Gegenteilige Zeitungslügen waren.
»Wir haben praktisch alles erreicht, was wir verlangten. Wir haben gesiegt.«
»Ja, diesmal habt ihr gesiegt. Aber die anderen haben die Macht und das Geld, und sie werden sich für diese Nie-

derlage rächen. Warte nur, du wirst schon sehen, daß ich recht habe!«
Er mußte nicht lange warten.

13

Gene lag in seinem Arbeitszimmer auf dem Sofa, als er einen heftigen Wortwechsel an der Haustür hörte. Er lief die Wendeltreppe hinunter und traf Kate, die auf dem Rückweg zur Küche war.
»Was waren das für Stimmen, Kate? Wer war hier?«
Über die Schulter sagte sie: »Ach, nur ein paar fremde Herren, die dich stören wollten. Ich sagte ihnen, daß du schläfst.«
Er lief vor die Haustüre. Drei Männer entfernten sich mit schnellen Schritten. »Hallo«, rief er laut, »warum laufen Sie davon?«
Als die Männer sich umdrehten, sah er, daß es drei Gewerkschaftler der Pullmanwerke waren. Sie kamen zurück.
»Ihre Frau sagte uns, Sie hätten sich schlafengelegt. Sie wollte uns nicht einlassen.«
»Ich hatte mich nur ein bißchen hingelegt. Meine Frau ist immer besorgt um mich.«
Die Männer lachten. Sie gingen in seine Bibliothek.
»Also Leute, was habt ihr auf dem Herzen?«
Sie hatten eine ganze Menge auf dem Herzen. Aus irgendwelchen kaufmännischen Gründen hatte George Pullman einen Reparaturauftrag übernommen, dessen

Ausführung der Gesellschaft einen Verlust von fünfzigtausend Dollar brachte. Obwohl die Pullmanwerke im vergangenen Jahr fünfeinhalb Millionen Dollar Reingewinn erzielt hatten, war Pullman entschlossen, die fünfzigtausend Dollar bis zum letzten Penny auf seine Arbeiter abzuwälzen. Er hatte die Löhne so weit herabgesetzt, daß ihr Wochenlohn eben ausreichte, die Miete für ihre Werkswohnungen zu zahlen.

George Pullman war ein technisches Genie seines Zeitalters. Warum aber, fragte sich Gene, hatte er nur Verständnis für die Bedürfnisse der Menschen, die in seinen Schlafwagen fuhren und nicht für die Menschen, die diese Schlafwagen bauten?

»Unsere Leute haben die Absicht, in den Streik zu treten, Mr. Debs«, sagte der Energischste der drei Besucher. »Wir wollen die amerikanische Eisenbahnergewerkschaft bitten, uns zu unterstützen und die Beförderung der Pullmanwagen zu verweigern.«

»Einen Augenblick, meine Herren. Die Arbeiter der Pullmanwerke sind keine Eisenbahner. Was Sie da von uns verlangen, ist ein Sympathiestreik. Das hat es in diesem Land noch nie gegeben.«

»Nein, und es hat bisher auch keine Industriegewerkschaften gegeben, aber das hat Sie nicht gehindert, die amerikanische Eisenbahngewerkschaft zu gründen.«

»Wir haben hundertvierzigtausend Mitglieder im ganzen Land«, erwiderte Gene, »doch hunderttausend davon haben noch keinen Penny an Beiträgen bezahlt. Wir wissen nicht, ob wir mit solch einer Anhängerschaft eine so schwierige Sache wie einen Sympathiestreik wagen können.«

Einer der Besucher stand auf. »Mit andern Worten, Debs, Sie wollen ideale Bedingungen, bevor Sie uns hel-

fen. Aber wir müssen einfach streiken, weil uns das Messer an der Kehle sitzt!«
»Setzen Sie sich und hören Sie mir zu«, antwortete Gene. »Wir werden euch jede nur denkbare Hilfe zukommen lassen, aber zunächst muß ich Ihr Wort haben, daß Sie nach Chikago zurückfahren und Ihr Äußerstes tun, durch Verhandlungen zum Ziel zu kommen.«
Der zweite Besucher erhob sich und sagte ruhig: »Wir werden alles versuchen, das versprechen wir hiermit. Aber wir haben noch eine Bitte: Kommen Sie mit uns nach Chikago, und sehen sich die Arbeiterstadt Pullmans einmal an.«
Zehn Tage später fuhr Gene nach Chikago. Er traf sich im Büro der Eisenbahnergewerkschaft mit den drei Funktionären der Pullmanwerke.
Sie begrüßten ihn in düsterer Stimmung.
»Mr. Pullman sagt, es gibt nichts zu verhandeln. Er hat das Recht, unsere Löhne herabzusetzen, weil er Verluste hatte, behauptet er«, begann der erste.
Der zweite Delegierte ergänzte: »Ed sagte zu Pullman, er solle wenigstens die Mieten unserer Häuser herabsetzen, wenn er die Löhne nicht erhöhen könne. Und Pullman erwiderte, daß dies unmöglich sei, da sich das in die Häuser investierte Kapital bezahlt machen müsse. Am nächsten Tag waren wir alle drei entlassen.«
Der Dritte sagte: »Wir haben unser Versprechen erfüllt, Debs, kommen Sie jetzt mit uns zur Pullmanstadt hinaus.«
Während sie mit der Bahn in südlicher Richtung fuhren, gab einer der Funktionäre Gene eine Broschüre mit dem Titel: Die Geschichte Pullmans. »Hier, lesen Sie diese Seiten, Mr. Debs.«
Gene las: »Man stelle sich eine vollkommen eingerichtete

Stadt mit zwölftausend Einwohnern vor, die zu einem schönen harmonischen Ganzen ausgebaut ist, eine Stadt, wo alles Häßliche ausgemerzt ist, in der aber für alles, was die Selbstachtung, Sauberkeit und Moral ihrer Bewohner fördert, aufs beste gesorgt wurde.«
Die vier Männer verließen den Zug und gelangten ins Zentrum der Stadt, die George Pullman auf achthundert Morgen brachliegendem Prärieland geschaffen hatte. Die Hauptstraße zeigte rote Ziegelhäuser mit kleinen Grasflächen und in der Mitte einen Streifen mit bunten Blumenbeeten. Aber als sie ein paar Meter von der Hauptstraße weg waren, kamen sie in eine andere Welt. Hier gab es nur ungestrichene Holzhäuser von billigster Bauart, die Zimmer waren klein, dunkel und stickig. Jedes Haus hatte außen an der Grundmauer einen Wasserhahn.
»Man kann erst Arbeit in den Pullmanwerken kriegen«, sagte einer von Genes Begleitern, »wenn man eins dieser Häuser gemietet hat. Sind Reparaturen nötig, bevor man einzieht, schießt die Pullmangesellschaft das Geld vor, und wir müssen es mit unserm Lohn abzahlen.«
Ed und Charlie nahmen ihn in die Mitte und führten ihn in den rückwärtigen Teil der Stadt. Hier sah er öde, schmutzige Straßen, wo in Baracken vier oder fünf Familien untergebracht waren, die alle eine Toilette benutzten. Hinter diesen Häusern lagen Elendshütten aus Brettern, deren Errichtung nur hundert Dollar gekostet hatte. Den Familien, die dort wohnten, wurden acht Dollar im Monat von ihrem Lohn abgezogen, so daß die Pullmangesellschaft ihre Kapitalanlage fast mit hundert Prozent verzinst bekam. Diese Hüttenbewohner wurden durch ständige Beobachtung und Bespitzelung so in Schrecken gehalten, daß sie nicht einmal ihren Nachbarn oder Freunden trauten.

Gene stand auf dem großen Podium des Uhlig-Saals vor vierhundert Delegierten der amerikanischen Eisenbahngewerkschaft. Der Pullmanstreik dauerte jetzt schon mehrere Wochen. Hilfsgelder für die Streikenden strömten nicht nur von den sympathisierenden Gewerkschaften, sondern auch von verschiedenen Klubs und Privatpersonen. Wenn die amerikanische Eisenbahnergewerkschaft für die Arbeiter der Pullmanwerke in Sympathiestreik treten wollte, dann war jetzt genau der richtige Zeitpunkt, die Entscheidung darüber zu treffen. Doch Gene wollte keinen Streik.

In einem so klaren Fall wie den Lohnkürzungen bei der Great Northern durch James Hill konnte man leicht zum Streik aufrufen. Weigerten sich aber die Eisenbahner, die Pullmanwagen zu befördern, dann bedeutete das die Stilllegung des gesamten Bahnverkehrs, einen direkten Angriff also auf den Verband der Generaldirektoren und deren Milliarden.

Die amerikanische Eisenbahngewerkschaft war ein gesundes Kind, das aber sehr sorgfältig gepflegt werden mußte, um zu einem kräftigen Mann heranwachsen zu können. All das legte er den Funktionären dar, die ihm respektvoll, teils zustimmend, teils ablehnend, zuhörten.

Die Streikenden hatten für den Geistlichen William Carwadine, der viele Jahre Pastor in der Pullmanstadt gewesen war, um Redeerlaubnis auf der Versammlung gebeten.

Der Geistliche hielt eine scharfe und temperamentvolle Rede, in der er das Elend und die Mißstände in der Pullmanstadt und die Situation der Arbeiter schilderte. Gene war erleichtert zu sehen, daß Hochwürden Carawadines Brandrede gegen die Ungerechtigkeit und die asoziale Haltung des Managements, so eindrucksvoll sie auch war, doch nicht genügt hatte, die Delegierten zu erhitzen. Dann bemerkte er eine Bewegung im Hintergrund des Saales. Einige Männer kamen mit einer Frau in ihrer Mitte den Gang herauf.

Einer von ihnen verkündete mit lauter Stimme: »Das hier ist Jennie Curtiss, sie hat fünf Jahre in Pullmans Nähstuben gearbeitet. Wir bitten darum, daß sie gehört wird.«

Der Mann half der jungen Frau auf die Bühne. Sie war schmächtig, hatte eine bleiche Haut und blutlose Lippen.

»Mein Name ist Jennie Curtiss«, begann sie mit leiser Stimme. »Mein Vater hat zehn Jahre bei Pullman gearbeitet. Er war drei Monate krank, und als er starb, hatten wir sechzig Dollar Schulden bei der Pullmangesellschaft. Ich arbeite seit fünf Jahren in der Nähstube der Reparaturwerkstatt. Die Gesellschaft hat mir gesagt, daß ich die Miete für meinen Vater bezahlen muß, ich kriege aber nur neun Dollar für zwei Wochen Arbeit. Sie haben mir meinen Lohn nicht ausbezahlt. Als ich alles gezahlt hatte, was ich an Kostgeld schuldete, behielt die Firma den Rest meines Lohns für die Miete ein.«

Jennie Curtiss hatte aufgehört zu sprechen. Niemand bewegte sich. Gene fühlte, daß dies der kritische Augenblick war: Wenn Jennie auf der Bühne blieb, konnte jeden Moment ein spontaner Gefühlsausbruch erfolgen. Führte er sie jetzt vom Podium, konnte er die Gemüter bestimmt noch im Zaum halten.

Jennie Curtiss stand immer noch auf dem gleichen Fleck, mit nach innen gewandten Fußspitzen, den Rücken gebeugt vom jahrelangen Sitzen an der Nähmaschine, die Finger vor dem Bauch verkrampft. Man konnte ihr ansehen, daß sie noch etwas zu sagen hatte.

Gene brachte es nicht fertig, sie daran zu hindern.

»Wir Arbeiter bei Pullman streiken um unser Leben. Wir brauchen eure Hilfe. Wir bitten nicht um euer Geld und nicht um euer Mitleid, aber es kann sein, daß ihr eure Arbeitsplätze aufs Spiel setzt, wenn ihr uns unterstützt. Wir kämpfen nicht nur für uns, wir kämpfen für die Freiheit der Arbeiter im ganzen Land. Wir bitten euch, helft uns! Um Himmels willen, helft uns!«

Im ganzen Saal sprangen die Männer auf ihre Füße, Anträge und Resolutionen wurden diskutiert, doch die Mehrheit schrie im Chor: »Wir wollen keine Pullmanwagen mehr fahren! Wir müssen zu den Pullmanarbeitern halten!«

Gene sah sich ihre Gesichter an. Er hatte keine Möglichkeit, sie aufzuhalten. Ihre Statuten gaben ihnen das Recht, einen Streik zu beschließen. Er wußte, wie bitter und hart der Kampf sein würde. Doch wenn die Delegierten den Streik beschlossen, mußte er sie führen, denn wozu hatten sie sonst einen Führer?

Er hatte Brüderlichkeit gepredigt, und seine Worte hatten Früchte getragen. Es gab keine Möglichkeit, die Flammen der Brüderlichkeit an- und abzuschalten wie die Flammen einer Gaslampe.

14

Alle Befürchtungen, die er wegen der Solidarität seiner Leute hatte, wurden sehr bald zerstreut. Am Ende der Woche befanden sich rund hundertfünfundzwanzigtausend Mann im Ausstand. Hunderte von Ortsgewerk-

schaften in ganz Amerika schickten Telegramme, Briefe, Geld und boten Unterstützung an im Kampf gegen George Pullman.
Gene und Theodore arbeiteten zwanzig Stunden am Tag im Büro, in ständiger Verbindung mit allen größeren Bahnhöfen längs der zwanzig stillgelegten Strecken. Wie beim Great Northern-Streik gingen die Leute heim und blieben in ihren Häusern.
»Wenn wir die Disziplin aufrechterhalten können«, sagte Gene mit großem Selbstbewußtsein, »werden wir auch diesen Streik gewinnen.«
»Ich will dich nicht beunruhigen«, antwortete Theodore, »aber hast du heute schon die Zeitung gelesen?«
Er breitete die Titelseiten der wichtigsten Blätter vor seinem Bruder aus. Die Schlagzeilen verkündeten:
»Die Nation durch Debs-Streik gelähmt!«
»Die Geschichten ähneln sich alle. Der Generaldirektorenverband schickt Stellungnahmen an die Zeitungen, die dich als wilden Revolutionär brandmarken und behaupten, du wolltest diesen Streik dazu benutzen, die Regierungsgewalt an dich zu reißen. Gouverneur Altgeld bekommt zur Zeit Hunderte von Telgrammen, die ihn auffordern, die Staatsmiliz zu entsenden, um aufzuräumen.«
»Was aufzuräumen?« fragte Gene. »Die Staatsmiliz kann nur auf Verlangen des örtlichen Polizeichefs entsandt werden, wenn Unruhen ausgebrochen sind, mit denen die hiesige Polizei nicht fertig wird. Hast du vergessen, Theo, daß wir friedliche Leute sind?«

Im Kabinett von Präsident Cleveland gab es einen Juristen mit Namen Olney, der viele Jahre Rechtsberater der Erie-Eisenbahn gewesen und direkt aus der Bahndirektion ins Kabinett eingetreten war. Olney wartete, bis die Pressekampagne gegen Debs auf Hochtouren lief, dann legte er die Zeitungen Präsident Cleveland vor, um ihm zu zeigen, daß in Chikago revolutionäre Zustände herrschten, und daß das Leben und Eigentum der Bürger in Gefahr wären, wenn er nicht sofort Bundestruppen zu Hilfe entsende.

Präsident Cleveland, der erste Demokrat seit Ende des Bürgerkrieges, war arbeiterfreundlich. Er wollte diese Berichte nicht glauben und antwortete dem rührigen Bundesstaatsanwalt, daß sein Parteifreund, Gouverneur Altgeld, genug Miliz zur Verfügung habe, um der Lage Herr zu werden. Olney unterstellte darauf Gouverneur Altgeld, ein Anarchist zu sein, denn er habe auch die Angeklagten bei dem Attentat auf dem Haymarket begnadigt.

Am nächsten Morgen wurde Gene durch das Trampeln schwerer Stiefel vor seinem Hotelfenster geweckt. Gene schob den Vorhang beiseite und wandte sich langsam seinem Bruder zu: »Das sind Bundestruppen, Theo.«

Olney fuhr nach Chikago, bestimmte Edwin Walker, einen Anwalt des Generaldirektorenverbandes, zum Sonderbevollmächtigten und gab ihm volle Handlungsfreiheit. Walker handelte sofort. Er erreichte von den Bundesrichtern William Woods und Peter Grosscup eine richterliche Verfügung, die Gene und seinen Leuten verbot, »sich in den Betrieb der zwanzig Eisenbahngesellschaften einzumischen, ihn aufzuhalten oder ihn in irgendeiner Weise zu behindern.«

Man drohte Gene und seinen Mitarbeitern mit Gefängnis.

Gene war überrascht, Clarence Darrow in seinem Hauptquartier auftauchen zu sehen, denn in den letzten

Jahren hatte Darrow als Anwalt für die Northwestern-Bahn gearbeitet.
»Ich war gestern in Springfield«, sagte Darrow, »und bringe Ihnen eine Botschaft von Gouverneur Altgeld. Er läßt Ihnen sagen: ›Solange die Streikenden friedlich bleiben und sich lediglich weigern, die Züge mtt Pullmanwagen zu befördern, haben Sie eine Chance zu siegen. Ihre Forderungen sind gerecht, und die öffentliche Meinung ist auf Ihrer Seite. Das einzige, was den Streik jetzt mißlingen lassen könnte, wären Gewalttätigkeiten.‹«
Gene nickte nachdrücklich mit dem Kopf. »Ich habe telegrafische Verbindung mit allen Knotenpunkten der Bahnlinien. Ich habe den Leuten befohlen, zu Hause zu bleiben, sich nicht zu betrinken und ihre Hände vom Bahneigentum zu lassen. Aber, Clarence, es werden jetzt Tausende von Deputy Marshalls angeworben und bewaffnet. Was sind das für Leute?«
Darrow sagte gedehnt: »Kommen Sie, das wollen wir selbst herausfinden.«
Sie nahmen einen Straßenbahnwagen nach Chikago-Süd und stiegen an einer Stelle aus, wo die Illinois-Zentralbahn und die Rock Island-Bahn parallel nebeneinander herlaufen. Sie mischten sich unauffällig unter die Menge bewaffneter Männer, die zu beiden Seiten der Gleise herumstanden. Sie unterhielten sich mit ihnen, boten Zigaretten an und hörten aufmerksam zu.
Als sie wieder im Büro waren, sagte Darrow: »Sie wollten wissen, was das für Leute sind, die da angeworben werden. Sie haben es nun gesehen: Die Hefe von Chikago. Gangster, Zuhälter, Herumtreiber, Alkoholiker. Solche Kerle haben nichts zu verlieren. Die würden eine Stadt aus reinem Vergnügen und wegen der Aussicht auf Plünderung in Brand stecken.«

»Was für eine herrliche Ironie!« rief Gene. »Dieses verantwortungslose Gesindel macht jetzt den Ordnungshüter für die Regierung der Vereinigten Staaten!«
»Sie müssen einen Weg finden, Ihre Leute von Zusammenstößen mit diesen Aufpassern zurückzuhalten.«
Gene dankte Darrow für seine Hilfe, dann ging er in das Büro der Eisenbahnergewerkschaft. In dem kleinen Raum drängten sich mindestens fünfzig Funktionäre.
»Laßt alles stehen und liegen, Leute, und kommt mit hinaus zum Rangierbahnhof. Sagt allen Männern, sie sollen nach Hause gehen und dort bleiben. Sie sollen sich auf keinen Fall mit den Truppen der Direktion einlassen. Und Hände weg von allem Bahneigentum!«
Wieder fuhr er mit der Straßenbahn nach Süden. Als er zu den Gleisen des Viehhofs kam, sah er seine Leute mit finsteren Blicken auf den Rampen stehen. Auf dem Dach und dem Tender einer fahrbereiten Lokomotive stand ein Dutzend Männer der Bundesmiliz mit Gewehr im Anschlag. Längs der Gleise neben der Lokomotive hielten sich weitere Soldaten mit aufgepflanztem Bajonett auf. Für Gene war das der bisher schlimmste Schlag. Seine Arbeiter konnten die Eisenbahngesellschaften auf gleicher Ebene bekämpfen, wie aber konnten sie dies tun, wenn sich die Bundesregierung mit den Direktoren verbündete? Ein leidenschaftlicher Zorn packte ihn, der ihn am ganzen Leib zittern ließ.
Einer seiner Leute fragte ihn: »Was machen wir jetzt, Gene? Laufen wir nach Hause und verkriechen uns? Oder sollen wir die Truppen hindern, unseren Streik zu durchbrechen?«
Dies war für Gene der Augenblick der Entscheidung. Die Ereignisse der vergangenen zwanzig Stunden hatten fast zwanzig Jahre seines Kampfes für eine friedliche Lösung

der Probleme der Arbeiter zunichte gemacht. Alles, was er und die Eisenbahner erarbeitet, erlitten und sich erkämpft hatten, zerfiel hier vor seinen Augen zu nichts. Sollte er die Führung abgeben und sich in den luftleeren Raum des Theoretisierens zurückziehen?
Er blickte auf die Männer um sich. Sie kannten ihn fast so gut wie er sich selbst. Sie fühlten den Kampf, der sein Inneres aufwühlte, sie wußten, wieviel von seinen Grundsätzen er über Bord werfen mußte.
»Bundestruppen dürfen diese Züge nicht fahren. Vernagelt die Weichen, aber seht zu, daß ihr kein Bahneigentum zerstört.«
Die Eisenbahner machten sich sofort an die Arbeit. Der mit Vieh beladene Zug kam nur bis zur ersten Blockstelle. Dann vergingen mehrere Stunden, in denen die Truppen die Weiche reparierten. Der Zug setzte seine Fahrt fort. Jetzt gab es keine Weichen mehr, die man versperren konnte. Gene beobachtete, wie seine Leute einige Güterwagen umstürzten und damit die Gleise versperrten. Er hörte Kommandorufe, Schwärme von Regierungsleuten und Soldaten strömten auf die Schienen, richteten die Güterwagen auf und schoben sie vor dem Zug her. Stundenlang ging der Kampf weiter. Bis zum Dunkelwerden hatten die Truppen den Zug genau sechs Blockstellen weit vorangebracht. Die Arbeiter jubelten. Die umgestürzten Güterwagen waren nicht beschädigt worden, aber sie hatten die Streikbrecher trotzdem aufgehalten.
Gene lag die halbe Nacht wach und wälzte sich ruhelos im Bett. »Die Leute meinen, daß wir schon gewonnen haben, aber das war heute nur ein harmloses Vorgefecht. Der Direktorenverband will morgen früh einen Pullmanzug über Rock Island nach Chikago bringen. Wir werden

ihn aufhalten, aber zu welchen Mitteln werden wir diesmal greifen müssen?«

In der Morgendämmerung fuhren er und Theodore und einige Gewerkschaftsbeamte zur Einundfünfzigsten Straße hinaus. Von Westen her kroch ein Pullmanzug über die Gleise. Der Führerstand und die Plattform der Wagen waren gedrängt voll mit Bundesmiliz. Die Streikenden, ihr Familienanhang und zahlreiche politische Anhänger strömten auf die Schienen. Der Zug hielt.
Ein Offizier auf der Lokomotive brüllte: »Bajonette aufgepflanzt! Laden!«
Eine Gruppe Soldaten trieb die Menschen von den Schienen. Die Menge wich unter Geschrei und Fluchen zurück. Als die Soldaten wieder auf den Zug zurückkletterten, flogen die ersten Steine durch die Luft. Der Zug setzte sich langsam in Bewegung. Die meisten Streiker waren zur Vierzehnten Straße vorgelaufen und begannen, Güterwagen umzuwerfen und die Schienen zu blokkieren.
In der heißen Junisonne ging Gene langsam neben dem Pullman her, der bis Tagesende nicht weiter als dreißig Blocks vorangekommen war. Das war eine schwere Niederlage für den Direktorenverband. Gene sagte zu seinen Leuten, sie hätten den Sieg in der Hand. Wenn keine Züge fahren könnten, werde George Pullman verhandeln müssen.
In jener Nacht ging der Rangierbahnhof in Flammen auf, und damit war der Streik zu Ende. Güterwagen verbrannten, Lokomotivschuppen brannten.
Gouverneur Altgeld ließ noch mehr Bundestruppen ausrücken, die ihre Stellung zwischen den Streikenden und den vielen bewaffneten Angeworbenen bezogen. Die

Menschenansammlungen wurden immer größer, rotteten sich dichter zusammen, und es gab die ersten Schlägereien. Um vier Uhr nachmittags griffen einige die Miliz an, als sie versuchte, das Bahnhofsgelände zu räumen.
Die Miliz feuerte. Drei Mann wurden erschossen. Die Angeworbenen des Direktorenverbandes schossen mit ihren Pistolen wild in die Menge und schlugen mit Gewehrkolben auf die Menschen ein.
Gene, der dieser Raserei hilflos zugesehen hatte, entdeckte in der Menschenmenge ein blutendes Kind. Er trug es ins Krankenhaus, das dicht neben dem Schlachthof lag. Die Toten wurden hereingebracht und auf den Boden gelegt. Er kniete nieder und nahm das Laken ab, das ihre Gesichter bedeckte. Der erste war anscheinend ein Schlachthofarbeiter, der zweite ein Eisenbahner, den er nicht kannte, der dritte war Pete Hararchy, ein Heizer von der Rock Island-Linie, ein alter Freund und Gewerkschaftler.
Mit Tränen in den Augen dachte er daran, daß er immer nur den Frieden gewollt habe. Aber wohin hatte ihn sein Weg geführt? Zu Gewalt und Tod!

15

Gene lag in seinem Hotelzimmer auf dem Bett, als es an die Tür klopfte. Er stand auf und öffnete.
»Sind Sie Mr. Eugene Debs?«
Gene nickte zustimmend.
Der Mann fuhr fort: »Ich bin der Generalbevollmächtigte

von Richter Grosscup. Sie sind hiermit verhaftet. Folgen Sie mir.«

Theodore kam herein. Sie sahen sich schweigend an. Theodore nahm Genes Jacke von der Lehne eines Stuhles und half Gene hinein. Als sie das Hotelzimmer verließen, schlossen sich ihnen zwei weitere Gerichtsbeamte an. Gleich nachdem sie im Gerichtsgebäude angekommen waren, ging die Tür auf, und die übrigen leitenden Funktionäre der Eisenbahnergewerkschaft wurden hereingeführt.

Ehe sie ein Wort miteinander wechseln konnten, stürzte Lou Benedict herein. »Mr. Debs! Mr. Debs!« schrie er. »Sie haben unser Büro überfallen und alle Akten mitgenommen.«

Gene war bis zu diesem Augenblick ruhig gewesen. Jetzt wurde er bleich vor Zorn. Arnold trat an ihn heran.

»Der Richter hat angeordnet, Mr. Debs, Sie in Gewahrsam zu nehmen.«

Durch dämmrig beleuchtete Gänge wurde er in die Zelle 31 geführt. Der Fußboden war kalt. Eine kurze, abgesplitterte Holzbank auf der einen, ein an der Wand befestigtes Bett an der anderen Seite bildeten das Mobiliar. Über allem lag der dumpfe Geruch von feuchtem Kehricht und alten Speiseresten. Die einzigen Geräusche kamen von den schweren Stiefeln der Wärter, begleitet von heiseren Schreien aus anderen Zellen. Auf der harten Bank neben ihm raschelte es. Er vernahm ein scharfes Kratzen auf dem Zement. Im gleichen Augenblick hörte er Stimmen und schwere Fußtritte.

Der Wächter blieb mit einem Besucher vor seiner Zelle stehen.

»Ich bin's, Gene, Clarence Darrow! Ich hörte von Ihrer Verhaftung.«

Die beiden Männer schüttelten sich im Halbdunkel die Hände.
»Wie sind Sie hereingekommen, Clarence? Man sagte mir, daß Besucher nach Dunkelheit nicht mehr hereindürften.«
Darrow hüstelte. »Sie glauben, ich sei immer noch der Rechtsanwalt der Chikago- und Northwestern-Bahn.«
»Ja, sind Sie's denn nicht?«
»Nicht mehr – seit heute nachmittag fünf Uhr. Ich erklärte unserem Präsidenten, daß es zuviel für meinen schwachen Magen sei, wenn die US-Regierung und der Direktorenverband konspirieren, um die Arbeiter am Streiken zu hindern. Ich sagte zu ihm: ›Ich lege mein Amt nieder, Mr. Hughitt, um Eugene Debs zu verteidigen.‹«
»Und was antwortete der Präsident?«
»Don Quijote schlug sich nur mit Windmühlen herum, Sie wollen es mit einer schweren Lokomotive unter Dampf aufnehmen?«
Der Wärter drückte sein knochiges Gesicht gegen das Gitter und knurrte: »Sie müssen richtiges Englisch sprechen, Mr. Darrow, sonst kann ich Sie nicht bleiben lassen.«
Gene und Darrow lächelten sich im Dunkeln an.
Wieder hörte Gene das seltsame Rascheln in seiner Nähe. Darrow holte Streichhölzer aus der Tasche und machte Licht.
Zwei große Ratten flohen erschreckt durch die Gitterstäbe zwischen die Füße des Wärters.
»Wir sind sehr zuvorkommend in unserm Bundesgefängnis, wir sorgen sogar für Gesellschaft«, sagte Darrow gedehnt.
Der Wächter bemerkte dazu mit schiefem Lächeln: »Wir sorgen genauso gut für Sie wie für diese verdammten

Anarchisten. Das ist hier derselbe Gang, wo auch Parsons, Spies, Fischer und Engel saßen. Wir haben sie aufgehängt für das, was sie gemacht haben. Sie sind auch nicht besser als die!«
Der Wärter schrie plötzlich. »Wenn Sie Rebellion machen können, können wir Sie hängen!«
»Rebellion?« fragte Gene und sah Darrow an.
»Er hat die Schlagzeilen der Zeitungen gesehen, Gene: ›Die Rebellion von Eugene Debs!‹.« Mit rauher Stimme fuhr Darrow nach kurzer Pause fort: »Heute morgen ließ eine Lehrerin in einer New Yorker Schule über die Frage debattieren: ›Warum ist Eugene Debs der gefährlichste Mann in Amerika?‹«
»Unglaublich«, murmelte Gene fassungslos, »jetzt vergiften sie schon die Jugend.«
»Wir hier brauchen kein Gift«, warf der Wächter ein. »Wir nehmen einen Strick für Sie, genau wie bei den Mördern vom Haymarket.«
Gene antwortete darauf gereizt: »Warum zum Teufel vergleicht er mich dauernd mit den Anarchisten? Ich habe nie jemanden getötet!«
»Die Anarchisten auch nicht«, sagte Darrow leise. »Sie hatten keinen Grund dazu.«
Gene flüsterte: »Aber sie hatten doch eine öffentliche Gerichtsverhandlung.«
»Die werden Sie auch haben.«
»Die Geschworenen und der Richter waren von ihrer Schuld überzeugt.«
»Das wird bei Ihnen auch der Fall sein.«
Nach langem Schweigen murmelte Gene: »Ist das wahr, Darrow? Waren die Leute unschuldig?«
»Bis auf den heutigen Tag weiß niemand, wer die Bombe zündete. Es gibt nicht den geringsten Beweis gegen die

Anarchisten. Aber alle Gründe der Vernunft zeigen, daß sie nichts damit zu tun hatten, weil es keinerlei Gewinn für sie gab. Glauben Sie mir, Gene, die einzig Schuldigen in jenem Gerichtssaal waren die Männer, die das ›schuldig‹ sprachen.«

Der Wächter schloß die Tür auf. »Ihre Zeit ist um. Kommen Sie, Mr. Darrow.«

Die beiden Männer erhoben sich von der harten Bank. Sie drückten sich schweigend die Hand, und Darrow ließ Gene allein.

16

Der Streik wurde schnell gebrochen. Der Eisenbahnbetrieb wurde wieder aufgenommen, und nach ein paar Tagen hatte sich der Zugverkehr normalisiert. Die Eisenbahnergewerkschaft wurde für illegal erklärt, und ihre Gelder und Akten beschlagnahmt. Die Streikenden kamen auf die schwarzen Listen. Gene und seine Mitarbeiter entließ man gegen je zehntausend Dollar Kaution aus der Haft.

Gene fuhr nach Terre Haute, wo er auf den Trümmern seiner Organisation mit Theodore neue Pläne schmiedete.

Wieder einmal fand er, daß seine Probleme die gleichen waren wie die von Pfarrer Peter Hanford, der in einer begeisterten Predigt Eugene Debs und die Eisenbahnergewerkschaft gelobt und seine Rede in der »Gazette« veröffentlicht hatte. Als er am nächsten Tag in seine Kirche kam, fand er die Bänke, Kanzel und Bücher in wildem Durcheinander vor. Auch diesmal half ihm Gene aus seiner Verlegenheit. Er erreichte, daß die Heizer von Terre Haute den Versammlungsraum für den sonntäglichen Gottesdienst zur Verfügung stellten.

In Genes Haus wurde weder der Streik noch die drohende Gerichtsverhandlung erwähnt. Kate wirtschaftete gleichmütig in ihrem Haushalt. Gene war stolz auf ihre Haltung, auf die ruhige Art, wie sie die quälende Ungewißheit auf sich nahm.

Der Tag, an dem er in Chikago vor Gericht sollte, war gekommen. Als seine Reisetasche gepackt war, ging er in das Zimmer seiner Frau, um zu sehen, ob sie fertig war. Sie stand mit leeren Blicken im Raum, und Gene sah keinen Koffer.

»Du mußt dich beeilen, Kate, wir werden den Zug versäumen.«

Ohne ihn anzusehen, antwortete sie: »Ich fahre nicht mit.«

»Du fährst nicht mit? Aber die Verhandlung kann Wochen dauern, vielleicht Monate! Willst du denn nicht bei mir sein?«

Sie blickte schnell zu ihm auf. »Ich kann mich nicht dazu überwinden. Ich könnte die Qual nicht ertragen, Eugene, wie sie dich vor Gericht beschuldigen.«

»Fahr mit nach Chikago, Kate. Du wirst sehen, wir sind nicht allein, und wir werden sehr gut verteidigt. Nicht ich werde als der Schuldige dastehen, sondern Pullman und die Direktoren.«

Kate schüttelte verzweifelt den Kopf. »Wie kannst du so naiv sein und glauben, du könntest die Größten im Lande besiegen?«

»Wir haben noch fünfzehn Minuten, Kate. Rasch, ich werde dir beim Packen helfen.«
»Nein, Gene, ich bleibe. Man wird dich verurteilen und ins Gefängnis bringen. Für mich wird das Haus hier dann mein Gefängnis sein. Ich werde die Fenster schließen, die Türen verriegeln und die Jalousien herunterlassen und nur so viel essen, um am Leben zu bleiben. Ich will niemanden sehen und mit niemandem sprechen. Bis zum Tage deiner Rückkehr setze ich den Fuß nicht aus dem Haus. Damit du siehst, Eugene, daß du nicht allein bist. In Gedanken bin ich immer bei dir – auch im Gefängnis. Wenn du leidest, werde auch ich leiden.«
Er wollte ihr sagen, daß das alles sinnlos sei. »Ich habe nicht vor zu leiden«, dachte er. »Nur wer unrecht handelt, leidet.«
Aber er wußte, daß er ihr das nicht sagen konnte. Sie würde ihn nicht verstehen. Er wollte ihr etwas Tröstendes zum Abschied sagen: »Es tut mir weh, dich allein zu lassen, Kate. Wenn wir Kinder hätten ...«
Plötzlich flammten ihre Blicke auf: »Ich bin froh«, schrie sie, »daß wir keine Kinder haben! Hoffentlich werden wir nie welche haben! Dann brauche ich wenigstens keine Angst zu haben, daß die anderen Kinder auf der Straße sie damit aufziehen, daß ihr Vater ein Zuchthäusler ist!«
Gene hörte das langgezogene Pfeifen des Zuges und ging zur Haustür, ohne sich umzusehen.

17

Als Gene mit Clarence Darrow den Gerichtssaal betrat, war der Pressetisch mit über dreißig Reportern besetzt. Gene murmelte: »Dies scheint die größte Gelegenheit zu werden, die die Arbeiterbewegung jemals gehabt hat, das amerikanische Volk zu belehren.«

Gene schritt an der vordersten Reihe der Besucher entlang und begrüßte Daisy und Daniel, die am Abend zuvor nach Chikago gekommen waren. Dann stieß er die Tür in der Schranke auf und trat an den Verteidigungstisch. Als er sich setzen wollte, fiel sein Blick auf die Ankläger. Sein Herz begann zu hämmern – denn dort, über seine Akten geneigt, in einem modischen grauen Anzug, stand Ned Harkness. Harkness blickte von seinem Tisch auf und reckte sich zu voller Höhe empor. Er sah Gene an. Lange hielten ihre Blicke stand. Gene sank auf seinen Stuhl, denn in der ersten Reihe hinter dem Tisch der Anklage nahmen Paul Weston, Mrs. Weston und Gloria Platz.

»Sie ist schöner denn je«, dachte Gene.

Richter Grosscup betrat den Raum. Der Gerichtsdiener forderte die Anwesenden auf, sich zu erheben. Doch Gene hatte Mühe, aufzustehen. Warum war Gloria hier? Um mich als Angeklagten erniedrigt zu sehen? Um sich zu beweisen, daß es richtig war, Ned Harkness zu heiraten? Oder wollte sie nur die Treue zu ihrem Manne demonstrieren?

Nachdem die Verhandlung eröffnet war, erhob sich Dar-

row. »Ich protestiere gegen die Teilnahme eines Vertreters der Anklage, Herr Präsident.«
Gene kam der Gedanke, Gloria dächte, er fürchte ihren Mann als Gegner. »Ich habe keine Einwände gegen Mr. Harkness«, flüsterte er Darrow hastig zu. Selbst wenn Darrow ihn gehört hätte, würde er sich nicht zurückhalten lassen.
»Mr. Harkness ist zur Zeit Rechtsbeistand der Chikago-, der Milwaukee- und der St. Paul-Eisenbahn. Wenn ein Eisenbahnanwalt gleichzeitig Vertreter der Regierung ist, dann heißt das, die Eisenbahngesellschaften und die Regierung sind ein und dieselbe Körperschaft.«
Gene beobachtete Glorias Gesicht, er sah, wie sie die Hände im Schoß verkrampfte und sich steif vorbeugte.
»Das Gericht sieht keinen Grund, warum Mr. Harkness nicht an der Verhandlung teilnehmen sollte. Der Vertreter der Anklage hat das Wort.«
Gene sah, wie Gloria mit bleichem Gesicht auf der Bank zurücksank.
Sechs lange Tage saßen Gene und seine Mitangeklagten an dem Tisch vor dem Zeugenstand, in dem der Reihe nach Zeitungsreporter, Eisenbahndirektoren, Polizisten, Geschäftsleute, Beamte und andere Augenzeugen aufmarschierten. Ned Harkness zauberte aus ihren Aussagen geschickt ein Bild des Streiks hervor, wie es ihm zusagte. Die Nächte wären sehr lang gewesen, hätte man Gene nicht erlaubt, nach jedem Verhandlungstag einen Besucher zu empfangen. Eines Abends kam Susan Anthony, jetzt eine Greisin von fünfundsiebzig Jahren, doch mit dem gleichen entschlossenen Blick wie an dem Tag, als er ihr in Terre Haut zum ersten Mal begegnete. Terence Powderly und Samuel Compers erschienen, um mit ihm über die Gewerkschaftsfrage zu sprechen, Robert

Ingersoll mit seinem väterlichen Lächeln kam und auch Major Smith, der ihm Zeitungsartikel brachte, in denen er das Loblied der amerikanischen Eisenbahnergewerkschaft gesungen hatte.

Die Sonntagszeitungen hatten angekündigt, Eugene Debs werde am Montagmorgen seine Verteidigungsrede halten. Als Gene den Gerichtssaal betrat, sah er Theodore und Luise in der vordersten Reihe und fühlte sich sehr beruhigt, doch als er Gloria in der Reihe gegenüber bemerkte, wurde ihm bewußt, wie sehr er gehofft hatte, daß sie kommen werde, um seine Darstellung des Falles zu hören.

Gene wurde vereidigt, dann trat er in den Zeugenstand und starrte über die Köpfe der Versammelten hinweg. Seine hohe, hagere Gestalt, etwas eckig in den Bewegungen, richtete sich auf. Er saß nun in dem gleichen Zeugenstand, in dem in der vergangenen Woche fünfzig Zeugen vernommen waren, um ihn als Verschwörer und Feind des öffentlichen Friedens zu entlarven.

Gene erzählte von seinen Jugendjahren in Terre Haute, von der Zeit auf der Eisenbahn, von seiner Anstellung bei Hulman.

Ned Harkness sprang ständig hoch, um zu protestieren. »Herr Präsident, diese Geschichten gehören nicht zur Sache!«

Doch Darrow verschaffte Gene immer wieder das Wort und ließ ihn berichten: Von der ersten Sitzung mit den Heizern in Terre Haute, von dem stumpfen Widerstand in den Reihen der unwissenden Eisenbahner, über die Machtkämpfe mit den beiden Eisenbahndirektionen. Er erzählte, wie er mit dem einfachen Vorsatz in die Arbeiterbewegung eingetreten war, für eine Unfallversiche-

rung zu sorgen, und wie er dann zu den grundlegenden Gewerkschaftszielen, kürzere Arbeitszeiten, erträgliche Löhne und Betriebssicherheit, gekommen war, In seinem Stuhl vorgebeugt, sprach er mit warmer, volltönender Stimme zu den Geschworenen, zum Pressetisch, zum Richter – doch meistens zu der Menge der Zuhörer, die ihm gespannt lauschte.
Seit seiner Verhaftung wurde er in den großstädtischen Zeitungen als ein gefährlicher, revolutionärer Charakter dargestellt. Zum ersten Mal wurde jetzt seine Liebe zu allen Menschen, die ihr Brot im Schweiße ihres Angesichts aßen, offenbar. Millionen erkannten ihn als einen Mann von Größe und Leidenschaft, als eine Stimme in der Wüste, als einen Anwalt der Elenden und Hilflosen.

18

Für den folgenden Morgen hatte Clarence Darrow George Pullman als Zeugen vorgeladen. Als der Richter die Verhandlung eröffnete, war der Saal mit Hunderten von Besuchern bis in die Seitenflügel hinein dicht besetzt. Am Pressetisch saßen einige der bekanntesten Schriftsteller Amerikas. Doch George Pullman glänzte durch Abwesenheit.
»Schicken Sie Beamte in sein Haus und in seine Wohnung«, schlug Darrow vor, »dann werden wir ihn morgen früh hierhaben.«
Am folgenden Morgen teilte Mr. Pullmans Anwalt dem Gericht mit, daß sein Mandant in der vergangenen

Nacht mit einem Sonderzug an die Ostküste abgereist sei.
»Hat Mr. Pullman denn nicht gewußt, daß eine gerichtliche Vorladung für ihn ergangen ist?« rief Darrow heftig.
»Ja, Mr. Pullman hörte davon, aber er war der Meinung, daß eine gerichtliche Vorladung erst dann ihre Wirkung hat, wenn sie überreicht ist. Darum ließ er sich in seiner geplanten Ferienreise nicht aufhalten.«
Darrow erhob sich. »Ich bitte darum, Herr Präsident, daß George Pullman genau wie mein Mandant wegen Mißachtung des Gerichts in Haft genommen wird.«

Als am nächsten Morgen Gene durch die hintere Tür des Gerichtssaales hereingeführt wurde, trat George Pullman, flankiert von seinen Anwälten, durch die vordere Tür. Die Herren begaben sich ohne Verzug in Richter Grosscups Amtszimmer. Fünfzehn Minuten später erschien Mr. Pullman wieder, lächelte dem Publikum herablassend zu und verließ den Saal. Grosscup nahm auf seinem Richterstuhl Platz und gab die Erklärung ab, daß Mr. Pullman seine Abwesenheit befriedigend entschuldigt habe und seine Vernehmung sich erübrige.
Bevor Gene und Darrow sich von ihrem Staunen erholten, erhob sich einer der Staatsanwälte und verkündete, daß die Staatsanwaltschaft beantrage, die Verhandlung bis auf weiteres zu vertagen, da der Geschworene John Coe erkrankt sei.
»Herr Präsident«, sagte Darrow scharf, »ich verlange, daß die Verhandlung nur auf ein paar Tage ausgesetzt wird, bis John Coe wiederhergestellt ist.«
»Ich fürchte, das wäre nicht angebracht«, erwiderte Richter Grosscup, »der Staatsanwalt hat mir ein ärztliches Attest vorgelegt, wonach Mr. Coe mindestens einen Monat bettlägerig sein wird.«

»Dann bittet die Verteidigung, das Verfahren mit elf Geschworenen abzuschließen.«
Ned Harkness sprang auf. »Die Staatsanwaltschaft kann einen derart ungesetzlichen Vorschlag nicht hinnehmen!«
»Dann beantrage ich, daß die Angeklagten aus der Untersuchungshaft entlassen werden.«
»Dem Antrag kann ich nicht stattgeben«, antwortete Richter Grosscup. »Die Regierung kann damit nicht einverstanden sein, und somit ist Ihr Antrag nicht durchführbar.«
Er erhob sich und sagte zu den Geschworenen: »Meine Herren, ich danke Ihnen für die rege Aufmerksamkeit, die Sie dem Fall gewidmet haben. Sie sind hiermit entlassen. Ich vertage die Verhandlung auf den ersten Montag im Mai.«
Ein Höllenlärm brach aus, als Richter Grosscup eilig in seinem Amtszimmer verschwand.
Gene bemerkte, daß die Geschworenen aus ihrer Loge herausdrängten.
Bevor er wußte, was geschah, war er von ihnen umringt, und lächelnd schüttelten sie ihm die Hand, klopften ihm auf die Schultern und begannen auf ihn einzureden: »Sie sind unschuldig, Mr. Debs. Schade, daß wir Pullman nicht in den Zeugenstand kriegen. Sie sind in Ordnung, Mr. Debs. Nichts, was dieser Harkness noch sagt, kann unsere Meinung ändern.«
Der Obmann, abwartend, bis Ruhe eintrat, meinte: »Als wir vereidigt wurden, Mr. Debs, waren viele von uns der Meinung, daß fünf Jahre im Gefängnis von Atlanta genau das Richtige für Sie wären. Aber nachdem Sie Ihre Geschichte erzählt haben, dachten wir alle ganz anders über Sie und Ihre Arbeit.«

Clarence Darrow bestand darauf, die Familie Debs zu einem Siegeslunch in das Bismarck-Hotel einzuladen. Alles jubelte. Darrow sagte zu der kleinen Tafelrunde: »Die Anklage ist vernichtet, sie werden uns nie wieder vor Gericht zerren. George Pullman und der Direktorenverband haben eine böse Abfuhr erhalten!«
Es war die erste erfreuliche Mahlzeit, die Gene seit langem einnahm. Aber es war ihm nicht vergönnt, seinen Kaffee in Ruhe zu trinken. Von der Straße hörten sie – zuerst schwach, dann immer lauten: »Extra-Blatt! Extra-Blatt! Eugene Debs bekommt sechs Monate! Richter Woods verurteilt ihn wegen Mißachtung des Gerichtes! Die Eisenbahngewerkschaftler landen im Gefängnis!«
Gene wurde bleich, dann gallig grün im Gesicht. Endlich konnte er flüstern: »Richter Woods? Aber wieso ist der denn zuständig? Richter Grosscup hat doch die Verhandlung für den ersten Montag im Mai anberaumt?«
Clarence Darrow war noch betroffener als sein Mandant. Richter Woods hatte die gerichtliche Verfügung unterzeichnet, die Gene befahl, dem Streik ein Ende zu machen. Wenn Grosscup jetzt die ernstere Anklage wegen Verschwörung zurückzog und die richterliche Gewalt Woods übertrug, um das geringere Vergehen der Mißachtung durch ihn ahnden zu lassen, wer sollte Woods daran hindern, den Haftbefehl gegen die sieben Männer zu erlassen, die seinem richterlichen Befehl nicht gehorcht hatten?
»Der Direktorenverband war entschlossen, sie ins Gefängnis zu bringen; als es mit der Verschwörung nicht zu schaffen war, haben sie es eben mit der Mißachtung des Gerichts geschafft.«

Gene hörte sie nicht eintreten, er wußte nicht einmal, daß

sie da war, bis sie neben ihm auf der Bank saß und ihn anblickte. In ihrer Reife hatten sich alle Verheißungen ihrer Mädchenreize erfüllt. Ihre Wangen waren schmaler geworden, ihre Brüste voller, aber, obwohl sie zwei Kinder geboren hatte, ihre Gestalt war noch so schlank und anmutig wie mit siebzehn Jahren. Ihre schönen Augen strahlten eine Ruhe aus, die ihm sofort das Gefühl der Geborgenheit gab.

»Gloria«, flüsterte er. Man sah, daß sie nicht wußte, warum sie gekommen war, sie eher einem Impuls folgte. Sie würden nur fünf Minuten zusammen sein, und doch tickten die Sekunden ungenutzt hinweg, während die beiden nebeneinander saßen. Als sie endlich Worte fanden, sprachen sie nicht von ihren gemeinsamen Erinnerungen, die sie hart bedrückten. Sie erzählte von der ruhigen kleinen Anwaltspraxis, die ihr Vater in Chikago aufgebaut hatte, von seinem Heimweh nach Terre Haute und dem fröhlichen Haus auf der Zehnten Straße. Dann veränderte sich plötzlich der Ton ihrer Stimme.

»Hat es dich gestört, Gene, daß ich im Gerichtssaal war?«

»Nein, Gloria. Ich war froh, dich dort zu sehen.«

Ihre Stimme war sanft und freundlich wie die Daisys.

»Ich ... ich hatte gehört, daß du allein warst. Deine Frau ist in Terre Haute geblieben. Ach, Gene, ich habe damals mit angehört, wie sie Pläne gegen dich schmiedeten, wenn sie in unserm Haus zusammenkamen – die Eisenbahnpräsidenten und ihre Anwälte. Ich wollte dir zeigen, daß du nicht allein bist, daß jemand bei dir ist ... in jeder Minute der langen Verhandlung.«

Er hielt ihre Hand in der seinen. »Ich spürte es manchmal, Gloria, doch jetzt weiß ich es. Tag für Tag nahm ich dein liebes Gesicht mit in dieses Rattenloch.«

Sie sprang plötzlich auf, ihre Augen strahlten. »Etwas in

mir wird dich immer lieben, Gene, ganz gleich, wie viele Jahre noch vergehen oder was mit uns beiden geschieht.«
Sie schwiegen beide und grübelten über das Leben, das so schrecklich war, so sinnlos verworren. Der Wärter klopfte mit seinem Schlüssel an das Gitter.
»Es tut mir leid, Mrs. Harkness, Sie haben nur noch eine Minute.«
Sie stand dicht vor Gene. »Ich glaube, daß du im Recht bist, Gene. Die andern kämpfen nur um Dollars, immer mehr Dollars. Du aber kämpfst um Menschlichkeit. Die anderen sind es, die im Gefängnis sitzen, im Gefängnis ihrer unersättlichen Gier. Ich habe sie beobachtet, ich weiß es. Die Leute meinen jetzt, daß du verloren hast. Aber eines Tages wird es allen klar werden, daß du der eigentliche Sieger bist.«
Dann war es Zeit zu gehen. Plötzlich schlossen sich ihre Hände hinter seinem Nacken, und er spürte ihre Lippen auf den seinen. Er drückte sie eine Sekunde fest an sich. Dann floh sie hinaus.

19

Woodstock war ein stilles Dorf inmitten fruchtbaren Akkerlandes. Der Weg von der kleinen Station führte über die sanft abfallende Rasenfläche eines Parks, der von Ulmen und Ahornbäumen umsäumt war. Einige der Dorfbewohner erkannten ihn von den Bildern in den Zeitungen, andere schlossen aus den ihn begleitenden Beamten, daß dies der letzte Gefangene aus dem Prozeß der

Eisenbahnergewerkschaft war. Gene spürte ihre unverhüllte Feindseligkeit.
Als sie den Hauptplatz mit dem Orchesterpodium und dem eisernen Springbrunnen hinter sich hatten, lag der rote Ziegelbau des Gefängnisses vor ihnen. Sheriff Eckert, ein braunhaariger, dunkeläugiger Mann, der sie erwartete, hatte eine erloschene Zigarre im Mund.
Logan übergab ihm einen Stoß Papiere und sagte: »Ich bringe Ihnen Mr. Eugene Debs, Sheriff. Wenn Sie bitte diesen Empfangsschein unterschreiben wollen.«
Sheriff Eckert kritzelte seinen Namen unter das Papier, dann sagte er höflich, aber kühl zu Gene: »Wir kennen keine Bevorzugung in diesem Gefängnis, Mr. Debs. Auch machen wir keine Unterschiede zwischen den Gefangenen. Unsere Vorschriften sind genau festgelegt. Wir erwarten, daß Sie sich danach richten.«
»Sie werden keine Schwierigkeiten mit mir haben, Sheriff«, erwiderte Gene, schwerfällig lächelnd.
Der Sheriff schloß eine schwere Eisentür auf. Gene betrat den Zellenkorridor des Gefängnisses. Auf dem zehn Meter langen Flur hing eine Petroleumlampe. In dem Gang waren zwölf Zellen. Die vergitterten Fenster sahen auf eine stille Straße hinab. Die Eisenstäbe an den Fenstern ähnelten denen, die an dem Kinderzimmer seines Geburtshauses angebracht waren.
Bei seinem Erscheinen stimmten seine Kollegen einen Höllenlärm zu seiner Begrüßung an. Sheriff Eckert blieb an der Ecke des Zellenblocks stehen. Gene ging die ganze Reihe der Zellen ab und gab seinen Kollegen und den vier anderen Gefangenen die Hand. Dann wurde er in seiner Zelle eingeschlossen. Wenn die Gefangenen sich anstrengten, konnten sie sich unter einigen Verrenkungen so an die Gitter drücken, daß sie sich sahen.

Um zehn Uhr abends kam Sheriff Eckert zurück, um die Hängelampe zu löschen. Die Hausordnung verbot jede weitere Unterhaltung nach der Lichtausschaltung. Gene wünschte seinen Kameraden eine gute Nacht, zog die Straßenkleidung aus, klappte das schmale Eisenbett von der Wand, zog die grobe Gefängnisdecke über sich und starrte mit offenen Augen zur Decke. Seine Kameraden waren nur zu drei Monaten verurteilt, er aber würde das nächste halbe Jahr der Bewohner dieser Zelle sein. Während der Nacht begann es zu regnen. Als der Sheriff um sechs Uhr früh die stählerne Verbindungstür öffnete, um die Gefangenen zu wecken, klatschten Regensturzbäche gegen die Korridorfenster.

»Frühstück gibt's um sieben. Die Gefangenen müssen sich waschen und die Zellen säubern, bevor das Essen gebracht wird.«

»Kann man heißes Wasser bekommen?« fragte Gene.

»Nein, Mr. Debs, Sie müssen sich mit kaltem Wasser waschen und rasieren.«

»Ich dachte nicht ans Rasieren, Sheriff. Wenn wir heißes Wasser und Bürsten hätten, könnten wir die Böden schrubben.«

Eckart starrte Gene einen Augenblick über die Schulter an, dann erwiderte er: »Zwei von Ihnen können ins Erdgeschoß kommen und Feuer im Kessel machen. Klopfen Sie an die Tür, wenn Sie so weit sind.«

Elliot und Hogan blieben hartnäckig bei der Behauptung, daß nur Leute aus Montana in der Lage seien, einen Waschkessel richtig anzuheizen. Sie kehrten mit Bürsten und zwei Eimern voll heißem Wasser zurück, und alle halfen, den Zementboden zu scheuern. Gene wusch die Eisenstangen seiner Zelle sorgfältig ab, was ihm das Gelächter der anderen einbrachte.

Es gehörte zu den Pflichten von Mrs. Eckert, für die Gefangenen zu kochen. Wenn der Sheriff mit dem Essen am Ende des langen Zellenblocks ankam, war es gewöhnlich eiskalt.
»Ich sehe nicht ein, warum wir mit den Tellern auf den Knien essen müssen«, grollte George Howard. »Die könnten uns genauso gut an dem Holztisch draußen im Korridor essen lassen!«
Gene antwortete schnell: »Ich glaube, wir sollten nicht gleich am Anfang um Vergünstigungen bitten, George. Wenn das die Vorschriften sind...«
Lou Rogers, in der Zelle neben Gene, flüsterte durch die Gitterstäbe:
»Ich weiß nicht, was in George gefahren ist. Er hat sich über alles im Gefängnis beschwert, aber ich glaube, sein eigentlicher Groll richtet sich gegen uns.«
Gene hob fragend die Augenbrauen.
Rogers fuhr fort: »Ich habe den Eindruck, daß er glaubt, wir hätten uns blöde benommen und uns für nichts und wieder nichts ruiniert.«
»George ist schon eine ganze Weile mißmutig«, sagte Gene. »Aber ich dachte, seine Wut richte sich gegen die Obrigkeit.«

Die regnerischen Tage, die nun folgten, machten den Zellenblock kalt und feucht. Die Hängelampe spendete nicht genug Licht zum Lesen. Die starken Regenfälle machten den täglichen Hofrundgang unmöglich.
Die nächsten zwei Wochen verbrachten die Gefangenen in dumpfer Apathie. Kaum wurde ein Wort zwischen ihnen gewechselt. Sie versanken in endlose, unfruchtbare Träumereien. Wenn sie die nächsten Monate in dieser stumpfen Verbitterung zubrachten, würden sie zerschla-

gen und haltlos aus dem Gefängnis kommen, dachte Gene. Sie mußten sich aus ihrer Tägheit aufraffen, mußten sich die Zeit besser gestalten. Aber wie?
Sheriff Eckert war ein Mann mit Gerechtigkeitssinn. Er erklärte: »Mr. Debs, ich habe ein Dutzend Gesuche von Zeitungsleuten und anderen, die Sie sehen wollen, auf meinem Schreibtisch liegen. Ich hoffe, Sie verstehen, daß ich persönlich nichts gegen die Besuche habe. Aber die Vorschriften verbieten nun einmal für die ersten zwei Wochen jeden Besuch.«
Der Sheriff rollte seine Zigarre von einem Mundwinkel in den anderen und fuhr dann fort: »Das ganze Land hat die Augen auf dieses Gefängnis gerichtet, Mr. Debs, wenn ich zu nachsichtig wäre ...«
»Ich bin mit Ihrem Vorgehen einverstanden, Sheriff«, antwortete Gene. »Ich würde an Ihrer Stelle genauso handeln.«

20

Endlich hatte es aufgehört zu regnen. Die drei Gefangenen aus der Gegend hatten inzwischen ihre Strafe verbüßt. Howard beantragte nach einem heftigen Streit mit Hogan über religiöse Fragen seine Überführung nach Joliet. Beim Abschied erklärte er, daß er mit der Arbeiterbewegung für immer fertig sei. Am Morgen des siebzehnten Tages brach endlich die Sonne warm hervor und belebte das Gefängnis mit Licht und neuer Hoffnung.
Als Sheriff Eckert an diesem Tag den Zellenblock betrat,

sagte er: »Ich kann Sie und Ihre Freunde nicht behandeln, als ob Sie Diebe wären.«
»Das tun Sie auch nicht, Sheriff.«
»Aber ich bin streng mit Ihnen gewesen.«
Er zog einen Schlüsselbund aus seiner hinteren Tasche. »Von jetzt an ist es nicht mehr nötig, Sie in Ihre Zelle einzuschließen. Ich weiß, daß ich mich darauf verlassen kann, daß Sie mir keine Schwierigkeiten machen.«
»Wir werden Ihr Vertrauen nicht enttäuschen, Sheriff.«
»Von jetzt ab können Sie und Ihre Freunde die Mahlzeiten in unserem Eßzimmer einnehmen. Das Essen wird besser, und es gibt weniger Arbeit für meine Frau.«
Nach dem Frühstück machten die Männer einen erfrischenden Spaziergang im Gefängnishof.
»Vielleicht war es nicht unser Fehler, vielleicht waren Dunkelheit und Regen schuld, aber wir haben siebzehn kostbare Tage unseres Aufenthaltes vertan. Ich bin seit meinem vierzehnten Lebensjahr nicht mehr in der Schule gewesen. Den meisten anderen ist es sicher nicht viel anders ergangen. Dies hier ist unter Umständen die letzte Gelegenheit in unserem Leben, uns gezielt weiterzubilden.«
»Was hast du vor, Gene?« fragte Martin Elliot.
»Ich schlage regelmäßige Übungsstunden und Diskussion vor, weiter, daß wir die Railway Times wieder ins Leben rufen, und daß wir Briefe an unsere Freunde schreiben und sie bitten, uns jedes Buch über Amerikas Geschichte und soziale Entwicklung zu schicken, das sie nur auftreiben können. Lou, du warst Lehrer in Iowa, bevor du Bremser wurdest. Wenn die anderen damit einverstanden sind, ernenne ich dich hiermit zum Leiter und bitte dich, den Lehrgang zu übernehmen.«
»Ich nehme die Ernennung an.«

»Martin, du hast Erfahrung im Hotelbetrieb. Ich schlage vor, du machst den Inspektor, der für Einhaltung der Gefängnisordnung und Säuberung der Quartiere sorgt.«

»Mache ich«, grinste Elliot, »wer nicht gleich auf den Beinen ist, wenn ich ›sechs Uhr‹ ausrufe, muß zehn Cent Strafe zahlen.«

»Jim, du warst in der Armee. Ich befördere dich hiermit zum Oberst und schlage vor, du übernimmst morgens und nachmittags die Übungsstunden im Freien. Ich werde die Diskussionen leiten. Hast du für heute abend schon ein Thema, Lou?«

»Wie wär's damit: ›Wer hat mehr Recht auf die Erziehung der Kinder, der Staat oder die Eltern?‹«

Genes Plan hatte eine elektrisierende Wirkung. Er wurde zum Präsidenten der »Kolonie«, wie Roy Godwin es ausdrückte, gewählt. Keliher, von Beruf Zimmermann, besorgte sich vom Sheriff altes Holz und baute zu beiden Seiten des Korridors Bücherregale für eine Bibliothek. Über einem Regal wurde die Hausordnung angeschlagen, die unter anderem besagte, daß jeder, der während der Studienzeit sprach, zehn Cent Strafe zu zahlen hatte. Nach den vielen Jahren der Unruhe fiel es den Männern nicht leicht, ein diszipliniertes Studium aufzunehmen. Für Gene war es sogar am schwersten. Es befriedigte ihn nicht mehr, sich einfach Wissen anzulesen. Er hatte das Gefühl, als sei bis zu diesen Tagen sein Denken nichts als ein leidiges Umhertappen im Dunkeln gewesen. So tief auch seine Überzeugungen in ihm verwurzelt waren, es war immer wieder etwas geschehen, das ihn zu Boden geschlagen hatte. Wonach er jetzt suchte, war eine weitherzige Sozialphilosophie, in deren Rahmen er denken und arbeiten konnte. Die Abgeschlossenheit des Gefängnisses verlieh seinem Denken eine Unabhängigkeit, die er

draußen niemals gefunden hatte. Die nächtliche Stille des Zellenblocks war für Gene die Zeit der Meditation. Dann ließ er die neuen Erkenntnisse des Tages grübelnd an sich vorüberziehen und sichtete und klärte, was er gelesen und gehört hatte. Auch dachte er viel über sich selbst nach. Was war inzwischen aus dem alten Eugene Debs geworden? Ich heiratete, um Kinder und ein gemütliches, offenes Haus für meine Freunde zu bekommen. Aber ich bin kinderlos geblieben und habe ein kaltes Haus, dessen Tür vor neuen Menschen und neuen Ideen verriegelt wird.
Die halbe Stunde nach dem Mittag- und Abendessen, wenn die Leute noch um den Tisch des Sheriffs saßen, verging meist mit Späßen und fröhlichem Gelächter. Als der Frühling warme Tage brachte, spielten sie Fußball auf dem Rasen des Gefängnishofes. Der kameradschaftliche Geist war unvermindert erhalten geblieben.

21

An einem Samstagnachmittag saßen sie an zwei Arbeitstischen zusammen, als der Sheriff Daisy, Daniel und Theodore hereinließ. Daisy packte sofort einen Korb aus voller Delikatessen aus Daniels Laden. Sie ließ sich nicht anmerken, ob die Umgebung, in der sie ihren Sohn besuchte, sie bedrückte.
Als die anderen Männer an ihre Studien gingen und die Familie Debs unter sich war, erkundigte sich Gene nach Terre Haute. Daniel erzählte vom Tode des Pfarrers Hanford und von dem großen Begräbnis, das die Heizer

von Terre Haute für ihn veranstaltet hatten. Gene fragte, ob mit Clarissa alles in Ordnung sei, und Theodore berichtete, daß sie mit dem Sohn einer wohlhabenden Familie in Terre Haute befreundet sei und jeder mit ihrer baldigen Heirat rechne.

»Wir sorgen uns um Kate, Gene«, sagte Daisy. »Ist sie gar nicht zu Hause, vielleicht auf Besuch bei Verwandten? Hast du von ihr gehört?«

»Nein, aber ich schreibe ihr jeden Tag und bin sicher, daß sie daheim bleibt, um meine Briefe zu bekommen.«

Daniel lehnte sich über den Tisch zu seinem Sohn. »Das Haus sieht verlassen aus, Junge. Niemand geht aus oder ein, nicht mal ihre Schwestern. Wir sind in Sorge, sie könnte krank sein.«

»Wart ihr einmal dort?«

»Ich gehe fast jeden Tag vorbei«, unterbrach ihn Theodore. »Ich streiche die interessanten Kommentare über dich in den Zeitungen an und schiebe sie unter ihre Tür.«

»Ihr braucht euch um Kate keine Sorgen zu machen. Sie ist nicht krank. Dies ist ihre Art, an meiner Strafe teilzunehmen. Ich glaube, das beweist nur, wie sehr sie mich liebt.«

Die Familie antwortete nicht.

Reporter der führenden Zeitungen kamen nach Woodstock, um sich mit Gene und seinen Leuten zu unterhalten. Die Gefangenen spielten ihren Besuchern nichts vor. Tag für Tag gingen Berichte durch die Presse, die besagten, daß diese Häftlinge nicht verbissene wilde Revolutionäre waren, sondern ernsthafte und ehrliche Männer, die von morgens bis abends über ihren Studien saßen.

Die Bewohner von Woodstock wurden sich allmählich bewußt, daß ihre Stadt durch die Anwesenheit dieser

»Feinde der Nation« nicht gedemütigt, sondern geehrt wurde. An einem Sonntagnachmittag, als Gene und seinen Freunden erlaubt war, das Gefängnis zu verlassen und durch die Straßen zu gehen, schenkten ihnen die Woodstocker ein freundliches Lächeln.
Drei Monate waren vorbei, und für Genes Freunde kam die Zeit, das Gefängnis zu verlassen. An jenem Morgen wuschen sie sich sorgfältig und zogen die sauberen, gestärkten Hemden an, die für den Tag der Entlassung bereitlagen. Am Frühstückstisch waren sich alle einig, in der Arbeiterbewegung zu bleiben. Durch das Gelächter seiner Kameraden spürte Gene den Kummer, ihn allein zu lassen. Er schüttelte einem nach dem andern die Hand, als sie hinaus in die Freiheit gingen.
Als Gene das Pfeifen des Zuges hörte, der südwärts nach Chikago rollte, packte ihn plötzlich das Gespenst der Einsamkeit. Mit einem Stoß Zeitungen aus allen politischen Lagern setzte er sich an den Tisch und begann, einen Artikel für die Railway Times zu schreiben. Seine Einsamkeit verlor ihren Stachel, als er sich in die Arbeit versenkte. Er hörte den Sheriff nicht eintreten.
»Morgen kommen zwei neue Gefangene, Mr. Debs. Ich glaube zwar nicht, daß die lange bleiben.«
»Ich räume gleich den Tisch, Sheriff. Vielleicht widerspricht es den Vorschriften nicht, wenn ich einen kleinen Arbeitstisch in meine Zelle bekomme?«
»Mir ist etwas Besseres eingefallen. Kommen Sie mit.«
Der Sheriff führte ihn ins Erdgeschoß, von dem sie durch den Kellergang zum Hofgebäude gelangten. An der entferntesten Ecke des Gebäudes öffnete der Sheriff eine Tür, die in einen kleinen helltapezierten Raum führte. Ein Tisch, mehrere Stühle und ein Schaukelstuhl standen darin. Die Fenster waren nicht vergittert.

»Die Behörde in Chikago hat auch erlaubt, daß Sie Ihren Sekretär kommen lassen, der während des Tages für Sie arbeitet. Ich kann Sie leider nicht hier schlafen lassen und muß Sie abends wieder in Ihre Zelle bringen.«
Gene hörte den Satz nicht einmal, so sehr war er von dem neuen Büro begeistert.

Zwei Tage später kam Lou Benedikt mit seiner Schreibmaschine und einer Unmenge von Briefen, die sich angehäuft hatten. In den nächsten Tagen machte sich Gene daran, diesen Berg aufzuarbeiten.
Als er eines Tages mit seiner Morgenpost beschäftigt war, hallten vertraute Schritte durch den Kellergang. Er diktierte weiter, doch mitten in der Formulierung eines Satzes ließ er seine Notizen fallen und lief zur Tür. Dort stand Kate in einem Reisekleid und drehte verlegen ihre Handtasche. Bevor er ihren Namen rufen konnte, lag sie in seinen Armen, und beide fanden keine Worte.
Lou Benedikt verschwand diskret. Gene führte Kate zu dem Schaukelstuhl und setzte sich ihr gegenüber. Er nahm ihre Hand: »Kate, du weißt nicht, wieviel mir das bedeutet – deine Reise nach Woodstock. Ich kann sehr gut nachfühlen, wie schwer dir das gefallen sein muß.«
Kate nahm sein Gesicht zwischen ihre Hände.
»Als ich erfuhr, daß du jetzt allein bist, konnte ich nicht länger warten. Es war zu schrecklich! Das Gefühl, daß du von allen im Stich gelassen bist, niemand zum Reden hast, kein anderes Gesicht siehst – die langen Nächte in Einzelhaft. Ich mußte einfach kommen, Eugene!«
»Du bist so blaß und dünn, Kate.«
»Ich habe mein Versprechen gehalten. Das erste Mal, als ich den Fuß aus dem Haus setzte, bin ich zu dir gefahren. Du wußtest, daß ich mein Versprechen einhalte, nicht

wahr, Eugene? Du wußtest, daß ich es mir daheim nicht gemütlich mache, während du hier leidest? Ich habe nur einmal am Tage gegessen und so wenig, daß es gerade reichte.«

Er küßte sie. Traurigkeit und Freude erfüllten ihn.

»Ja, Liebling, ich wußte, daß du dein Versprechen hältst, denn du warst immer treu. Aber sieh mich an, Kate! Ich hatte jeden Tag eine Stunde Bewegung in der Sonne, habe auch gut gegessen. Sogar Ruhe konnte ich hier finden, um zu studieren und nachzudenken.«

Kate erwiderte streng: »Dann war es richtig, daß ich doppelt gelitten habe, Eugene, denn irgend jemand mußte gestraft werden!« Ihr Ton wurde wieder sanft: »Ich habe ein Zimmer in dem kleinen Hotel gegenüber dem Park. Ich will dort bleiben, bis wir zusammen heimfahren können.«

22

Gewöhnlich saß Kate am späten Nachmittag in seinem Kellerbüro bei ihm. Wenn Besucher kamen, wartete sie draußen, so einmal, als Keir Hardie, der britische Arbeiterführer, Gene umständlich beweisen wollte, daß das Gewerkschaftswesen nur eine Station auf dem Weg zur Freiheit sei, einer Freiheit, die er allein unter dem Zeichen des Sozialismus für erreichbar hielt.

Eines Tages klopfte es an der Bürotür, und eine Stimme fragte: »Ist Mr. Debs daheim?«

»Was man so daheim nennt!« rief Gene.

Es war Victor Berger. Er trug eine schwere Mappe unter dem Arm und sah mit seinem zurückgebürsteten braunen Haar, der stahlgeränderten Brille, dem Vatermörder und der schwarzen Krawatte aus wie ein lutherianischer Geistlicher. Gene begrüßte den jungen Mann mit viel Wärme, denn der ehemalige deutsche Lehrer war ihm als einer der entschlossensten Kämpfer für Reformen bekannt.

»Nun, Mr. Debs«, begann Berger dröhnend, »hoffentlich sind Sie jetzt überzeugt, daß die Gewerkschaftsbewegung zu nichts führen wird.«

»Sie hat mich ins Gefängnis geführt«, antwortete Gene lächelnd. Berger war zu sehr von seiner Sache besessen, um sich Zeit zum Lachen zu nehmen.

»Ohne politischen Klassenkampf, Mr. Debs, sind alle Organisationsbestrebungen hoffnungslos. Sie wissen sicher, wie Ferdinand Lassalle die Gewerkschaftsbewegung charakterisierte: ›Aussöhnung des Arbeiters mit seinem Schicksal durch Narkose‹.«

Berger sprang auf und legte einen Stoß Zeitungen vor Gene auf den Tisch. »Lesen Sie diese Berichte hier! Sie handeln von Demonstrationen hungernder Arbeiter in London und Birmingham.«

»Ich kenne die Berichte, Mr. Berger. Keir Hardie brachte sie mir mit.«

»Dann werden Sie dieselben Schlußfolgerungen gezogen haben, daß der Arbeitskampf allein nicht ausreichend ist, die Verhältnisse der Arbeiterklasse zu verbessern.«

Berger begann den Tisch zu umkreisen. »Ich will ehrlich zu Ihnen sein, Mr. Debs. Ich bin hier in Woodstock, um Sie zum Sozialismus zu bekehren.«

»Das überrascht mich nicht sehr, Victor.«

»Aber was mich überrascht, Gene, ist, daß Sie noch immer mit Scheuklappen vor den Augen umherlaufen. Gewerkschaftswesen und Sozialismus sind zwei Arme ein und desselben Körpers. Jeder Arm muß seine Arbeit tun.«

Gene erhob sich und blickte aus dem kleinen Kellerfenster. »Das mag für Europa gelten, aber nicht für Amerika. Immer, wenn unsere Gewerkschaften gemeinsame Sache mit den Radikalen machten, wurden sie vor deren politischen Karren gespannt. Und wenn es ihrer Politik strategisch günstig erschien, haben sie unsere Organisation zu zerschlagen versucht.«

Berger zog sich einen Stuhl heran, setzte sich und verschränkte die Arme über der Lehne.

»Die Welt hat sich langsam von der Sklavenhaltergesellschaft zum Feudalismus mit seiner Leibeigenschaft und endlich zum modernen Kapitalismus hin entwickelt. Der Kapitalismus hat einem wichtigen Zweck gedient. Er hat das Land aufgeschlossen, hat den Produktionsapparat aufgebaut. Aber durch seine Weiterentwicklung hat er die eigene Basis zerstört: Der freie Wettbewerb ist durch die Existenz der allmächtigen Trusts aufgehoben worden. Die Industriellen und die Bankiers haben sich ihren eigenen Staat geschaffen! Es gibt nur eine Möglichkeit, die Herrschaft des Kapitalismus über das Volk zu brechen, nämlich die Herrschaft des Volkes über den Kapitalismus. Wenn wir ein freies Volk bleiben wollen, müssen wir die Bodenschätze und Produktionsmittel in unseren Besitz bringen.«

Gene drehte sich jäh um und blickte in die jungen braunen Augen.

»Ich glaube an die Gewaltlosigkeit. Und sollte ich je für Ihren Sozialismus arbeiten . . .«

Berger starrte Gene gebannt an und unterbrach ihn.

»Mein lieber Freund, ich weiß genau wie Sie, daß man Tyrannen töten und mit Dynamit und Kugeln Schrecken verbreiten kann. Aber wir beide wissen auch, daß man auf dieser Basis kein neues Gesellschaftssystem aufbauen kann. Ein gewalttätig durchgeführter Umsturz wird neue Diktatoren und neue Unterdrückung mit sich bringen, doch niemals Freiheit. So lange wir in der Minderheit sind, haben wir kein Recht, unsere Meinung der Mehrheit aufzuzwingen. Aber wir wollen diese Mehrheit für uns gewinnen.«

Gene setzte sich und begann, seine Bleistifte sorgfältig zu spitzen.

»Was werden die Eigentümer der Industriekonzerne davon halten, Mister? Sie glauben doch wohl nicht, daß die Goulds und die Armours, die Morgans, Hills und Pullmans sich gutwillig enteignen lassen werden?«

Berger bückte sich über seine Mappe.

»Friedrich Engels schrieb voriges Jahr: ›Wir halten die Entschädigung der Eigentümer keineswegs für eine Unmöglichkeit.‹ Sogar Karl Kautsky, der radikalste Theoretiker der Sozialisten, sagt: ›Es gibt eine Reihe von Erwägungen, die darauf hinauslaufen, daß ein proletarisches Regime den Weg der Entschädigung der Kapitalisten und Großgrundbesitzer beschreiten wird.‹«

Gene erwiderte schmunzelnd: »Ihr Sozialisten wollt also das Eigentum nicht mit gezogener Pistole wegnehmen? Doch setzen wir den Fall, sie wollen sich nicht auszahlen lassen. Was dann? Ihr wißt genauso gut wie ich, was darauf folgen wird: Blutvergießen und Chaos.«

»Nicht, wenn wir die Mehrheit des Volkes aufgeklärt haben.«

»Nein, Victor, wir müssen im Rahmen des bestehenden Systems unsere eigene politische Partei aufbauen. Wenn

die Gewerkschaften so stark sind, daß kein Bundesgericht sie zerschlagen kann...«
Berger erhob sich, legte einen Augenblick lang seinen Arm um Genes Schulter und murmelte: »Ach, Gene, ich dachte, Sie wären bereit. Ich dachte, Sie hätten Ihre Lektion gelernt! Aber ich bin geduldig. Ich werde wiederkommen.«
Berger hatte ihm eine ansehnliche Bibliothek dagelassen, in der sozialistische Vorkämpfer wie Ferdinand Lassalle, Karl Kautsky, Friedrich Engels, Emil van der Velde und Wilhelm Liebknecht vertreten waren. Nach dem Studium der Geschichte des Sozialismus wandte er sich wieder der amerikanischen Geschichte zu. Die amerikanische Gesellschaft erschien ihm jetzt wie eine Pyramide, deren breiten Sockel die Millionen der Habenichtse und deren Spitze die Größen der Hochfinanz bildeten. Es erschien ihm widersinnig, daß im Jahre 1895 achtzig Prozent der Gesellschaft aus Entrechteten bestehen sollte, die in Unwissenheit, Unterernähung und Angst vegetierten. Langsam, vorsichtig folgernd, kam er zu dem Schluß, daß eine Gesellschaftsordnung, die auf Versklavung ihrer Mitmenschen gegründet war, von Grund auf revidiert werden müsse.

23

Die letzte Zeit seines Gefängnisaufenthaltes in Woodstock verging schnell. Nach dem Frühstück pflegte er einen langen Spaziergang zu machen, grüßte die Frühaufsteher von Woodstock und freute sich, wenn sie zurückgrüßten. Eine Woche vor seiner Entlassung sprach Kate von ihren Plänen.

»Wenn du dich in diesen letzten Tagen nicht zu einsam fühlst, Eugene, möchte ich gern das Haus für deine Rückkehr vorbereiten. Ich habe es in einem solchen Zustand zurückgelassen, daß ich mich eigentlich schämen müßte. Ich will vorausfahren und alles herrichten.«

Gene war es recht.

Am Abend vor seiner Entlassung saß er lesend unter der Hängelampe, als Sheriff Eckert hereinkam.

»Es ist Besuch für Sie gekommen, eine Mrs. Harkness.«

»Mrs. Harkness ist eine Jugendfreundin aus Terre Haute.«

Seine Augen richteten sich auf die Eisentür, durch die sie eintreten mußte. Gloria war schwarz gekleidet. Ihr Gesicht dicht verschleiert. Sie machten ein paar Schritte aufeinander zu, dann standen sie schweigend da.

»Was für ein armseliger Gastgeber ich doch bin, Gloria. Jedesmal wenn du mich besuchst, sitze ich im Gefängnis.«

Er nahm sie beim Arm und führte sie zum Tisch. Er begriff, daß ein Unglück geschehen war. Gene wollte die Spannung zwischen ihnen auflösen und meinte:

»Du warst ein guter Prophet, Gloria. Für mich gibt es keine Gitter mehr. Wir alle befinden uns hinter geistigen Gitterstäben, doch jetzt sind sie verschwunden, und ich kann auf Meilen und Jahre den Weg vor mir sehen.«

Nach einer Weile antwortete Gloria mit ihrer sanften Stimme: »Ich glaube, ich kam in der Hoffnung, Gene, dich etwas Ähnliches sagen zu hören. In der Hoffnung, zu sehen, daß du keinen Haß gegen die Menschen hegst.«

Eine Ahnung stieg in ihm auf. »Ist deinem Mann etwas zugestoßen, Gloria?«

Sie senkte den Kopf, ihre Stimme kam so leise, daß er sie kaum hören konnte. »Ned ist tot, Gene. Das Begräbnis war heute morgen.«
Eine Weile konnte er nichts sagen. Endlich würgte er an der Frage: »Aber wie denn? Er war so kräftig, so gesund ...«
»Ein Jagdunfall. Einer seiner Freunde gab den Schuß ab. Er war sofort tot.«
Gloria lüftete den Schleier und schob ihn auf den Hut zurück. Sie war schöner als je zuvor.
»Ned war ein guter Mann, Gene, immer mild und freundlich zu mir und den beiden Kindern. Ich könnte den Gedanken nicht ertragen, daß jemand ihn in seinem Grabe mit Haß verfolgt.«
»Nein, Gloria«, beteuerte er, erschrocken, daß sie ein Rachegefühl erwarten könnte, »ich hasse ihn nicht. Ich habe mir gelobt, den Direktorenverband und seinen korrupten Einfluß auf die Gerichte zu bekämpfen, aber dein Mann hat doch nur seine Pflicht getan.«
»Dann verzeihst du ihm?«
»Es gibt nichts zu verzeihen, Gloria. Harkness erntete keine persönlichen Vorteile aus meinen Niederlagen.«
Sie schenkte ihm ein dankbares Lächeln und schob ihre Hand in die seine. »Ich würde deine Verbitterung verstehen. Du bist unschuldig und mußtest freigesprochen werden.«
Gene stand auf und ging zum Fenster.
»Es war seltsam für mich, Gene, der Verhandlung beizuwohnen«, hörte er Gloria sagen. »Dir wurde mit Zuchthaus gedroht, aber du warst ohne Furcht, nur mein Mann war von Angst gehetzt.«
»Von Angst gehetzt? Aber wovor hatte er denn Angst?«
»Ned stammte aus einer armen Familie«, antwortete sie.

»Aus der häßlichsten Art von Armut, Gene. Er ist in einer Elendshütte aufgewachsen, zerlumpt und verhungert. Sein Vater war Stahlarbeiter und stand achtzig Stunden in der Woche vor den Schmelzöfen. Ned's Name war nicht Harkness. Sein Vater war Tscheche und hieß Jan Plavaschek.«

»Aber Leute wie sein Vater waren es doch, denen wir immer helfen wollten!« rief Gene.

»Das wußte er, Gene. Er hatte große Angst, in dieses Elend zurückgestoßen zu werden. Nicht vor der körperlichen Entbehrung graute ihm, sondern vor der Demütigung durch die Armut. Selbst mit zwanzigtausend Dollar im Jahr war er nicht zufrieden. Sobald er sie besaß, wollte er dreißigtausend, dann vierzigtausend.«

»Und du, Gloria?«

»Mir lag nichts an Geld oder einem großartigen Haus, Gene. Alles, was ich mir wünschte, war Liebe, Heiterkeit und Kinder.«

Er saß mit gesenktem Kopf da und dachte an die vergangenen Jahre: Kate wäre sicher mit Ned Harkness glücklich gewesen. Während er ...

Gene blickte auf. Gloria war gegangen.

24

Als Gene die Treppe zu seinem Haus hinauflief und die sonst verschlossene Haustür offen vorfand, wußte er, daß etwas Wichtiges bevorstand. Die Vasen im Wohnzimmer waren voller Blumen, der Tisch im Speisezimmer war ausgezogen und die vier Verlängerungstafeln eingesetzt. Schnell stieß er die Küchentür auf und erblickte seine Frau, die gut gelaunt einen Puter aus dem Ofen zog. Sie unterhielt sich dabei auf deutsch mit einem jungen, kürzlich eingewanderten Mädchen. Plötzlich spürte sie seine Gegenwart. Mit einem strahlenden Lächeln wandte sie sich zu ihm und küßte ihn herzhaft auf den Mund.

»Ich möchte dir ein schönes Willkommen bieten, Eugene, und habe deswegen unsere Familien eingeladen. Sechsundzwanzig Personen sind wir beim Mittagessen, und fast hundert Einladungen habe ich zum Kaffee verschickt.«

Ihre Augen strahlten in einer neuen Sicherheit. Damals, als er zu der Gerichtsverhandlung fuhr, hatte sie ihn als Verlorenen betrachtet, der seiner Entehrung entgegenging, und jetzt stand sie als treue Gefährtin an seiner Seite.

»Kannst du ein Geheimnis für dich behalten, Kate, ich meine vor den Reportern?«

»Ich will's versuchen, Eugene.«

»Ich liebe Sie sehr, Mrs. Debs!«

Die Einladung war ein Erfolg. Daisy und Daniel saßen zu beiden Seiten ihres Sohnes.

Es war das erste Mal seit Jahren, daß sie zum Essen eingeladen waren. Genes Heimkehr und Kates unerwartete Gastfreundschaft erschütterten sie derart, daß sie ihr Essen kaum anrührten. Gene bemerkte unter dem funkelnden Licht des Kronleuchters, wie schmal und weißhaarig sie nun waren, und er begriff, wie sehr sie in den letzten Jahren um ihn gelitten hatten. Kate war offenbar nicht die einzige, die dafür zahlen mußte, mit ihm verbunden zu sein. Theodore ließ den ganzen Abend kein Auge von

seinem Bruder. Gertrude, der drei Jahre hindurch dieses Haus verschlossen war, konnte in ihrer Schüchternheit nur einen guten Appetit vortäuschen.
Gene schlief bis spät in den nächsten Morgen hinein. Als er in die Küche kam, fand er Kate bei der Zubereitung seines Frühstücks, und sie teilte ihm mit, daß Theodore in ein paar Minuten käme, um ihn zum Waldspaziergang abzuholen.

»Unsere alten Wanderpfade sind ziemlich zugewachsen, Theo«, sagte Gene nach einer Weile. »Ich sehe, du bist nicht oft hiergewesen.«
»Nicht mehr, seit du weg bist, Gene. Allein macht es keinen Spaß.«
Sie gelangten zu einer Lichtung, die im hellen Sonnenlicht dalag. Die beiden Brüder ließen sich nebeneinander ins Gras fallen.
»Wie stehen unsere Finanzen, Theo?«
»Schlecht, mein Lieber. Wir haben zwölftausend Dollar Schulden.«
»Zwölftausend! Hm, das ist derselbe Betrag, den die Bruderschaft der Heizer an Schulden hatte, als wir sie übernahmen.«
»Aber damals warst du entschlossen, den Lokheizern wieder auf die Beine zu helfen.«
»Du meinst also, die Eisenbahnergewerkschaften sind erledigt?«
Theodore schwieg.
»Wann hast du zuletzt dein Gehalt bekommen?«
»Vor ungefähr vier Monaten.«
»Und wovon habt ihr gelebt?«
»Gertrude ist sparsam.«
Gene richtete sich auf und zog die Knie unter das Kinn.

»Ich muß diese zwölftausend Dollar auf alle Fälle zurückzahlen, Theo. Die Vortragsagentur »Redpath« will mir für mehrere Monate jeden Abend ein Honorar garantieren. Susan Anthony sagte mir damals, daß sie auf Reisen geht, um zehntausend Dollar hereinzubringen, die ihre Zeitung zahlen mußte.«

»Man muß seinen Unterhalt verdienen, so gut man kann. Vielleicht ist es eine ganz gute Sache, herumzufahren und das große Publikum anzusprechen. Dabei kann man herausfinden, wie die Leute denken.«

»Ein Wort von dir«, murmelte Gene lächelnd, »und schon bin ich überredet.«

Als er heimkam, war das Haus voller alter Freunde, größtenteils Eisenbahner, mit denen er in den letzten zwanzig Jahren gearbeitet hatte. Kate und ihr deutsches Mädchen brachten Tabletts mit Kaffee und Gebäck. In heiterer Gelassenheit durchschritt sie ihre Zimmer und bot ihren Gästen von dem Gebäck an. Als sie in der Bibliothek an Gene vorbeikam, ohne ihn zu bemerken, legte er seine Arme um sie und küßte sie auf die Wange. »Kate«, flüsterte er, »es ist wie in den Flitterwochen.«

Gene teilte Kate seinen Plan von der Vortragsreise mit, dem sie zunächst skeptisch gegenüberstand. »Wer wird kommen, um dir zuzuhören?«

»Wird man sehen, – Leute eben.«

»Aber was hast du ihnen zu erzählen, das sie gerne hören möchten?«

»Die Geschichte, die mir passiert ist.«

»Aber die kennen sie doch längst!«

Geduldig erwiderte er: »Die Amerikaner sind komisch. Sie hören sich jeden gerne an, dessen Name und Gesicht einmal in der Zeitung stand.«

»Du meinst, berühmte Leute?«

»Ja«, und lächelnd setzte er hinzu, »... und berüchtigte!«
»Ich fürchte nur, Eugene, daß du von Stadt zu Stadt fahren mußt, dich auf endlosen Reisen zermürbst und am Ende nicht genug Geld hast, um deine Spesen zu bezahlen.«
»Es wird kein Risiko dabei sein. Die Agentur Redpath garantiert mir fünfundsiebzig bis hundert Dollar pro Vortrag, je nachdem, wie weit ich reisen muß.«
Sie blickte ihn ungläubig an. Er ging zu seinem Schreibtisch, nahm den Vertrag heraus und zeigte ihr die Honorarvereinbarung. Beim Anblick des Vertrages war es Kate, als ob sie plötzlich wieder auf festen Boden trete. Sie verstand zwar nicht, was vorging, aber sie war überzeugt, daß irgend jemand dazu verurteilt werde, eine Menge Geld zu verlieren, doch diesmal sollte es offenbar nicht ihr Ehemann sein.
»Scheint eine gute Sache zu sein, Eugene. Noch nie habe ich dich um Geld gebeten.«
»Nein, Kate, du warst großartig.«
»Doch das letzte Jahr war schwer für mich. Deine Vortragsreise wird das sicher wieder einbringen und noch einige tausend Dollar dazu.«
Traurig sagte er: »Das Geld ist nicht für uns, Kate.«
»Nicht für uns? Aber du hast doch den Vertrag unterzeichnet, Eugene?«
»Das Geld werde ich auch bekommen, aber die Eisenbahnergewerkschaft hat zwölftausend Dollar Schulden, und um diese Schulden abzutragen, unternehme ich diese Vortragsreise.«
Kate überlegte genau, was das bedeutete. »Wenn ich dich recht verstehe, Eugene, ist die Eisenbahnergewerkschaft bankrott?«
»So kann man es nennen.«

»Dann brauchst du auch die Schulden nicht zurückzuzahlen, Eugene! Nach dem Gesetz muß ein Geschäft, das bankrott geht, nicht mehr für die alten Schulden aufkommen.«

»Aber wir haben dieses Geld von Leuten geliehen, die uns vertrauten, Kate.«

»Trotzdem seid ihr gesetzlich nicht verpflichtet zu zahlen«, rief sie aufgeregt.

»Kate Metzel, ich bin überrascht! Du kommst aus einer erstklassigen Kaufmannsfamilie, und doch ist dir nicht klar, daß ein Geschäftsmann seinen Kredit nicht erschüttern darf. Wenn ich erst einmal meinen Bankrott erklärt habe...«

»Unsinn, Eugene, einige der erfolgreichsten Männer haben ihr Vermögen auf einem Bankrott aufgebaut.«

»Ich habe nicht vor, ein Vermögen aufzubauen, Kate. Ich will mir nicht nachsagen lassen, daß die erste Industriegewerkschaft Amerikas nicht nur versagt hat, sondern auch mit beträchtlichen Schulden bei ihren Freunden zugrunde gegangen ist.«

Kate gelang ein kleines Lächeln. »Da du so besorgt um deinen Kredit bist, kannst du da nicht auch an meinen denken? Mein Guthaben ist ziemlich erschöpft. Du willst doch sicher nicht, daß Kate Metzel bankrott macht und die ganze Familie Metzel in Verlegenheit bringt?«

Dankbar für ihr Einlenken rief er: »Du hast recht, Kate! Mit zwei Drittel des Honorares werde ich die Schulden der Gewerkschaft abzahlen, und ein Drittel werde ich dir überlassen.«

»Die Hälfte wäre angemessener«, erwiderte sie, »doch unter diesen Umständen soll's mir recht sein.«

25

Wieder einmal fuhr er kreuz und quer durchs Land. Überall, wo er hinkam, bot sich das gleiche Bild: Volksmengen füllten die Säle, verschlangen begierig seine Schilderungen des Streiks, der Gewalttätigkeiten, der Verhaftung. Sie spendeten Beifall, als er eine Verfassungsänderung forderte, die auch den Volkswillen zu Wort kommen lassen sollte; er forderte politische Macht für das arbeitende Volk; er forderte, daß die Regierung vom Einfluß der Trusts befreit werden sollte.

Sie klatschten Beifall, als er von Susan Anthonys Kampf um das Frauenstimmrecht erzählte, sie klatschten sogar, als er ihnen erklärte, daß Amerika seine großen Möglichkeiten nie werde verwirklichen können, wenn das Profitsystem nicht geändert würde. Finanziell kam Gene gut voran. Er hatte Theodore mehrere tausend Dollar geschickt und legte seinen Briefen an Kate jede Woche größere Schecks bei.

Körperlich erschöpft und geistig so erschlafft, daß er nicht sprechen konnte, ohne zu stottern, kehrte Gene im Frühling heim.

Kate bestand darauf, daß er sich in den kommenden Monaten ausruhen und entspannen sollte.

Mit dem Beginn des Sommers hatte er sich so weit erholt, daß er seine Morgenspaziergänge mit Theodore wieder aufnehmen konnte. Als Gertrudes Kind geboren wurde, blieb er mit Theodore die ganze Nacht wach und trank im

Morgengrauen mit dem jungen Vater ein paar Gläser auf das Wohl der kleinen Marguerite.

Eines Abends schien Gene die Zeit gekommen zu sein, seiner Frau zu sagen, daß er sich zum Sozialismus bekehrt habe.

Er blickte von dem Buch auf, das er las. »Ich möchte dir etwas Wichtiges sagen, Kate.«

Er sprach in seinem ruhigen vertrauten Ton, schilderte ihr die Anfänge seiner Arbeit und zeigte ihr, wie er in eine Sackgasse geraten war, dann sprach er von der elenden Lage der amerikanischen Arbeitermassen, die von jeder Wirtschaftskrise hart getroffen wurden, und erklärte ihr bedächtig die Wege zum Sozialismus, die schließlich zur Verstaatlichung des Grundbesitzes und der Bodenschätze führen sollten. Die Produktion für den Profit sollte umgestellt werden auf die Produktion zum Nutzen aller Arbeitenden. Er betonte, daß diese Lehre ihrem Wesen nach amerikanisch sei, daß sie ihre Ziele auf völlig gesetzmäßigem Wege anstrebe. Er sagte, er sei für Sozialismus, weil dieser besseren Lebensunterhalt und mehr Freiheit für alle ermögliche.

Kate erhob keine Einwände. Sie unterbrach ihn nicht, sie widersprach nicht, sie spottete nicht. Doch als er ihr endlich sagen mußte, daß er entschlossen sei, den Rest seines Lebens allein dem Aufbau des Sozialismus zu widmen, wurde es ihr schwindelig vor den Augen, und sie sank in einer schweren Ohnmacht zu Boden.

Vierter Teil

Kate lag sechsunddreißig Stunden bewußtlos, während ihre Schwestern an ihrem Bett saßen und Daisy mit Daniel beklommen im Wohnzimmer warteten. Gene war auf jeden Widerstand von Kate gefaßt gewesen, aber diese Reaktion machte ihn hilflos.

Dr. Reinche, der Hausarzt der Familie Metzel, bat Gene in Kates Schlafzimmer, wo die zwei Männer zu beiden Seiten des Bettes Platz nahmen. Der Arzt genoß bei seinen Patienten den Ruf eines Dickschädels, doch er verschaffte sich Respekt, weil er nichts unversucht ließ, seine Patienten zu kurieren.

»Sie behaupten, daß Ihre Frau bei guter Gesundheit war und sie plötzlich zu Boden fiel, während Sie mit ihr sprachen.«

Gene, dessen Augen gerötet waren, murmelte: »Ich weiß nicht, was meine Frau krank gemacht hat. Ich erzählte ihr, daß ich Sozialist geworden sei und den Rest meines Lebens ...«

»Sie Dummkopf!« platzte Dr. Reinche heraus. »Sie sagen einer Metzel, daß Sie für den Sozialismus sind, und wenn sie in Ohnmacht fällt, wundern Sie sich. Glauben Sie nur nicht, daß die Menschen alle durch Bazillen krank werden. Die meisten Krankheiten kommen von Dingen, die wir unter einem Mikroskop nicht entdecken können.«

Dr. Reinche schlug sich mit der flachen Hand auf die Stirn. »Denken Sie einmal über Ihre Frau nach. Wenn sie wach wird, muß sie der Tatsache ins Auge sehen, mit einem Sozialisten verheiratet zu sein. Das ist für Kate Metzel schlimmer, als einen Fremden in ihrem Bett zu finden.«

Gene saß wie vernichtet da.

»So lange der Sozialismus in diesem Hause spukt, wird Ihre Frau krank sein.«

»Als wir jung verheiratet waren, hat sie die Gewerkschaften genau so gehaßt.«

»Für eine Metzel verhält sich der Sozialismus zum Gewerkschaftswesen wie Schwindsucht zum Schnupfen.«

Der Arzt nahm seine Instrumententasche und verließ mit stampfendem Schritt das Zimmer.

Gene saß die ganze Nacht bei seiner Frau und betrachtete ihr bleiches, lebloses Gesicht. Sollte er auch einer von den Verdammten werden, die auszogen, um die Welt zu erneuern und damit ihre Familie vernichteten? Wie konnte er das seiner Frau antun, der er Liebe, Freundschaft und Schutz versprochen hatte?

Doch was blieb von seinem Leben eigentlich übrig, wenn er den Sozialismus aufgab? Sollte er sich später Vorwürfe machen, weil er nicht gewagt hatte, den Weg zur Freiheit zu beschreiten?

Kurz nach Sonnenaufgang öffnete Kate die Augen. Er strich ihr das Haar aus der Stirn, sagte ihr ein paar tröstende Worte und ging dann in die Küche hinunter, um ihr eine Tasse Tee zu machen. Wortlos trank sie.

Gene legte sich in der hinteren Kammer nieder, wo er sie hören konnte, wenn sie etwas wollte. Die Kammer war kalt, Kate hatte sie nicht möbliert. Das schmale Feldbett erinnerte ihn an Woodstock. Am Ende der Woche wurde Terre Haute von einem heftigen Schneesturm heimgesucht. Als er an diesem Abend nach Hause kam, stellte er

fest, daß sie seine Kleider aus ihrem Schlafzimmer entfernt hatte.
Er stand in der kalten und unfreundlichen Kammer. Seine Schlafsachen lagen auf dem schmalen Bett. Leicht schwankend schloß er die Augen. Von jetzt an verblieb ihm nur diese Kammer, das Haus würde Kate gehören. Durchfroren warf er sich auf das Bett.

2

Seit Jahren war Gene auf dem Weg zu seinen Eltern an dem alten Haus der Westons vorbeigekommen und wußte, daß die neuen Besitzer es verfallen ließen. Aber an diesem Sonntag ging etwas Ungewöhnliches vor. Schon von weitem sah er, daß Handwerker und Maler an der Arbeit gewesen waren. Neue, rot angestrichene Läden waren vor den Fenstern. Die Haustür stand weit offen. Er stieg langsam die Eingangstreppe hinauf und ging ein Stück in den Flur. Er hörte eine Frauenstimme aus der Küche. Plötzlich stand Gene vor Gloria.
»Willkommen, Gene!«
Sie ging um einen Haufen Schutt herum und faßte ihn bei den Händen. Fröhliches Gelächter schallte durch den offenen Flur.
»Gloria, was für eine Überraschung!«
»Warum bist du überrascht, mich in Terre Haute zu sehen? Chikago konnte ich nie leiden. Ich habe jetzt wahrgemacht, was ich schon immer vorhatte: Ich habe unser altes Haus zurückgekauft.«

»Aber warum läßt du es dann niederreißen?«
»Ich lasse nur ein paar Wände herausnehmen, um große Räume zu haben. Dann lasse ich neue Fenster einsetzen, damit mehr Sonne und Licht hereinkommen. Außerdem bauen wir einen mächtigen Kamin ein. Wirst du uns besuchen, Gene?«
»Wer ist ›uns‹, Gloria?«
»Nun ... Mutter ist nicht mehr bei uns. Sie ist vor ein paar Monaten gestorben. Vater ist hier – und dann sind natürlich meine beiden Töchter bei mir.«
Eine gedämpfte Stimme sagte hinter ihnen: »Hallo, Gene!«
Er drehte sich um und sah in das lächelnde Gesicht von Paul Weston. Er stand fast an der gleichen Stelle, als er ihm die Teilhaberschaft an seinem Anwaltsbüro angeboten hatte.
»Freut mich, dich hier wiederzusehen, Gene«, sagte Weston, »das muß ein gutes Omen für unsere Heimkehr sein.«
Zwei Monate später erhielt Gene eine Karte mit einem Aquarell des Weston-Hauses als Einladung zur Einweihungsfeier. Er zeigte sie Kate. Doch sie war über die unpersönliche Art der Einladung beleidigt.
»Nein, danke, Eugene, ich würde mich dort nicht wohlfühlen.«
»Aber es werden viele Leute hinkommen, Kate.«
Sie antwortete hart: »Ja, und man wird sich wilde Agitationsreden anhören müssen.«
Bei eintretender Dämmerung ging Gene zu Glorias Haus hinüber. Er trat ein und befand sich in einem der größten Räume, die er je in einem Wohnhaus gesehen hatte. Die Wände waren mit Zirbelkiefer getäfelt, und davor standen Bücherregale mit Hunderten an Bänden. Gene ging

umher, betastete die weichen Sessel, bewunderte die Bücher und Zeitschriften, die Schalen mit Früchten und Kuchen. Er stellte sich vor den Kamin und blickte auf das lodernde Feuer.

Das war es, wovon er immer geträumt hatte, ein Haus, das ihm bei seiner Heirat vorgeschwebt hatte. Paul Weston war der erste, der hereinkam und ihn begrüßte. Sein weißes Hemd war am Hals geöffnet, genau wie Gene es von früher an ihm kannte. Mit ihm kam ein breitschultriger, stämmiger Herr, den er Gene als Richard Hurtz, Professor für Maschinenbau, vorstellte. Die drei setzten sich auf ein Sofa gegenüber dem Feuer.

»Ich höre, Sie sind Sozialist geworden!« meinte der Professor.

Jetzt kam Gloria mit der Frau des Professors herein, und Gene atmete tief ein, als er sah, daß beide Damen einen neumodischen Hosenrock trugen. Sehr hübsch, dachte Gene, und sehr gewagt.

Gloria wandte sich lächelnd an ihn: »Gene Debs, glätte deine gefurchte Stirn! Kein Mann, der die politische Struktur unserer Verfassung ändern will, hat ein Recht, sich über einen Wechsel in der Frauenkleidung zu beschweren. Dies ist der neueste Modestil der Jeness Miller. Die schrecklichen Tournüren und Korsetts sind vorbei. Mrs. Hurtz und ich tragen als erste diese Mode, so haben wir uns kennengelernt.«

Die ersten Gäste erschienen, zuerst Max Ehrmann, ein junger Dichter, der in Harvard studiert hatte, danach vier junge Musiker, die ein Konzert für ihr Streichquartett vorbereiteten. Ihnen folgten einige Maler, dann fand sich eine Schauspielertruppe ein, die sich Thespianer nannte. Mit einigen Gästen war Gene aufgewachsen, andere waren später zugezogen oder Leute, die er nur flüchtig kannte. Man diskutierte und lachte, Gloria hatte für ein buntes Gemisch von Menschen und Meinungen gesorgt. In den wenigen Monaten seit ihrer Rückkehr nach Terre Haute hatte sie ein gesellschaftliches Leben entwickelt. Gene lernte auch Glorias Töchter kennen. Imogen, die ältere, war ein schlankes, rothaariges Mädchen, mit dem ovalen Gesicht und den blitzenden grünen Augen ihrer Mutter.

Nedina hatte dunkelbraune Augen und glänzendes schwarzes Haar.

Das Streichquartett spielte Debussy. Dann führten die Thespianer den ersten Akt von Brieux's »Die drei Töchter der Madame Dupont« auf. Gloria bat den Autor, aus seinem neuen Roman vorzulesen.

Gene war plötzlich erstaunt, daß es schon Mitternacht war. Er beobachtete Gloria von der Seite, wie unverändert schön sie war. Nichts in Glorias Leben konnte fade, kalt oder förmlich werden. Ihr Geist schuf sich überall Luft und Licht, weil sie gänzlich ohne Furcht war.

Im Osten ging der dunkle Nachthimmel bereits in ein lichtes Grau über, als Gene sich auf den Heimweg machte. Es war eine der glücklichsten Nächte seines Lebens gewesen. Alle waren so angeregt und fröhlich gewesen. Nur Nedina schien nicht glücklich zu sein. Er hatte sie mehrere Male am Abend betrachtet. Während sie sich im Zimmer aufhielt, war ihr Gesichtsausdruck düster, fast bösartig gewesen, als ob sie diese Zusammenkünfte nicht verstehen könne. Sie ähnelte natürlich ihrem Vater, Ned Harkness. Doch warum sollte sie unglücklich sein, dies war ihr Heim, es waren die Freunde ihrer Mutter. Die schöne Musik und Poesie hätten ihren jungen Geist anregen sollen. Als er die Eingangstreppe seines Hauses erreichte, fiel ihm die Antwort ein: Ned Harkness würde

diese Leute gehaßt haben, weil er ihre Bohème-Art, ihre Gespräche über Kunst und Musik, ihre radikalen Ansichten verabscheute. Nedina war Ned Harkness' Tochter, eine Fremde im Hause ihrer Mutter, die ihres Vaters Kampf kämpfte.
Ganz Terre Haute wußte von Glorias Einweihungsfest. Wegen der roten Fensterläden und der roten Tür hatte das Haus der Westons bereits den Namen »Das rote Haus« erhalten, womit man es einerseits als ein Zentrum des Radikalismus charakterisierte und andererseits zweideutig zu den gewissen dunklen Häusern mit den roten Lampen einreihte.
Als Gene verspätet zum Frühstück kam, erwiderte Kate seinen Gruß nicht, sondern fragte: »Schämst du dich gar nicht?«
»Weshalb sollte ich mich schämen, Kate?«
»Daß du auf dieser unmoralischen Gesellschaft warst!«
»Unmoralisch! Kate, es war eine der nettesten ...«
»Willst du mir erzählen, daß du nicht die ganze Nacht da warst?«
Er lachte. »Ich bin tatsächlich erst im Morgengrauen heimgekommen, aber ich war der erste, der ging. Wer weiß, vielleicht ist die Gesellschaft jetzt noch beisammen.«
»Du meinst, sie liegen alle betrunken unter den Tischen?«
»Aber nein, Kate«, protestierte er, »niemand hat sich betrunken.«
»Es ist zwecklos, Eugene, die Leute zu verteidigen. Ich weiß, daß diese frechen emanzipierten Frauen Männerhosen trugen.«
»Keine richtigen Hosen, Kate, es ist nur eine neue Mode, eine Art geteilter Rock. Diese Damen benahmen sich ge-

nau so gesittet, wie du dich auf einer Gesellschaft verhalten würdest.«
»Hast du mich je auf dem Boden sitzen sehen?«
»Nein.«
»Diese Gloria Harkness ...«
Er unterbrach sie, ehe sie den Satz vollenden konnte: »Mrs. Harkness wohnt mit ihrem Vater und zwei erwachsenen Töchtern zusammen.«
»Ich kenne diese Art Frauen, Eugene. Ihr einziger Gedanke ist es, Männer um sich zu haben, die ihr den Hof machen. Aber damit wird sie hier in Terre Haute nicht durchkommen.«
Hoffentlich, dachte Gene, erfährt Kate nie, wie ich Gloria geliebt habe!

3

Bei der Beantwortung aller Fragen, mit denen er auf seiner Vortragsreise bestürmt worden war, hatte er Argumente aus Gordons »Harte Zeiten«, Watkins »Aufschwung der Industrie« und Rogers »Sechs Jahrhunderte Arbeit und Lohn« angeführt. In den Gewerkschaftszeitungen waren seine Reden veröffentlicht worden, und darauf erhielt er eine Flut von Briefen mit Geldbeträgen für die Bücher und Broschüren, auf die er sich bezogen hatte. Er gab das Geld dem örtlichen Buchhändler zur Erledigung der Bestellungen.
Aber die meisten der gewünschten Bücher waren nicht zu beschaffen. Gene war fest entschlossen, sie dennoch wie-

der verfügbar zu machen, und besuchte deshalb den alten Langen, der jetzt hoch in den Siebzigern war und ein Käppchen trug, um seinen kahlen Kopf warmzuhalten. Den größten Teil des Geldes, den die Eisenbahnergewerkschaft »Moore und Langen« schuldete, hatte Gene bereits gezahlt, aber er war der Firma noch ungefähr tausend Dollar schuldig. Er erklärte Langen, daß er ein paar Bücher und Broschüren gedruckt haben möchte, jedoch sei er zur Zeit ohne laufende Einkünfte.

»Ich möchte sie gern für zehn Cent verkaufen.«

»So viel wird allein der Druck kosten, Mr. Debs. Da bliebe nicht der geringste Spielraum für einen Profit.«

»Ich weiß, Mr. Langen, aber ich will gar nicht daran verdienen. Ich wende mich nun mal an Arbeiter, und was über zehn Cent hinausgeht, würde sie zu schwer belasten.«

Der alte Mann schüttelte verzweifelt den Kopf. »Sie sind ein Geschäftsmann, Mr. Debs, der nicht einmal klug genug ist, die Konkursgesetze für sich auszunutzen. Auf diese Weise hätten Sie sich die Abzahlung Ihrer alten Schuld sparen können.«

Gene lachte dem Alten zu. »Das ist kein so schlechtes Geschäft, wie Sie denken, Mr. Langen, sondern ein verteufelt gutes. Dadurch bin ich in der Lage, diese Bücher bei Ihnen drucken zu lassen, ohne einen Cent in der Tasche zu haben.«

Mr. Langen schüttelte den Kopf. »Wir sind vermutlich beide zu alt, Mr. Debs, um unseren Charakter zu ändern. Welchen Namen möchten Sie denn als Verlag in die Bücher setzen lassen?«

»Verlag?« fragte Gene, »am Ende steige ich damit wirklich ins Verlagsgeschäft ein, wie? Ein gewisser Hill machte mir vor einiger Zeit den Vorschlag, eine Reihe von Lehrheften herauszubringen, die die Anfangsgründe der Feuerungstechnik und des Maschinenwesens enthalten sollten. Vielleicht können wir beide Projekte unter einen Hut bringen. Die Gewinne, die Hills Publikationen erbringen, könnten die Druckkosten für die sozialistische Literatur decken.«

Gene beschloß, Daniel de Leon zu besuchen, den Führer einer Gruppe von deutschen Einwanderern, die sich die »Sozialistische Arbeiterpartei« nannten. Diese Partei war im wesentlichen auf die Stadt New York beschränkt. Mit den ersten paar Dollars, die Hills Lehrbücher einbrachten, reiste Gene nach New York. Er drängte sich durch das Menschengewühl um die Wohnblocks der Read Street und stieg die drei hohen schmalen Treppen zu Leons Büro hinauf. Durch die Tür sah er einen weißbärtigen Mann in einer Ecke des Büros sitzen. Gene wußte, daß Leon ungefähr in seinem Alter war, doch der weiße Bart und die von tiefem Ernst brennenden Augen ließen ihn sehr alt und zugleich zeitlos erscheinen. Daniel de Leon war auf Curaçao, einer holländischen Insel in der Karibik, geboren.
Gene fiel der Staub auf den vielen Büchern in den Regalen und auf den Zeitungen, Broschüren und Manuskripten, die den Schreibtisch bedeckten, auf.
Leon stand nicht auf; auch reichte er Gene nicht die Hand. Er war untersetzt, massiv, und sein hochstirniger kahler Schädel war von mächtigem Format. Er erinnerte Gene verblüffend an James Hill, den Gründer der Great Northern-Eisenbahn. Doch wo Hill bei seinem gewaltigen Vorstoß in unerschlossenes Land Schienen durch Urwälder gelegt hatte, da trug Leon die Fackel der Revolution durch das weite Land eines ungerechten sozialen

Systems. Er hatte dabei zwar Anhänger gesammelt, aber gleichzeitig ein Heer von Feinden. Dabei fehlte Daniel de Leon nichts von den Fähigkeiten eines James Hill. Er hatte alle Würden der juristischen Fakultät in Columbia erworben und galt unter seinen Kollegen als einer der größten Rechtswissenschaftler seiner Zeit. Mit fünfundvierzig Jahren begann er, sich mit den Werken von Marx und Engels zu beschäftigen, war dann in die »Sozialistische Arbeiterpartei« eingetreten und nach ein paar Jahren deren Parteiführer geworden.
»Ich habe gelesen, daß Sie Sozialist geworden sind, Mr. Debs«, begann Leon mit gedämpfter Stimme, »darf ich fragen, zu welcher Art von Sozialismus Sie sich bekennen?«
»Ich weiß noch nicht; ich bin wie einer, der plötzlich religiös geworden ist und nicht weiß, welcher Kirche er sich anschließen soll.«
Gene hatte es als Scherz gemeint, in der Annahme, Leon würde lächeln und das Gespräch auf angenehme Weise fortsetzen. Doch Daniel de Leon war kein Freund von Scherzen.
»Meinen Sie, der Sozialismus ist ein Spiel?« Seine Stimme nahm an Kraft und Eindringlichkeit bei jedem Wort zu. »Es gibt nur einen Sozialismus, Mr. Debs, und das ist der Sozialismus der Marxschen Dialektik. Ich bin in Amerika der offizielle Vertreter dieses echten Sozialismus.«
Noch immer bemüht, eine freundliche Basis für dieses Gespräch zu schaffen, murmelte Gene:
»Ich habe einige Ihrer glänzenden Artikel in Ihrer Zeitung ›Das Volk‹ gelesen, aber offen gesagt, ich habe Schwierigkeiten mit dem, was Sie Dialektik nennen. Ich kenne auch das ›Kapital‹, doch ich muß zugeben, daß ich

es nur teilweise verstanden habe. Ich bin eben kein Sozialist des Geistes, ich bin Sozialist des Herzens.«

Leon schob seine Hand unters Kinn und krallte seine Finger in die weiße Halsbinde.

»Sie sind ein sentimentaler Sozialist, Mr. Debs, und das ist noch schlimmer als ein christlicher Sozialist. Alles, was Sie fertig bringen, ist, die Auswüchse des Kapitalismus zu bejammern und Almosen für die Arbeitslosen zu erbetteln. Ihr Schreihälse fügt der Bewegung mehr Schaden als Gutes zu. Die Arbeiter überzeugt man mit kalter Logik und die Kapitalisten mit heißem Blei!«

In seinen Vorwürfen lag viel Wahrheit, dachte Gene.

»Haben Sie denn bei den amerikanischen Arbeitern damit Erfolg gehabt?«

»Erfolg!« spuckte Leon, als ob ihm ein Insekt in den Mund geflogen wäre. »Das ist der widerwärtigste aller bürgerlichen Begriffe! Glauben Sie, ich brauche Millionen von Männern, um eine Revolution zu entfesseln? Wenn der richtige Moment gekommen ist, werde ich mit einer Handvoll gut geschulter und gehorsamer Anhänger die Regierungsgewalt ergreifen.«

»Es kann Ihnen aber doch nur nützlich sein, den amerikanischen Arbeiter auf Ihrer Seite zu haben. Ich bin hier, um eine Vereinigung der Kräfte vorzuschlagen. Ich habe viele tausend Freunde unter den Eisenbahnern.«

Leon schnellte in die Höhe. »Sehr gut, Mr. Debs! Ich bin bereit, Sie und Ihre Organisation aufzunehmen, aber Sie müssen erst die Satzungen und Bedingungen erfahren.«

»Wir wünschen einen Zusammenschluß, der unsere Stärke verdoppeln würde.«

»Versuchen Sie, mich zu verstehen, Mr. Debs. Es gibt keine Fusionen. Sie und Ihre Leute kommen als gehorsame Mitglieder in meine Organisation. Ihre Hauptaufgabe wird es sein, meinen Willen zu erfassen und meine Befehle auszuführen. Es gibt keine Diskussionen in der ›Sozialistischen Arbeiter-Partei‹. Wir haben keinen Platz hier für Männer, die Werkzeuge in den Händen der Kapitalisten sind.«

Dieser Mann übertrumpft noch James Hill, sagte sich Gene. »Sollte Ihre Revolution eines Tages Erfolg haben, Mr. de Leon, werden dann die Menschen die Freiheit haben, zu denken, was sie wollen, werden sie ihre Meinung frei sagen können?«

Leon schoß aus seiner Ecke hervor. »Das wird nie geschehen!« schrie er. »Wenn die kapitalistischen Diebe hinter unserem Rücken ihr Garn spinnen, um den Sozialismus zu überwältigen, dann ist es doppelt wichtig, daß jeder Mann in Amerika so handelt, wie ich es ihm sage! Nein, Mr. Debs! Wenn ich Beherrscher des sozialistischen Amerika bin, werde ich unser Volk nicht mit billiger Talmi-Freiheit zum Narren halten. Ich werde ihm die echte Freiheit geben, die Befreiung von der Armut, von der Arbeitslosigkeit, von Kälte und Hunger!«

Bedrückt sah Gene vor sich hin. War dies der Sozialismus? fragte er sich entsetzt. Gene hatte geglaubt, unter dem Sozialismus würde der Geist frei aufblühen.

»Wenn Sie den Menschen in eine Maschine verwandeln, wenn Sie ihm sein Recht und seine Fähigkeit nehmen, für sich selbst zu denken und zu handeln, wie unterscheidet er sich dann von der Maschine, die er in der Fabrik bedient?«

Leon ballte die Faust, setzte sich hinter seinen Schreibtisch und tauchte die Feder ins Tintenfaß, um seine Arbeit fortzusetzen.

Als Gene zur Tür ging, hörte er Leon hinter sich sagen: »Ihr sentimentalen Reformer seid für uns gefährlicher als die Pullmans. Wir werden euch zuerst vernichten müssen, ehe wir unsern Feinden gegenübertreten und sie ins Meer treiben.«

4

Der Bericht von der Verhaftung war bereits mehrere Tage alt, als Gene in der Zeitung darauf stieß. Er eilte zur Polizeistation und fragte den Sergeanten:

»Was liegt gegen Clarissa Hanford vor?«

Der Beamte blätterte in einem blauen Heft. »Unzüchtiges Benehmen. Sie war mehrfach verwarnt worden, weil sie sich nur im Dirnenviertel aufhielt.«

»Im Dirnenviertel? Aber sie ist doch noch ein halbes Kind?«

»Es ist nicht meine Schuld, Mister«, erwiderte der Beamte, »schließlich wurde sie dreimal wegen Prostitution aufgegriffen.«

»Wie hoch wird die Strafe sein, Sergeant?«

»Drei Monate.«

In seinen Gedanken sah Gene Clarissa in dem engen roten Kleid und den Stöckelschuhen, um die Freuden dieser Welt um jeden Preis zu genießen.

»Kann ich sie besuchen, Sergeant?«

»Ich denke, ja. Sie hat noch keinen Besuch bekommen, seit sie vor drei Tagen eingeliefert wurde.«

Die Aufseherin führte Gene einen langen Gang hinunter und blieb vor einer Zellentür stehen. Gene sah eine Gestalt schlaff und leblos auf einem Bett zusammengesun-

ken sitzen. Die Wärterin schloß die Tür auf und ließ Gene in die Zelle. Er setzte sich neben Clarissa und legte eine Hand auf ihre Schulter.
»Clarissa«, sagte er, »ich bin Eugene Debs. Du erinnerst dich an mich? Ich war ein Freund deines Vaters. Ich bin gekommen, um dir zu helfen.«
Clarissa hob den Kopf, ihr Gesicht war vom Weinen geschwollen. Sie trug noch ihr buntes Kleid, das jetzt zerdrückt und schmutzig war. Sie starrte Gene an, ohne ihn zu erkennen.
»Ich habe deinen Vater geschätzt, Clarissa. Er war einer der besten Menschen, die Gott geschaffen hat.«
»Sprechen Sie zu mir nicht von Gott!« schrie sie.
Reden war hier sinnlos. Er stand auf und winkte der Aufseherin.

Gene saß fast eine Stunde ruhelos in dem zugigen Korridor, bevor der Polizeichef erschien. Er stellte sich vor und kam sofort zur Sache.
»Darf ich Sie bitten, Mr. Flanner, Clarissa Hanford sofort zu entlassen. Ich werde mich um sie kümmern.«
»Clarissa Hanford? Ich erinnere mich nicht an den Fall.«
»Sie ist die Tochter von Pfarrer Peter Hanford. Sie haben vermutlich von ihm gehört. Er hatte jahrelang die Missionsstation hinter dem Bahnhof. Das Mädchen ist seit drei Tagen in Haft.«
»Und weswegen wurde sie eingeliefert?«
»Wegen Prostitution.«
Der Polizeichef blies Rauch auf den Aschenkegel seiner Zigarre, dann nahm er das Telefon, und bald darauf wurde Clarissa hereingeführt.
»Sie verstehen, Mr. Debs, daß Sie eine offizielle Fürsorgepflicht übernehmen, wenn wir dieses Mädchen in Ihre

Obhut entlassen. Falls sie wieder auf der Straße aufgegriffen wird, kommt sie ins Provinzial-Gefängnis, bevor Sie noch etwas dagegen unternehmen können.«
Gene ließ einen Wagen holen. Sie waren ein paar Straßen weit gefahren, als Clarissa aussteigen wollte.
»Du willst aussteigen? Aber Clarissa, wo willst du denn hin?«
»Das lassen Sie nur meine Sorge sein!« erwiderte sie.
»Verzeih mir«, sagte Gene ruhig«, daß ich dir widersprechen muß, aber ich bin nicht sicher, daß du selber für dich sorgen kannst – wenigstens nicht im Augenblick.«
»Ach, da wollen Sie also jetzt für mich sorgen«, spottete sie.
Gene überhörte diese Anspielung. »Ich nehme dich mit in mein Haus. Dein Vater hätte das sicher von mir erwartet. Du brauchst Ruhe, Essen und Freunde um dich. Wenn du dich besser fühlst und bereit bist zu arbeiten, werden meine Frau und ich dir eine Stelle suchen.«

Kate saß vor ihrem Toilettentisch und war damit beschäftigt, die Haare zu beiden Seiten der Stirn aufzulockern. Sie trug ein hochgeschlossenes schwarzes Kleid mit eingestickten Blumen. Gene hielt das für ein gutes Zeichen. Aber als er ihr von Clarissa Hanford erzählte, ließ sie den Kamm fallen und sah ihn mit blitzenden Augen an.
»Bist du verrückt geworden, Eugene! Wie kannst du es wagen, eine solche Person in mein Haus zu bringen?«
Gene versuchte zu erklären. »Sie ist nur verstört und unglücklich, Kate.«
Er setzte sich neben seine Frau auf die Polsterbank. »Hilf mir, das Mädchen auf den rechten Weg zurückzubringen. Die Schwierigkeiten ihres Vaters haben damit begonnen, daß er während des Eisenbahnerstreik auf meiner Seite

war. Clarissas Mutter starb früh, sie hat nie eine Frau gehabt, die ihr hätte helfen können. Das hat ihr vielleicht am meisten gefehlt.«
Kate sprang auf, ging zur Tür und lehnte sich dagegen.
»Soll das heißen, daß du das, was sie getan hat, billigst?«
»Es gibt nichts in dieser traurigen Affäre, was ich billige. Aber wir dürfen Clarissa nicht zugrunde gehen lassen!«
»Wie naiv du bist! Diese Huren machen es sich leicht! Sie tanzen und trinken jede Nacht und scheren sich nicht um Verpflichtungen und Verantwortung. Schick sie dahin zurück, wo sie hingehört, wo sie sich glücklich fühlt!«
»Ich bitte dich, Kate, wenn wir ihr nicht helfen, wird sie in ein paar Wochen wieder im Gefängnis sitzen.«
Seine Frau richtete sich majestätisch auf.
»Kate, du weißt nicht, wie es ist, wenn sich die Gittertüren hinter einem schließen ...«
Kate hörte ihm kaum zu. Und nun betonte sie jede Silbe mit schrecklicher Genauigkeit.
»Dies ist also ›freie Liebe‹, nun weiß ich es. Es ist ein Teil des ganzen Spuks, den ihr Sozialismus nennt.«
Gene schüttelte betrübt den Kopf.
»Dann ist es der Einfluß dieser Mrs. Harkness. Wenn du nicht ihrem Zauber verfallen wärst, hättest du nie daran gedacht, diese schmutzige Kreatur zu verteidigen.«
Gequält erwiderte er: »Gloria ist eine gesittete Frau. Sie hat nie etwas Unmoralisches oder Schimpfliches in ihrem Leben getan.«
»Sie würde wahrscheinlich entzückt sein, Clarissa aufzunehmen. Sie ist ja von ihrer eigenen Art.«
»Ja, Gloria würde Clarissa aufnehmen. Aber man sollte sie nicht bitten, die Verantwortung für eine Fremde zu tragen. Hanford war mein alter Freund, ich fühle mich für seine Tochter verantwortlich.«

Kate erwiderte in fast freundlichem Ton: »Es gibt Institute, die eine solche Person aufnehmen.«
»Das einzige Institut, das sie nimmt, ist das Provinzialgefängnis. Wenn wir sie bei uns behalten, bis sie einen jungen Mann findet, der sie liebt und heiratet ...«
Kates Gesicht wurde flammend rot.
»Wie abscheulich von dir, Eugene! Einem anständigen jungen Mann eine Dirne anhängen zu wollen! Was denkst du dir eigentlich dabei, sie hier im Hause zu behalten? Es wird einen Skandal geben, und wir verlieren unsere gesellschaftliche Stellung für immer.«
Nachdenklich lächelte Gene. »Ach, Kate, es ist uns kaum noch eine gesellschaftliche Stellung geblieben. Seit ich Sozialist bin, will mein eigener Schwager mich nicht mehr in sein Haus lassen. Du siehst also, wir haben nichts zu verlieren.«
Ein kalter Schauer schüttelte Kate.
»Sag lieber, du hast nichts zu verlieren! Denn du hast jede Gelegenheit verpaßt, etwas aus dir zu machen. Aber ich habe noch meinen alten Platz in der Gesellschaft. Wenn dieses Mädchen nur eine Nacht bei uns bleibt, werden die Leute über mein Haus reden.«
»Aber ich habe keinen anderen Platz, wohin ich sie bringen könnte.«
»Vielleicht zu Theodore und Gertrude, die haben deine verrückten Einfälle immer gebilligt.«
»Sie haben nur eine Schlafkammer, und wir haben ein Fremdenzimmer.«
»Dieses Mädchen wird nicht mein Gast sein. Wenn sie heute nacht hier bleibt, ziehe ich aus. Bei dieser Gelegenheit darf ich daran erinnern, daß ich es bin, die dieses Haus erhält.«
Sie ging an einen Schrank, nahm eine Reisetasche heraus.

»Bringst du jetzt das Mädchen weg, oder treibst du mich aus meinem eigenen Heim?«
Gene konnte nur noch bitten: »Kate, tu es für mich, bitte. Nur für ein paar Tage, bis ich ein gutes Heim für sie gefunden habe.«
Kate legte ihren Kimono in die Tasche, ließ das Schloß zuschnappen, nahm einen Mantel über den Arm und ging aus dem Hause.

Gene führte Clarissa ins Fremdenzimmer, wünschte ihr eine gute Nacht und begab sich eilig zu Theodore.
»Du weißt, Eugene, ich würde dir jeden Wunsch erfüllen«, sagte Gertrude freundlich, »aber wie kann ich in dein Haus kommen, wenn Kate mich nur einmal in all den Jahren eingeladen hat?«
Gene umfaßte seine Schwägerin mit hilfloser Zärtlichkeit. »Mir ist nie so elend zumute gewesen, Gertrude. Bitte, tu es mir zuliebe.«
Er konnte den Schauder fühlen, der Gertrude bei dem Gedanken durchrann, ungeladen in Kates Haus zu gehen, dann aber hob sie ihr ehrliches Gesicht und sagte: »Also gut, Gene, wenn es so viel für dich bedeutet.«
Unterwegs kauften sie ein Kleid und ein Paar Schuhe für Clarissa.
In den nächsten Tagen versuchten Gene und Gertrude, sich mit dem Mädchen anzufreunden. Clarissa blieb jedoch unzugänglich. Ihr Gesichtsausdruck war stumpf und leer, als ob alle geistigen Regungen in ihr erloschen wären. Gertrude versuchte, sie fürs Kochen und den Haushalt zu interessieren, aber Clarissa reagierte auf nichts.
Gene hatte sich bemüht, die Angelegenheit geheimzuhalten. Doch bald erfuhr er, daß es für ihn kein Privatleben mehr gab. Reporter kamen ins Haus, und am vierten Tag

las er in einem der Blätter ein Zitat aus einer seiner eigenen Reden:
»Sollte man nicht besser die Sittenlosigkeit der Leute in hohen Stellungen anklagen, statt arme und schutzlose Mädchen zu verfolgen?«
Mehrere Reporter fragten Gene, ob die Rettung gefallener Mädchen ein Teil des sozialistischen Programms sei, und er erwiderte, daß der Sozialismus das Ziel habe, allen schutzlosen Amerikanern zu helfen.
Am Neujahrstag hatte er formell seinen Schritt zum Sozialismus bekanntgegeben, doch die Zeitungen hatten darüber keine Zeile berichtet. Durch Clarissas Geschichte erfuhr die Öffentlichkeit nun, daß Eugene Debs Sozialist geworden war.

Kate kehrte in Begleitung eines Rechtsanwaltes zurück. Gertrude suchte eilig ihre Sachen zusammen und entfernte sich durch die hintere Haustür.
Kate ergriff als erste das Wort. »Ist dieses Mädchen noch im Hause?«
»Ja, Gertrude hat sich ihrer angenommen«, erwiderte Gene.
Der Anwalt erklärte scharf: »Entweder haben Sie das Mädchen bis zum Abend aus dem Hause entfernt, oder Sie selbst werden es verlassen.«
Genes Blicke irrten verstört zwischen dem Juristen und Kate hin und her. »Ich soll das Haus verlassen? Ich verstehe nicht.«
»Dieses Haus ist auf Mrs. Debs' Namen überschrieben«, sagte der Anwalt. »Es gehört ihr. Sie haben keine legalen Rechte hier.«
Kate näherte sich Gene und berührte seine Wangen mit den Fingerspitzen. »Es ist nicht so gemeint, Eugene. Wir

meinen nur, daß das Mädchen aus dem Haus muß. Sie war jetzt lange genug hier.«
Gene ging zu einem Stuhl und ließ sich schwer darauf fallen. Es war unglaublich, daß Kate ihm mit Enteignung drohte. Waren sie dabei, ihre Ehe aufzulösen und für nichtig zu erklären?
Er wandte sich schwerfällig seiner Frau zu. »Kate, wie kann das alles ...«
Der Anwalt nahm seine Mandantin am Arm und führte sie aus dem Raum. Er rief Gene noch zu:
»Wir sind um fünf Uhr zurück, Mr. Debs. Entweder Sie sind dann alleine hier, oder ich sorge dafür, daß Sie beide gehen.«
Gene hörte die Haustür zufallen. Er fühlte sich elend. Er erstickte hier zwischen Kates Wänden. Mühsam raffte er sich auf und begab sich auf die Straße. Mechanisch führte ihn sein Weg auf den Güterbahnhof, wo er an den Schienen entlangging. Es wurde ihm nicht bewußt, wie weit er herumgeirrt war, aber er wußte, daß er um fünf zurück sein mußte, um Clarissa aus dem Haus zu holen und für sie beide eine Unterkunft zu suchen.
Er war erleichtert, auf der Uhr in der Diele zu sehen, daß es erst vier Uhr war. Er ließ sich in einen Sessel fallen. Seine Füße schmerzten. Dann spürte er, daß jemand im Zimmer war. Er blickte auf. Clarissa stand im Schatten eines Vorhangs. Sie sah ihn an, doch ihr Gesicht zeigte nichts mehr von Bitterkeit oder Gleichgültigkeit.
»Ich habe gehört, was unten gesprochen wurde, Mr. Debs. Man will Sie aus Ihrem Haus vertreiben!«
»Laß es gut sein, Clarissa«, murmelte er. »Sobald ich mich ein bißchen ausgeruht habe, packe ich meine Sachen zusammen, und wir gehen zu meinem Bruder und seiner Frau hinüber.«

»Soll das heißen, Sie wollen Ihr Haus aufgeben ... meinetwegen? Für eine Fremde?«
»Du bist keine Fremde, Clarissa. Ich habe dir schon im Gefängnis gesagt, wie sehr ich deinem Vater verpflichtet bin. Er war ein tapferer Mann und ein guter Freund. Jetzt, wo er tot ist, muß ich für dich ebenso viel tun, wie ich für mein eigenes Kind tun würde.«
Clarissa weinte, dann hob sie ihr nasses Gesicht zu ihm auf.
»Sie brauchen sich meinetwegen keine Sorgen zu machen, Mr. Debs. Ich bin jetzt vernünftig und bereite niemandem mehr Kummer.« Aus dem Klang ihrer Stimme hörte er, daß es die Wahrheit war. Er brauchte nicht länger um Clarissa Angst zu haben.
»Ich würde gern in eine andere Stadt gehen und ein neues Leben beginnen. Wissen Sie vielleicht, wo ich eine Stelle finden kann?«
»Ja, Clarissa. Ich habe einen Freund, der im Bahnhof von Saint Louis ein Restaurant besitzt. Wenn ich ihm schreibe, wird er dich bestimmt als Kellnerin einstellen. Ich bin sicher, daß seine Frau dir eine Unterkunft gibt.«
Clarissa erhob sich, strich ihr Kleid glatt und atmete tief auf. »Wenn Sie diesen Brief schreiben, Mr. Debs, wollen Sie dann bitte sagen, daß mein Name Clarissa Smith ist?«
»Natürlich, hole mir das Schreibzeug aus meinem Arbeitszimmer. Um viertel vor sechs geht ein Zug nach Saint Louis.«

5

Als die sieben ehemaligen Beamten der Eisenbahnergewerkschaft am Ufer entlangschlenderten, funkelte der Michigan-See in der klaren Junisonne. Sie sprachen von ihren Erfahrungen bei der soeben beendeten Wahlkampagne für William Jennings Bryan und sein fortschrittliches Programm.

An jenem Abend saßen die sieben Insassen des Woodstocker Gefängnisses auf der Bühne des leeren Händel-Saales und vollzogen die Liquidation der amerikanischen Eisenbahnergewerkschaft. Sie erklärten sich bereit, bei der neuen Organisation mitzuarbeiten, die den Namen Sozialdemokratie führen sollte. Victor Berger und Frederic Heath stießen nach ihrer Tagesarbeit zu ihnen. Sie waren begeistert von dem Gedanken, daß die Eisenbahnergewerkschaft als Teil der Sozialdemokratie wieder auferstehen sollte.

Am folgenden Morgen wurden die Türen des Saales um neun Uhr geöffnet. Als ihn Gene betrat, hatten sich mehrere hundert Delegierte von etwa zwanzig Organisationen versammelt, darunter der »Ruskin-Verein«, die »Humanitätsloge«, das »Kollektiv auf Gegenseitigkeit«, die »Allianz Handwerk und Arbeit« und eine Anzahl von Gewerkschaften. Gene brauchte zwei Stunden, um den Aufbau der Sozialdemokratie vor ihnen zu entwickeln und eine Liste ihrer Forderungen aufzustellen.

»Als Sofort-Programm fordern wir die Verkürzung der

Arbeitszeit im Verhältnis zum Fortschritt der Produktion, die Einführung eines Systems für die Vergebung öffentlicher Arbeitsplätze, um die Zahl der Arbeitslosen zu senken. Wir fordern die Aufhebung des Patentschutzes für alle nützlichen Erfindungen, die Vorbereitung eines Volksentscheides für die Einführung einer besseren Volksvertretung. Wir fordern die Verstaatlichung aller Industrien, die von Monopolen, Trusts und Kartellen beherrscht werden. Wir fordern die Enteignung aller privaten Verkehrs- und Nachrichtenmittel, also der Eisenbahnen, Telegraphen- und Telefonnetze, sowie die Verstaatlichung der Versorgungsbetriebe wie Wasser-, Gas- und Elektrizitätswerke, aller Öl-, Gas- und Kohlevorkommen.«

Die nächsten Tage vergingen mit Vorträgen und Diskussionen. Nach einer Woche wurden Pressevertreter zugelassen, die eine Skizze des sozialdemokratischen Programms erhielten.

Vier Monate hielt die Begeisterung für die Sozialdemokratie, der Geldzustrom und der Zuwachs an Mitgliedern an. Lou Benedict hatte im Chikagoer Büro hunderttausend Bewerbungen registriert und neuntausend Dollar an Spenden eingenommen. In sämtlichen Staaten der Union gab es bereits Ortsgruppen. Doch plötzlich versiegte der Zustrom so schnell, als hätte jemand ein Ventil zugedreht. Gene stieß auf Zweifel, auf Widerspruch und endlich auf Gleichgültigkeit. Die folgenden Monate waren ein einziger Kampf. Seine Organisation drohte zwischen der Apathie der Außenwelt und den Streitereien im Innern aufgerieben zu werden.

Die Chikagoer Gewerkschaftler waren von Samuel Gompers überzeugt worden, daß der Sozialismus den Interessen der Arbeiter schade, die liberalen und intellektuellen Klubs, die mit der Sozialdemokratie sympathisiert hatten, waren von William Bryan überredet worden, lieber die Demokraten zu unterstützen, die jede Stimme brauchten, um McKinley bei der Wahl im Jahre 1900 zu schlagen.

Leon und seine sozialistische Arbeiterpartei höhlten Genes Partei von innen aus, indem sie Streit und Unzufriedenheit provozierten.

Während die zweite Vollversammlung näherrückte, war Gene emsig und tolerant um Einigkeit bemüht. Es gab eine starke Gruppe innerhalb seiner Partei, die das Wirken der Organisation auf die Errichtung von Arbeiterkolonien beschränken wollte und den Aufbau einer politischen Partei im Grunde ablehnte. Die Auseinandersetzung mit dieser Gruppe mußte auf der kommenden Versammlung ausgetragen werden. In der Nacht vorher fand Gene keine Minute Schlaf.

Die Luft im Uhligsaal schien von Spannung und unterschwelliger Gereiztheit zu knistern. Mit einem gequälten Lächeln bestieg Gene das Podium.

»Es gibt Meinungsverschiedenheiten unter uns. Viele werden meine Ansichten nicht teilen, aber das schadet nichts. Daß wir verschiedene Meinungen haben, ist ein Zeichen unseres selbständigen Denkens.«

Als Gene seine Rede beendet hatte, ging er schwankend zum Rand des Podiums und stieg mühsam die Treppe hinab. Theodore erwartete ihn an der Saaltüre.

»Geht es dir nicht gut, Gene?«

»Besorg mir schnell einen Wagen«, erwiderte Gene, »du wirst hier unentbehrlich sein. Was auch geschieht, Theo, laß sie nicht auseinanderfallen! Die Gefahr ist groß!«

Gene fuhr sofort in sein Hotel. Er bat den Portier, einen

Arzt zu holen, ging hinauf in sein Zimmer und wurde ohnmächtig. Als er erwachte, lag er im Bett. Ein halbes Dutzend Männer stand neben ihm.
»Wie spät ist es?« murmelte er.
»Es ist drei Uhr morgens.«
»Was ist passiert?«
Alle begannen sofort zu reden, doch Victor Berger nahm das Wort:
»Die Kolonisten haben die Führung an sich gerissen. Sie haben eine Resolution gegen die Bildung einer politischen Partei eingebracht. Wir haben unser möglichstes getan, Gene, einen Kompromiß zu schließen, aber es war zwecklos. Es war eine Entscheidung auf Biegen oder Brechen.«
Gene ließ sich müde zurücksinken. Alles, was er seit seiner Entlassung aus dem Gefängnis unternommen hatte, war fehlgeschlagen. Verzweiflung ergriff ihn.
»Wieviel sind treu geblieben?«
»Wir fünf, und ungefähr zwanzig Mann unten in der Halle.«
Gene warf die Decke beiseite und wälzte seinen langen schmächtigen Körper aus dem Bett. »Ich ziehe mich an und gehe hinunter.«
Als Gene den Raum betrat, sah er, daß Sylvester Keliher der einzige von den Beamten der Eisenbahnergewerkschaft war, der zu ihm gehalten hatte. Hogan, Godwin, Burns waren also zur Opposition übergelaufen. Halb betäubt saß er auf der Kante eines Sessels.
»Nun, meine Herren, ich sehe, wir sind jetzt fünfundzwanzig Mann auf der Suche nach einer Partei.«
Victor Berger erhob sich, rückte seine Brille zurecht, warf seinen Mantel um die Schultern und trat mitten in den Raum.

»Um Mitternacht wurde die Sozialdemokratie gesprengt, und jetzt ist es vier Uhr morgens. Ich meine, daß die Vereinigten Staaten nicht länger als vier Stunden ohne eine sozialistische Partei bleiben sollten.«
Gene sah Berger eine Weile an und dachte an dessen ersten Besuch im Gefängnis in Woodstock. Dann blickte er die anderen Männer der Reihe nach an.
»Wenn ich den Sinn dieser Zusammenkunft richtig erfasse«, murmelte er, »heißt das, daß wir hier im Begriff sind, eine neue Partei zu gründen.«
»Sehr richtig, Gene«, rief ein Dutzend Stimmen.
»Also gut, meine Herren. Vor ein paar Stunden gehörten wir noch zur ›Sozialdemokratie‹. Von jetzt ab werden wir Mitglieder der ›Sozialdemokratischen Partei‹ sein.«
»Was wird aus dem Büro und dem Geld auf der Bank?« fragte jemand. »Haben wir nicht ein Recht auf einen Anteil?«
Berger schüttelte mehrmals den Kopf, bevor er antwortete: »Wenn man sich von einer Partei lossagt, behält die Mehrheit alles Inventar, die Urkunden und das Geld.«
»Keine Angst, meine Herren«, sagte Gene nach kurzem Schweigen, »im Jahre 1880, als die Lokomotivheizer mich baten, die Führung zu übernehmen, belief sich unser Kassenbestand auf drei schwarze Pennies, die ich im Geldschrank des verlassenen Büros fand.«
Die Sonne erhob sich soeben über dem Michigansee, als die Versammelten das Hotel verließen.

6

Ein Bremser in Terre Haute bestand darauf, Gene vom Bahnhof nach Hause zu begleiten. Gene hatte fürchterliche Kopfschmerzen. Er konnte kaum einen Fuß vor den andern setzen. Kate sah sofort, daß er krank war, und schickte nach Dr. Reinche.

Als der Arzt kam, ging sie in die Küche.

»Sie wollen sterben, stimmt's? Sie wollen nicht mehr leben? Wir sollen wohl alle um Ihr Grab stehen und sagen: ›Was für ein feiner Kerl war dieser Eugene Debs, zu schade, daß er so jung sterben mußte!‹ Als Sie noch auf der Eisenbahn arbeiteten, haben Sie da etwa Ihre Maschinen schlecht behandelt? Nein, bestimmt nicht, weil die Maschinen sonst zusammengebrochen und unbrauchbar geworden wären. Jetzt sind Sie auch unbrauchbar geworden, weil Sie Ihre Maschine ruiniert haben. Ohne Essen, ohne Schlaf, ohne Ruhe funktioniert eben kein Mensch. Aber ich darf mich nicht beklagen. Wenn es keine solchen Dummköpfe wie Sie gäbe, könnte ich nicht leben.«

Dr. Reinche schloß seine abgewetzte Instrumententasche. »Sie bleiben jetzt eine Woche lang im Bett bei guter, vorsichtig dosierter Ernährung.«

Er erholte sich langsam unter Kates Fürsorge.

Sie ließ ihn nur einmal gegen Ende der Woche allein. Als sie ins Zimmer kam, trug sie ein dunkelrotes Kleid. Am Ausschnitt des Kleides hatte sie ihre Granatbrosche festgesteckt, und als sie ihre langen rehledernen Handschuhe anzog, funkelten viele Diamanten an ihrem Armband. »Bürgermeister Eberles Frau hat mich zum Tee eingeladen. Du wirst doch ein paar Stunden allein fertig werden, Eugene, nicht wahr? Es ist die größte Gesellschaft dieses Jahres. Ich möchte sie nicht gern versäumen.«

»Aber sicher, Kate!« meinte Gene. »Ich freue mich, wenn du dir mal einen schönen Tag machen kannst.«

Hochrot und triumphierend kehrte Kate nach ein paar Stunden zurück. Auf seine Frage, wie es ihr gefallen habe, erwiderte sie: »Das war die bedeutendste gesellschaftliche Veranstaltung des Jahres. Alle Welt war da. Ich war richtig in meinem Element!« Etwas später am Abend sagte sie: »Du könntest jetzt längst Bürgermeister von Terre Haute sein. Du warst schon als Stadtsekretär populär. Wir könnten heute auch ein prächtiges Landhaus wie Bürgermeister Eberle besitzen.«

»Ich würde die Frau des Bürgermeisters nicht um ihren Luxus beneiden, Kate, er kann sich schnell als vergänglich erweisen. Eberle hat sich die Schieber von New York zum Vorbild genommen. Er hat Tausende vom Geld der Steuerzahler beiseitegeschafft.«

»Das glaube ich dir nicht, Eugene. Das sagst du nur, um mich zu ärgern.«

Gene erwiderte ruhig: »Liebe Kate, der Bürgermeister bekommt viertausend Dollar im Jahr. Wie soll er davon das Landhaus gebaut haben, das dir so imponiert?«

»Das geht uns nichts an«, antwortete Kate kurz. »Ich habe noch nie einen Mann gefragt, wie er zu seinem Geld gekommen ist.«

»Ich fürchte aber, er wird eines Tages im Gefängnis von Indiana landen.«

»Warum sollte er im Gefängnis landen, nur weil er ein paar Dollar nebenher verdient hat«, rief sie ärgerlich.

»Meine Brüder sagen, daß gewisse Vergütungen bei uns in Amerika ganz selbstverständlich seien. Sie sind der Preis dafür, daß die Stadt gut regiert wird.«
Gene war außerstande, sich zu beherrschen.
»Gut regiert wird! Wenn er ungefähr eine halbe Million Steuergelder gestohlen hat? Bürgermeister Eberle hat nicht nur unser Geld gestohlen, sondern auch die Kanalisation und die Straßenbeleuchtung nicht ausbauen lassen, wie es seine Pflicht gewesen wäre.«
Nach zwei Wochen hatte Gene sich so weit erholt, daß er an seine Rückkehr nach Chikago denken konnte.
Als er sich von Kate verabschiedete, hatte er das Gefühl, sich vor ihr rechtfertigen zu müssen. »Es tut mir leid, Kate, daß ich so wenig Geld heimschicken konnte. Aber ich mußte mein Monatsgehalt von hundert Dollar wieder kürzen. Ich weiß, daß diese gelegentlichen Zehndollar-Scheine nicht sehr viel sind, aber ...«
Die Erwähnung der Zehndollar-Scheine veranlaßte Kate, sich steil aufzurichten. »Was sind schon diese grünen Lappen!« sagte sie verächtlich. »Vielleicht denkst du gelegentlich daran, daß man mit solchen Almosen kein Haus wie dieses unterhalten kann.«
»Es ist alles, was ich habe.«
Gene sah die Ungläubigkeit in Kates Gesicht.
»Aber du bist doch auf einer Vortragsreise, Eugene. Du hast eine Menge Geld verdient, als du mit der Agentur Redpath abgeschlossen hast.«
»Ich weiß, aber ich arbeite jetzt nicht mit einer Agentur, ich bin wie ein reisender Geschäftsmann, nur daß ich keine Waren zu verkaufen habe. Alles, was ich besitze, sind Ideen.«
»Die kein Mensch braucht!«
»Stimmt, Kate, die kein Mensch braucht.«

Plötzlich legte sie ihm mit unerwarteter Wärme den Arm um seine Schulter.
»Das ist kein großes Unglück, Eugene, jetzt da du wieder gesund bist. Jeder reisende Kaufmann weiß, daß er es mit einer anderen Ware probieren muß, wenn er die eine nicht los wird. Die Leute wollen deinen Sozialismus nicht, das gibst du doch selbst zu. Warum also noch eine Stunde Zeit damit verschwenden? Das ist doch kein Problem für einen Mann mit deinen Talenten! Du hast gehört, was Dr. Reinche gesagt hat, Eugene. Du wirst dich ruinieren. Und wofür? Um mit dem europäischen Radikalismus hausieren zu gehen, der nichts für Amerika ist! Ich will dir einen Vorschlag machen, Eugene: Arbeite während des Tages in einem respektablen Geschäft und beschäftige dich abends mit deinem Sozialismus. Dagegen habe ich nichts.«
Er zögerte, bevor er antwortete: »Wann hätte ich jemals etwas nebenher gemacht?«
Kate beugte sich zu ihm und küßte ihn auf die Wange. »Bleib zu Hause bei mir, Eugene! Laß uns versuchen, wieder eine Ehe zu führen. Laß uns versuchen, unsere Liebe zurückzugewinnen.«
»Warum kannst du meine Ideen nicht genau so ignorieren, wie es alle anderen tun! In den ersten Jahren ist es dir gelungen, meine Tätigkeit zu übersehen. Du machtest deine Arbeit und ich meine – und wir waren beide glücklich miteinander. Warum ist das jetzt nicht mehr möglich?«
Sie sank in den Schaukelstuhl und bedeckte ihr Gesicht mit den Händen. »Schon gut, schon gut, wenn du alles andere mehr liebst als mich.« Mit zornfunkelnden Augen sah sie auf. »Geh nur zu deinen Kameraden! Aber hör auf, mir diese schäbigen grünen Lappen zu schicken!«

Bei einem Altwarenhändler kauften Gene und Theodore den kleinsten Schreibtisch, den sie finden konnten, doch selbst diesen brachten sie kaum durch Theodores Schlafzimmertür.

»Dieser Raum hat ungefähr die gleiche Größe wie unser erstes Büro hinter Daniels Laden«, stellte Gene fest. »Wir müssen jetzt als erstes die Leute anschreiben und ihnen sagen, was wir wollen und warum sie zu uns kommen sollen.«

Theodore warf seinem Bruder einen schnellen Blick zu. »Wer von uns verfaßt den Text, und wer beschafft das Geld für den Druck?«

»Sehr einfach«, erwiderte Gene. »Den Text für den Aufruf habe ich schon im Kopf, und du hast eine goldene Uhr.«

Theodores Wohnung wurde zum Zentralbüro der neuen Partei. Allabendlich versammelte sich dort der Exekutivausschuß, um neues Werbematerial für den Versand fertigzumachen und um, wie Gene es lakonisch ausdrückte, »festzustellen, ob wir noch am Leben sind.«

Das erwartete Echo auf ihre Briefe blieb jedoch aus. Nirgends wurden neue Ortsgruppen gebildet. In seiner Enttäuschung erkannte Gene, daß die Spaltung auf der letzten Vollversammlung das sinkende Interesse richtig angezeigt hatte.

Viele von Genes alten Freunden schrieben, daß sie sich wieder der Gewerkschaftsbewegung zuwenden und an sozialistischen Experimenten nicht teilnehmen wollten.

»Es ist sinnlos, hier in deiner Wohnung herumzusitzen, wenn wir eine Organisation aufbauen wollen«, rief Gene eines Tages. »Ich werde wieder auf Reisen gehen müssen, werde Versammlungen abhalten und die Leute davon überzeugen, daß wir nicht totzukriegen sind.«

»Übernimm dich nicht«, sagte Theodore. »Du bist nicht mehr so jung wie in der Zeit, als du die Gewerkschaft organisiert hast.«
»Ich will keine heroischen Reden halten, Theodore, aber was nützt es, vor der Wahrheit die Augen zu schließen? Wir haben nichts mehr einzusetzen als unser Selbstvertrauen und unsere Energie. Wenn wir nicht rückhaltlos geben, was wir noch haben, sind wir erledigt.«
Schweigen herrschte in dem kleinen Zimmer. Dann sagte Gene: »Bevor ich auf Reisen gehe, müssen wir eine neue Zeitung herausgeben. Komm! Wir besuchen Eugene Dietzgen, er ist der einzige Sozialist, von dem ich weiß, daß er Geld hat.«
Sie holten Keliher, Cox und Stedman und gingen gemeinsam zu Dietzgens Haus. Obwohl diesem klar war, daß eine solche Abordnung nur einem Zweck dienen konnte, begrüßte er das Komitee herzlich.
Gene berichtete Dietzgen von dem Fehlschlag mit ihrem neuen Aufruf und von seiner Absicht, umherzureisen und Mitglieder zu werben. Dietzgen stimmte der Gründung einer neuen Zeitung zu und fragte rundheraus, wieviel Geld dazu nötig sei. Alle Augen richteten sich auf Theodore, den Geschäftsführer.
»Mit dreihundert Dollar könnten wir eine kleine Zeitung herausgeben.«
Es entstand eine Pause, während alle zu Dietzgen hinsahen.
Dann fragte Gene gedämpft: »Könnten Sie uns das Geld leihen?«
»Ich könnte«, erwiderte Dietzgen lächelnd, »und ich werde es.«
Dietzgen schrieb einen Scheck aus und gab ihn Theodore. Das Komitee bedankte sich und brach auf.

Plötzlich hatte Gene Gewissensbisse. »Ich glaube, wir waren nicht ganz ehrlich zu Ihnen«, sagte er, als er bereits auf der Treppe stand. »Wir haben Sie gebeten, uns das Geld zu leihen, aber ich fürchte, wir werden es vielleicht nicht zurückzahlen können.«
»Ich werde es überleben«, erwiderte Dietzgen mit einem Lächeln.

Der Beginn seiner Vortragsreise in Massachusetts war befriedigend. Die Sozialisten James Carey und Lewis Scates, die für das Parlament ihres Staates kandidierten, waren in ihren Bezirken populär und hatten Rückhalt an den örtlichen Organisationen. Mehrere Wochen hindurch sprach Gene vor großen, begeisterten Menschenmengen. Dann fuhr er nach Wisconsin, wo Victor Berger und Frederic Heath die Säle für ihn füllten.
Unterdessen gab Theodore den »Social Democratic Herold« heraus, und Gene konnte Hunderte von Bestellungen für das Blatt hereinholen. Bevor er Wisconsin verließ, wurden Carey und Scates ins Parlament von Massachusetts gewählt. Die nationale Presse fand das so beunruhigend, daß sie die neue Sozialdemokratische Partei zum ersten Mal im Leitartikel erwähnte.
Durch diesen Erfolg ermutigt, fuhr Gene in die Bergwerksreviere von Idaho und Montana. Jetzt änderte sich das Bild völlig. Seine erste Versammlung sollte in Boise, einer bedeutenden Eisenbahnstadt, stattfinden. Theodore hatte seinen Reiseplan von Chikago aus festgelegt und in jeder Stadt einen Saal gemietet und die Presse verständigt. Gene wußte, daß er in Boise viele Freunde hatte. Doch zu seinem Erstaunen blieb er stundenlang allein in seinem Hotelzimmer. Endlich hörte er ein zaghaftes Klopfen an der Tür. Es war ein Weichensteller, den er seit

vielen Jahren kannte. Der Mann erzählte, daß die Eisenbahn- und Grubendirektion jedem mit Entlassung gedroht hatten, der auf Debs Versammlung gesehen würde. Die Arbeitgeber würden eine Abordnung in den Saal schicken, die sich Genes Rede anhören sollte.

Als Gene den Saal betrat, sah er acht Männer in Hut und Mantel um einen dickbauchigen Ofen stehen. Sonst war kein Mensch in dem riesigen Raum. Gene trat an die Ofenanbeter heran, stellte sich vor und fragte einen nach dem anderen nach seinem Namen. Ganz ungezwungen begann er dann mit einer historischen Betrachtung des kapitalistischen Systems. Nachdem er seinen Vortrag beendet hatte, machte er nicht den Versuch, um Beiträge zu bitten.

In Boone drohte die Eisenbahndirektion, die Waren aller Kaufleute, die zu dem Vortrag gehen würden, nicht mehr zu befördern. Gene fand diesmal nur zwei Zuhörer im Saal, den Herausgeber der Lokalzeitung und einen Whisky-Großhändler. Trotzdem hielt er einen ausführlichen Vortrag, der dem Whisky-Händler so imponierte, daß er Gene zwanzig Dollar in die Hand drückte und sagte: »Die Rede, die Sie uns beiden gehalten haben, war mir das wert.«

In den folgenden Tagen und Nächten wurde es noch schlimmer. Manchmal, wenn er eine Stadt erst am Abend erreichte, kam es vor, daß der Hoteldirektor dem Sozialisten Debs die Aufnahme verweigerte, obwohl Theodore das Zimmer lange voraus bestellt hatte. Die Lokalzeitungen, die rechtzeitig verständigt waren, hielten die Sache für zu uninteressant oder zu gefährlich, um davon zu berichten. Manchmal kam Gene in einen Saal, für den fünfundzwanzig Dollar Miete vereinbart war, und fand eine Handvoll Leute vor, die ein paar Dollar spendeten.

Doch unentwegt fuhr Gene von Stadt zu Stadt. In Helena, Montana, war die Versammlung ein solcher Fehlschlag, daß er nicht einmal die fünf Dollar zusammenbrachte, die er für die Saalmiete brauchte. Der Besitzer sagte ihm, er dürfe die Stadt nicht verlassen, bevor der Betrag bezahlt sei. In der Nacht wälzte sich Gene schlaflos in seinem Bett, als er gegen zwei Uhr morgens schwere Schritte auf dem Gang hörte. Ein alter Druckergewerkschaftler kam ins Zimmer.

»Eine Schande, Mr. Debs, daß niemand zu Ihrer Versammlung gekommen ist, eine Schande für die ganze Stadt!«

»Vielleicht kannst du etwas für mich tun. Besorg mir fünf Dollar! Ich muß den Saalbesitzer zahlen, sonst läßt er mich nicht aus der Stadt.«

»Wo soll ich in Helena um zwei Uhr nachts fünf Dollar auftreiben?«

»Keine Ahnung«, erwiderte Gene, »aber versuche bitte, was du kannst.«

Mehrere Stunden vergingen. Gene hörte Schritte, sprang auf und stieß die Tür auf. Da stand der alte Drucker mit einer Fünf-Dollar-Note in der einen und einer Flasche Bourbon in der anderen Hand.

»Halleluja«, rief Gene. »Ich weiß gar nicht, was ich lieber sehe, das Geld oder die Flasche!«

Gene beeilte sich, aus diesem Gebiet herauszukommen. Als er in die Südstaaten kam, lernte er eine neue Art von Opposition kennen: In jeder Hotelhalle erschien eine Abordnung von Geistlichen, die ihn zu sprechen wünschten.

»Sind Sie Atheist, Mr. Debs? Wollen Sie die Existenz Gottes leugnen? Stimmt es, daß Sie nicht an die Unbefleckte Empfängnis glauben?«

Wenn es Gene dann endlich gelungen war, sie davon zu überzeugen, daß er nichts gegen die Religion habe und daß er kein Wort gegen das Christentum sagen werde, stimmten die Geistlichen schließlich zögernd seinem Vortrag zu.
Überraschend füllten sich die Säle. Nach einiger Zeit entdeckte er den Grund: In diesen kleinen Städten gab es wenig Unterhaltung. Hier hörte man sich alles an, was Zerstreuung versprach. Doch die Menschen stellten keine Fragen, wenn der Vortrag zu Ende war.
Wenn er das schlechte Essen, die nächtlichen Zugfahrten oder die tristen Hotelzimmer nicht mehr ertragen konnte, begab er sich in die fürsorgliche Obhut von Theodore und Gertrude. Aus den Zeitungsbestellungen kam jetzt genug Geld für die dringendsten Bedürfnisse herein. Doch von Zeit zu Zeit mußte Theodore immer noch seine goldene Uhr versetzen. Das geschah so oft, daß seine Frau einmal sagte:
»Eigentlich brauchtest du deine Uhr nur auf die Straße zu legen, den Weg ins Leihhaus findet sie dann schon selber.«
Die letzte Gelegenheit, bei der die Uhr zum Pfandleiher wanderte, war Daniels und Daisys fünfzigster Hochzeitstag. An diesem Ehrentag wollte sich die ganze Familie in Terre Haute versammeln. Gene bestand darauf, daß Gertrude und die kleine Marguerite neue Kleider bekamen und Theodore neue Schuhe und Hemden. Als dies bezahlt war, blieb nur noch das Geld für Gertrudes Eisenbahnkarte übrig.
»Ich hätte nie gedacht, daß wir zur Goldenen Hochzeit unserer Eltern schwarz fahren müssen«, sagte Gene.
»Wir werden wahrscheinlich noch zu unserem eigenen Begräbnis schwarz fahren müssen«, erwiderte Theodore.

Gene reiste einen Tag früher als die anderen ab. Er mußte mehrere Züge abfahren lassen, bis er auf einer Lokomotive einen Freund fand, der ihn mitnahm.

7

Als Gene vor dem Haus seiner Eltern ankam, blieb er erstaunt stehen. Die Fenster des Ladens waren ausgeräumt und die Türe verschlossen. Einen Augenblick lang blieb er verblüfft stehen und stieg dann beunruhigt die lange Treppe zur Wohnung hinauf. Doch als er ins Wohnzimmer trat, schien alles in Ordnung zu sein. Daniel saß in seiner Dichterecke und hielt einen Band von François Villons Balladen in der Hand. Er las, wobei seine Lippen sich mit jedem Wort bewegten.

Daniel hatte die Schritte seines Sohnes gehört, doch er vollendete erst den Vers, bevor er aufblickte.

»Kein Grund zur Aufregung, mein Sohn, ich habe mich nur aus dem Geschäftsleben zurückgezogen.«

»Hat dir jemand ein Vermögen vererbt, Daniel? Vielleicht dein ältester Sohn?« Er sah seinen Vater prüfend an.

Daniel lächelte. »Mein ältester Sohn ist ein Idealist, er wird nie jemandem Geld hinterlassen.«

»Du bist auch ein Idealist, Vater, und ich wäre nicht überrascht, wenn ich einmal hundert Dollar erben würde.«

Ein Lächeln hob den Schleier von Daniels Augen. »Ich habe dir nie erzählt, warum ich nach Amerika gekommen bin.«

»Du hattest gehört, daß es das Land der Freiheit ist.«
»Ach ja, aber Freiheit ... für was? Um goldene Steine auf der Straße aufzuheben? Nein, mein Sohn, ich wollte die Freiheit, um an neue Ideen glauben zu dürfen. In Europa läßt man es nicht zu, daß ein Mann neue Ideen hat. Dort wird man für seine Gedanken ins Gefängnis geworfen. Darum fand ich es schlimm, daß du ins Gefängnis kamst. Es war, als würde die Sünde des Vaters am Sohn gerächt werden.«
Der alte Mann warf mit energischer Geste den Kopf zurück. »Ich habe verbotene Broschüren ins Elsaß geschmuggelt. Dies bedruckte Papier hatte mich so aufgewühlt, daß ich loszog, um die neue Wahrheit, wie ich sie sah, zu predigen.«
»Und dann wollten sie dich einsperren?«
Daniel lächelte.
»Ja, aber ich war schneller und bin nach Amerika ausgewandert. In dir, mein Sohn, werden meine Träume wahr. Ganz Amerika weiß, daß du Sozialist bist. Du schreibst Artikel und fährst als freier Mann von Stadt zu Stadt. Du hältst ungehindert deine Reden, und die Regierung läßt dich nicht verhaften. Die Freiheit ist keine Illusion, auch wenn du sie ein halbes Leben lang entbehrst.«
»Ich bin froh, Vater, daß du meine Arbeit für den Sozialismus billigst.«
Gene setzte sich schweigend neben seinen Vater. Dann fielen ihm die leeren Ladenfenster und die verschlossene Tür wieder ein. Er blickte auf: Daniels Augen standen weit offen, aber sein Blick hatte kein Ziel. Gene hob die Hand und bewegte sie langsam vor dem Gesicht seines Vaters hin und her. Aber sein Vater reagierte nicht. Daniel Debs war blind.
Gene sah ihn wehmütig an.

Fünfzig Jahre hatte sein Vater Lebensmittel verkauft, hatte zentnerschwere Säcke voll Zucker und Mehl auf dem Rücken über schlammige Wege geschleppt. Immer hatte er von dem Tag geträumt, an dem er sich in seine Dichterecke zurückziehen konnte. Und jetzt ... Daniel hatte sein Buch wieder aufgenommen und las laut. Gene war verblüfft, aber dann begriff er. Sein Vater hatte diese Bücher fünfzig Jahre lang so eindringlich gelesen, daß er jede Zeile auswendig wußte. Sein Gedächtnis würde ihm den gleichen Dienst leisten wie seine Augen. Inmitten der Bücher würde er seine letzten Jahre so reich verbringen, wie er es sich sein ganzes Leben lang erträumt hatte.

8

Im Frühling des Jahres 1900 hatten Gene und seine Mitarbeiter einen Konvent nach Indianapolis einberufen, auf dem ein Kandidat für die Präsidentenwahl der Vereinigten Staaten nominiert werden sollte. Gene hoffte, daß die Partei dadurch einen kräftigen Aufschwung nehmen würde. Andererseits war es Gene klar, daß ein solcher Konvent die Partei grenzenlos blamiert, wenn er nur von einem Dutzend Delegierter aus zwei oder drei Staaten besucht wurde. Was blieb ihm also übrig, als wieder einmal auf Fahrt zu gehen, Versammlungen abzuhalten, Ortsgruppen zu gründen und von ihnen Abgeordnete wählen zu lassen?

In den meisten Städten konnte er ein bescheidenes Auditorium um sich sammeln und Delegierte für den Konvent ernennen. Als er schließlich vierzig Pfund leichter und mit tief in den Höhlen brennenden Augen nach Chikago zurückkehrte, hatte er keine klare Vorstellung, ob der Versammlungssaal in Indianapolis wirklich voll besetzt sein würde.

Es gab nichts weiter für ihn zu tun, als abzuwarten. Nachts wanderte er ruhelos durch Gertrudes Wohnung. Die Tage verbrachte er in Theodores Redaktionsbüro, wo er ungeduldig die Stunden zählte.

Eines Tages kam Gertrude mit einem Brief von Kate aus der Stadt zurück. Noch nie hatte Gene einen Brief von seiner Frau bekommen. Dieser Brief war ein so ungewöhnliches Ereignis, daß er aus lauter Nervosität den Umschlag fast entzweiriß.

Er enthielt zwei Sätze:

»Könntest du so schnell wie möglich kommen? Ich muß etwas Wichtiges mit dir besprechen.« Dahinter stand nur ihr Name »Kate«.

Noch am gleichen Tag fuhr Gene mit einem Güterzug nach Terre Haute. Es war Mitternacht, als er auf die Gleise hinabstieg und zu seinem Haus ging.

Kate war aufgestanden und begrüßte ihn an der Tür. Sie küßte ihn auf die Wange. Er sah, daß sie beunruhigt war. Dann ging sie in die Küche, um den Herd anzuzünden. Erst danach wagte sie zu sagen, was ihr Herz bedrückte.

»Ich fürchte, daß ich das Haus verlieren werde, Eugene.«

»Das Haus verlieren? Warum denn?«

Kate stand auf, ging zum Spülbecken und lehnte sich mit dem Rücken dagegen. »Glaub mir, Eugene, daß ich dir jetzt keine Vorwürfe mache, aber wie ich auch gespart habe, ich konnte die Ausgaben nicht mehr decken. Die

Steuern sind gestiegen, und wir hatten dieses Jahr besondere Ausgaben für die Gasleitung und das neue Straßenpflaster.«
»Du hast doch Einkünfte aus deiner Kapitalanlage!«
Sie wich seinem Blick aus und ließ den Kopf hängen. Das hatte er noch nie bei ihr gesehen.
»Ich war dumm, Eugene. Gegen den Rat meiner Brüder habe ich einige unserer erstklassigen Pfandbriefe verkauft, um das Geld in Aktien anzulegen.« Mit schuldbewußter Miene blickte sie zu ihm auf. »Ich wollte eben schnell und einfach bessere Einkünfte haben.« Ihre Stimme bebte jetzt vor Verzweiflung. »Die Aktien sind so gut wie wertlos geworden.« Als sie sich wieder etwas gefaßt hatte, fuhr sie fort: »Ich bin mit den Steuern im Rückstand und schulde noch die letzte Sonderabgabe.«
Sie trat vor die Küchenkommode und nahm ein amtliches Schriftstück heraus, das sie vor ihn hinlegte.
»Dies ist eine Mitteilung vom Magistrat, die besagt, daß das Haus zwangsweise verkauft wird, wenn ich die Steuer nicht zahlen kann.«
Sie begrub ihren Kopf in den Händen. Gene stand schnell auf und legte seinen Arm um ihre Schultern.
»Das ist alles meine Schuld, Kate. Man sollte nicht die Welt reformieren wollen, wenn man noch nicht mal sein eigenes Haus unterhalten kann. Von jetzt an sollst du genug Geld bekommen, das verspreche ich dir. Rechne gleich zusammen, wieviel du brauchst; ich will sehen, was sich machen läßt. Ich denke, daß ich den Betrag bis morgen abend beschaffen kann. In Zukunft soll immer genug Geld für dich und dein Haus da sein.«
»Ich danke dir, Eugene«, sagte sie mit Tränen in den Augen.
Riley McKeen hatte sich von dem Bankgeschäft zurück-

gezogen, doch in alter Großzügigkeit lieh er Gene den gewünschten Betrag. Als Gene ihr das Geld übergab, dankte sie ihm nicht direkt, sondern mit einer Umschreibung.
»Du hattest recht mit Bürgermeister Eberle, Eugene. Er und seine Komplizen sitzen jetzt im Gefängnis von Indianapolis. Sie hatten sich sogar an den Spenden für das Waisenhaus vergriffen.«
Jetzt, wo Kates Schulden bezahlt waren, mußte sich Gene um ihren weiteren Unterhalt Gedanken machen. Er setzte sich an seinen Schreibtisch und arbeitete drei Artikel aus. Einen über Robert Ingersoll, der gerade gestorben war, den zweiten über einen wichtigen Vortrag von Wendell Philipps und einen dritten über James Whitcomb Riley.
Danach fühlte sich Gene erschöpft. Er ging ins Bett und blieb tagelang liegen, doch nicht, weil er sich krank fühlte, sondern weil ihn ein niederschmetternder Pessimismus erfaßt hatte. Er hatte gearbeitet wie ein Wilder, und was war das Ergebnis? Endlose Streitereien, ewige Ungewißheit und Enttäuschungen! Selbst seine treuesten Kameraden, die ehemaligen Eisenbahngewerkschaftler, hatten sich von ihm getrennt.
Täglich erreichten ihn Briefe von Victor Berger, Jesse Cox, James Jarey und Frederic Heath, die ihm berichteten, wie sehr die neue Organisation an Boden gewänne. Aber Gene war so matt, daß er ihre Briefe nicht lesen konnte.
Fast drei Wochen waren vergangen, als er bei der Morgenpost den Brief eines New Yorker Verlegers fand, der die drei Artikel drucken wollte. Der beiliegende Scheck würde Kate ein halbes Jahr lang von allen Geldsorgen befreien. Gene stieg aus dem Bett, zog den Morgenmantel

an und ging zu Kate hinunter. Lächelnd übergab er ihr den Scheck. Ihre Augen leuchteten.

»Du bist so gut, Eugene, so großzügig.«

Er drückte sie fest an sich.

»Ich liebe dich, Eugene«, sagte sie. »Werden wir immer zusammenbleiben?«

Unsere Liebe ist fast verschüttet worden, dachte er. Wieviele Jahre haben wir uns jetzt gequält? Und doch bin ich immer noch das einzige, was sie zum Lieben hat, und sie ist alles, was ich zum Lieben habe.

»Ja, Kate«, erwiderte er, »du bist meine Frau und wirst immer meine Frau bleiben.«

9

Der Reichweinsaal in Indianapolis war mit Flaggen und Bannern geschmückt. Die meisten der zweiundsechzig Delegierten waren jung und enthusiastisch. Der fünfundvierzigjährige Eugene Debs war der älteste Mann im Saal. Er hörte den Debatten aufmerksam zu, nahm aber nicht selbst daran teil, sondern begnügte sich damit, versöhnliche Worte einzuwerfen, wenn die Wogen der Diskussion zu hoch gingen.

Nun schritt man zu der Nominierung eines Kandidaten für die Präsidentschaft. Gene hatte deutlich wissen lassen, daß er die Kandidatur nicht annehmen könne. Reverend Frederick McCartney erhob sich, hielt eine Rede über die Zukunft der sozialdemokratischen Partei und rief schließlich: »Die einstimmige Wahl dieses Konvents ist auf Eugene Debs gefallen! Er schuldet es der Partei, in diesem ersten Jahr unser Banner voranzuztragen! Vor allem, da die Partei Eugene Debs eigenes Werk ist. Sie verdankt ihm ihre Existenz und ihre Zukunft.«

Die Versammelten sprangen auf und schrien vor Begeisterung. Gene saß unbeweglich auf seinem Platz. Zitternd und blaß stieg er schließlich auf das Podium.

»Es ist mir nicht möglich, die Ehre anzunehmen, die Ihr mir erweisen wollt. Es gibt gesundheitliche Gründe, die mich zwingen, das Angebot abzulehnen.«

Er war augenblicklich von einer protestierenden Menge umgeben. Job Harriman aus Los Angeles beschwor ihn, um der Sache willen anzunehmen, und bot ihm eine Erholungsreise nach Kalifornien an. James Carrey versprach, daß sie ihn drei Monate lang in Ruhe ließen, ehe er in die Wahlkampagne hineingezogen würde. Morris Hillquit erklärte nachdrücklich, daß Gene Debs der einzig mögliche Kandidat sei.

Gene fühlte sich außerstande, dem Drängen dieser begeisterten Menschen, die er alle persönlich kannte und schätzte, länger zu widerstehen. Er bat um ein paar Stunden Bedenkzeit, nahm Hut und Mantel und entfernte sich durch die Hintertür des Saals.

Gene war auf seinem Spaziergang in einen der äußeren Wohnbezirke gelangt und kehrte jetzt in die Innenstadt zurück. Endlich war er allein und konnte ungestört seinen Gedanken nachhängen. Es schien ihm, als habe er alle wichtigen Entscheidungen seines Lebens bei Spaziergängen durch nächtliche Straßen getroffen.

Er hatte sich gelobt, die Hände von der Politik zu lassen. Er fühlte nicht das Zeug zu einem Wahlkämpfer in sich. Es widerstrebte seiner Natur, sich anzupreisen und hinauszuschreien, daß er ehrlicher oder fähiger sei als der

Gegenkandidat. Horace Greelys Worte klangen ihm noch im Ohr, der im Jahre 1872 gegen den unfähigen Ulysses Grant als Präsident kandidiert hatte: »Ich bin ein gebrochener, verbrauchter Mann. Schmerzliche Enttäuschungen haben mich zermürbt.«

Gene war zwar erst funfündunvierzig Jahre, doch er fühlte sich zu alt und spürte die Wunden zu vieler Schlachten, um diesen schwierigsten aller Kämpfe zu wagen. Die Erkältung, die er sich in Woodstock zugezogen hatte, war auf sein linkes Ohr geschlagen. Seine Sehkraft hatte nachgelassen. Er war der Ansicht, daß die gerade geborene Partei einen jungen Mann brauche und keinen halben Invaliden. Wenn er sich auf die Kandidatur einließ, so bedeutete das weitere endlose Fahrten auf Lokomotiven und Güterwagen, es bedeutete für ihn Monate ohne regelmäßiges Essen und Schlaf.

Und wie würde Kate darauf reagieren? Es hatte ihr das Herz gebrochen, als er die Politik aufgab. Jetzt kehrte er zur Politik zurück, doch nicht als bürgerlicher Parlamentarier, sondern als Sozialist. Seiner politischen Überzeugung wegen war er die letzten paar Jahre nur als Besucher nach Terre Haute gekommen, ein Fremder in seinem eigenen Haus. Wenn er diese Kandidatur annahm, wenn er vor aller Welt proklamierte, daß er der Führer des amerikanischen Sozialismus sei, würde Kate dann nicht versuchen, ihn für immer vor die Tür zu setzen?

Gene liebte Kate nicht wie ein stürmischer Liebhaber, auch nicht wie ein sorgender Gatte. Er liebte sie als Gefährtin, deren Schicksal mit dem seinen eng verflochten war. Auch fühlte er ein ungewisses Schuldgefühl ihr gegenüber, weil er glaubte, er habe etwas in seiner Ehe und seiner Liebe falsch gemacht.

In der Dunkelheit der nächtlichen Straßen sah er eine

Gestalt auf sich zukommen. Der Mann hatte die Hände tief in den Taschen seiner Wolljacke vergraben und schlenderte auf Gene zu. Eine frische Stimme rief: »Wer wandert da durch das nächtliche Indianapolis? Ein Räuber oder ein Dichter?«
Gene lachte den Mann herzlich an. »Jimmy Riley! Das ist doch nicht möglich! Mein Gott, wie lange haben wir uns nicht mehr gesehen?«
Die beiden Männer umarmten sich einen Augenblick – vom Spiel des Zufalls überwältigt. Dann trat Riley einen Schritt zurück.
»Der Mann, den du vor dir siehst, ist derselbe, dem du vor fünfundzwanzig Jahren begegnet bist – Jimmy Riley, der seine Verse auf Fetzen von altem Papier kritzelte. Aber was machst du in einer so schönen Nacht für ein ernstes Gesicht?«
Gene hakte seinen Arm in den Rileys. Sie schlenderten die Straße hinunter, der lange, abgehetzte Fanatiker neben dem kleinen munteren Lebenskünstler.
»Ach, Jimmy«, seufzte Gene, »ich komme auch heute wieder aus einer turbulenten Versammlung.«
»Aber nein!« rief Riley entsetzt. »Du solltest wirklich die Finger von Versammlungen lassen. Sie schaden deiner Verdauung. Das erstemal, als ich dich auf der Straße traf, warst du unglücklich, weil die Delegierten dich für zu jung hielten. Was ist heute nacht passiert?«
Riley blieb stehen und sah Gene an.
»Die Sozialistische Partei will mich zum Kandidaten für die Präsidentenwahl nominieren.«
»Aber klar, du mußt Präsident werden!« sagte Riley mit Nachdruck. »Ich werde bei dir im Weißen Haus wohnen. Und immer, wenn dich ein Problem quält, werde ich für dich auf der Gitarre spielen und Verse deklamieren.«

Gene lachte. »Wen will denn deine Partei zum Kandidaten machen, wenn du ablehnst, Gene?«
»Ach, wir haben eine ganze Reihe ausgezeichneter Leute: James Carey, Hob Harriman ...«
»Habe nie was von denen gehört«, erwiderte Riley.
»Aber sie sind alle jünger. Sie sind frischer und viel geeigneter, eine Wahlkampagne durchzustehen.«
»Aber mit was für Aussichten? Es gibt Millionen Menschen in Amerika, die dich kennen. Ihr braucht diese Kampagne, stimmt's? Es soll die Feuertaufe für die neue Partei sein?«
Widerstrebend erwiderte Gene: »Ja, Jimmy, wir brauchen eine große Kampagne, um die Partei zu festigen.«
»Dann hast du keine Wahl, Gene. Zugegeben, du bist nicht mehr zwanzig, und du hast hundert Sorgen und bist müde wie ein abgehetzter Fuchs. Doch was bleibt dir übrig? Du wirst in die Schlacht hinaus müssen, als ob du ein kraftstrotzender Jüngling wärst.«
Gene blieb eine Weile nachdenklich.
»Kennst du den Satz aus dem Talmud, den Robert Ingersoll immer zitierte? ›Nicht wir werden es sein, die die Arbeit vollenden, und doch steht uns nicht frei, uns von ihr abzuwenden‹.«

10

Gene hatte gehofft, der Nachricht von seiner Kandidatur zuvorzukommen. Aber als er sein Arbeitszimmer betrat, sah er die Lokalzeitung, die sein Bild auf der ersten Seite brachte. Nach seiner Ankunft war Kate in ihr Zimmer gegangen. Er fand sie vor ihrem Ankleidetisch. Sie trug eins ihrer Lieblingskleider, ein Seidenkleid mit hohem Kragen. Einen Moment hoffte er, es könnte ihr gefallen, ihren Mann als Präsidentschaftskandidaten der Vereinigten Staaten zu sehen. Er erzählte ihr von der Wahlkampagne.

»Willst du nicht mit mir kommen, Kate? Sämtliche größeren Städte in den Vereinigten Staaten liegen auf unserem Weg. Du bist doch nie über Louisville hinausgekommen und hättest jetzt die schönste Gelegenheit, unser Land kennenzulernen. Wir könnten ein paar Tage am Grand Cañon und im Yellow Stone National Park haltmachen. Du würdest sicher eine Menge Stimmen auf dich ziehen, Kate; nein, lache nicht, ganz bestimmt sogar.«

»Du hast doch nicht ernsthaft vor, Eugene, diesen Unsinn durchzuführen?«

»Wieso Unsinn, Kate? Ich glaube, du hättest genau die richtige Haltung, die von einer großen Dame verlangt wird.«

Kates Hand begann zu zittern.

»Mußt du dich auch noch über mich lustig machen? Du redest von diesen Albernheiten, als ob sie weiß Gott wie wichtig wären!«

Gene setzte sich neben sie. »Das sind keine Albernheiten; ist es nicht der Traum eines amerikanischen Mannes, zum Präsidenten gewählt zu werden?«

»Ja, als Republikaner oder Demokrat. Aber sich von einem Haufen Radikaler nominieren zu lassen, ist fast so ehrenvoll, als wenn dich die Zuchthäusler als Kandidaten aufstellten.«

»Wenn wir erst so weit sind, unser Programm vor den Wählern zu vertreten ...«

»Es können nicht mehr als hundert Leute in Amerika sein, die deine wahnwitzigen Ideen teilen«, unterbrach sie ihn scharf. Sie stand auf, ging zum Fenster und starrte hinaus. »Ich möchte einen Vergleich mit dir schließen.«
»Ausgezeichnet! Jetzt, wo ich Berufspolitiker bin, habe ich für jeden Kuhhandel Verständnis.«
»Bitte, Eugene bleib' einmal ernst. Dr. Reinche sagt, eine Frau soll sich nie in die Welt ihres Mannes drängen.«
»Gott segne Dr. Reinche.«
»Ich will mich nicht mehr deiner Arbeit entgegenstellen. Ich will nicht mehr versuchen, meine Ansichten gegen deine durchzusetzen. Ich verrichte meine Arbeit und du die deinige. Einverstanden?«
»Natürlich, aber worin besteht der Handel?«
»Daß du deine Kandidatur aufgibst.«
»Aber Kate, diese Kandidatur gehört doch zu meinem Beruf, du hast doch gesagt ...«
»Ich habe gesagt, daß ich es als deine Privatangelegenheit ansehen will, wenn du weiter an diesen Sozialismus glaubst. Aber wenn du jetzt diesen lächerlichen Wahlfeldzug als Führer eines Haufens wutschäumender, verantwortungsloser Menschen ...«
»Einen Augenblick, Kate!« Zum erstenmal war er wirklich wütend. »Wir sind weder wutschäumend noch verantwortungslos!«
»Ihr seid wohl harmlose Revolutionäre! Alles, was ihr wollt, ist, das Privateigentum abzuschaffen und die Verfassung zu zerschlagen!«
Kate starrte ihn eine Weile verbittert an, dann verließ sie das Zimmer. Er hörte ihre schweren Schritte auf der Treppe, hörte, wie sie die Schlafzimmertür zudrückte und den Schlüssel im Schloß umdrehte.

11

Gene sah sich genötigt, Gloria um Hilfe zu bitten, und es war, als ob sie nur auf ihn gewartet habe. Mit erstaunlicher Schnelligkeit verwandelte sich ihr Haus in eine Wahlzentrale. Schreibmaschinen und Schreibtische wurden gemietet. Freiwillige stellten sich für den Postversand zur Verfügung, organisierten Versammlungen und beschafften Säle.

Eines Tages sagte Gene zu Theodore: »Ich bin fast das ganze vorige Jahr im Land umhergefahren und habe mich vor leeren Sälen heiser geschrien. Jetzt gehe ich auf genau dieselbe Propagandafahrt, und man erwartet von mir, daß ich Tausende begeisterte Anhänger um mich schare! Woher dieser Optimismus?«

»Ganz einfach«, erwiderte Theodore, »wir schreiben das Jahr 1900. Wir befinden uns im zwanzigsten Jahrhundert. Du wirst überall Leute treffen, die auf der Suche nach neuen Ideen sind. Letztes Jahr warst du ein einsamer Wolf, ein umherirrender Prediger, diesmal bist du ein politischer Kandidat. Dein Name wird auf dem Stimmzettel stehen, neben dem des republikanischen und des demokratischen Kandidaten. In jeder Stadt Amerikas werden wir den größten Saal für dich mieten, und du wirst sehen, die Leute werden kommen.«

Die Prognose Theodores erwies sich als richtig. Im konservativen Boston drängten sich drei Abende hintereinander tausend Menschen im Payne Memorial Saal. In

Milwaukee war der Saal bereits um sieben Uhr überfüllt. In Trenton reichten die Sitzplätze nicht aus: Die Leute standen in den Seitengängen und auf der Bühne.
Als die Kampagne ihren Höhepunkt erreichte, wollten ihn immer größere Menschenmassen hören. Oft hielt Gene Debs vier oder fünf Reden an einem Tag. Endlose Zugfahrten brachten ihn von Stadt zu Stadt. Es gab kaum einen Ruhetag. Empfangskomitees suchten ihn im Zuge auf und schleppten ihn von einer Versammlung in die andere. Man glaubte jetzt nicht mehr, daß all diese neuen umstürzlerischen Ideen, die Eugene Debs vortrug, die Erfindung eines Verrückten waren, denn immerhin repräsentierte er jetzt eine politische Partei. Sein Name stand auf dem Stimmzettel, und sein Bild erschien in allen Zeitungen.
Erst am Tage vor der Wahl kehrte er nach Terre Haute zurück.

Fünfter Teil

1

Gegen Gene Debs und die Sozialdemokratische Partei war während des Wahlkampfes viel intrigiert worden. So stand am Vorabend der Wahl in einigen Zeitungen zu lesen, daß Eugene Debs zugunsten des demokratischen Kandidaten verzichtet habe. In Terre Haute, wo eine beträchtliche Anzahl von Freunden für Gene gestimmt hatte, wurde keine einzige sozialistische Stimme bei der Auszählung erwähnt.
Trotz solcher Hindernisse ergab die amtliche Zählung über neunzigtausend Stimmen für den sozialdemokratischen Kandidaten. Der Erfolg des Wahlkampfes führte auch einen Ausgleich der Meinungsverschiedenheiten innerhalb der Partei herbei. Man einigte sich, den Zusatz »demokratisch« aus dem Namen zu streichen und sich »Sozialistische Partei« zu nennen.
Das neue Büro der Partei lag im zweiten Stock des Whitcomb Allen Building. Die Miete betrug zehn Dollar im Monat. Auf der Glastüre stand mit großen Buchstaben: »Debs Verlagsgesellschaft«. Wenn die Brüder bei der Arbeit aufhorchten, konnten sie die Druckpressen hören, auf denen ihre Bücher und Broschüren gedruckt wurden. Gene und Theodore fanden jetzt zu jener glücklichen Betriebsamkeit zurück, die sie vor einem Vierteljahrhundert erprobt hatten. Wieder begannen sie den Tag morgens um fünf mit einem Waldspaziergang. Als Kate von der »Debs Verlagsgesellschaft« erfuhr, zog ein strahlen-

des Lächeln über ihr Gesicht. Endlich war Gene Geschäftsmann geworden, der einem normalen Erwerb nachging. Wenn sie jetzt auf ihre Tee-Gesellschaften kam und ihre Freundinnen fragten: »Was macht eigentlich Ihr Mann?« erwiderte sie: »Oh, das wissen Sie nicht? Er ist jetzt Verleger.«

2

Monsieur Jean Longuet, Sozialist und Mitglied der französischen Deputiertenkammer und Herausgeber des »Populaire«, besuchte Terre Haute. Ihm zu Ehren veranstaltete Gene eine kleine Gesellschaft, an der auch Gloria mit ihrem Vater, Theodore mit seiner Frau und Max Leeman teilnahmen, dessen Gedichte kürzlich im »Atlantic Monthly« erschienen waren. Nach dem Essen kehrten sie in ihr Haus zurück, wo Gloria etwa fünfzig von Genes Freunden versammelt hatte. Monsieur Longuet war überrascht, dort die neuesten Bücher und Zeitschriften aus Europa zu finden.

Seit den Tagen, da Gene einmal Robert Ingersoll und Susan Anthony eingeladen hatte, war Terre Haute eine politisch wichtige Stadt geworden. Wenn jetzt amerikanische oder europäische Schriftsteller und Staatsmänner durchs Land reisten, wurden sie in Glorias Haus eingeladen. Hier fanden sie die internationale Atmosphäre der besten Salons von New York oder Boston. Langsam wurde es auch für die Konservativen Bürger von Terre Haute offensichtlich, daß die Stadt ihre Popularität ausgerechnet den beiden gesellschaftlichen Außenseitern – Gene Debs und Gloria Harkness – zu verdanken hatte. Mrs. Trillenge, eine der Wortführerinnen der Gesellschaft, rief eines Tages aus: »Das Schlimme an Eugene Debs und Gloria Harkness ist, daß ihre Träume unserer Zeit um hundert Jahre voraus sind.«

Gloria konnte nur antworten: »Das ist entschieden besser, als hundert Jahre hinter seiner Zeit zurück zu sein.«

Gene und Gloria waren niemals allein, sondern immer von einem Schwarm von Freunden umgeben. Gene wußte, wie schnell ihre Beziehung beendet sein könnte, wenn eine häßliche Anspielung Kate zu Ohren kommen würde. Außerdem hatte sich Nedina inzwischen zur Anstandsdame entwickelt. Sie wich ihrer Mutter nicht von der Seite, wenn sie sich trafen. Nedina machte keinen Hehl aus ihrer Abneigung gegen Gene.

Nur einmal waren Gloria und Gene eine Stunde allein. Er war für einen Augenblick hereingekommen, um Imogen klavierspielen zu hören. Doch Imogen war mit ihrer Schwester ausgegangen. Gloria saß auf dem Sofa unter dem breiten Südfenster. Bei ihrem Gruß fiel Gene auf, wie wenig ihre Stimme gealtert war.

»Befriedigt dich deine neue Arbeit, Gene?«

Er saß eine Weile schweigend da, ehe er antwortete: »Ja, ich bin glücklich. Und wie steht es mit dir, Gloria?«

»O ja«, erwiderte sie und sah ihm in die Augen, »auch ich bin sehr glücklich, seit wir unser Haus neu eingerichtet haben.«

»Aber du bist noch jung. Hast du nie daran gedacht, wieder zu heiraten?«

Gloria blickte auf ihre Hände, die sie in ihrem Schoß verschränkt hatte. »Ich finde hier viel Liebe durch meinen Vater und meine Töchter.« Sie sah ernst zu ihm auf.

»Und ich habe meine Liebe zu dir, Gene. Ich habe sie nie ...«
Sie stand auf, ging zum Kamin und wandte ihm das Gesicht wieder zu.
»Du sagst, ich bin noch jung. Ja, ich fühle mich auch jung, aber nicht so wie damals, als ich dich hier in Terre Haute so unglücklich liebte. Ich will nicht wieder heiraten, Gene. Aber ich will, daß unsere Freundschaft bestehen bleibt. Und jetzt, meine ich, solltest du lieber gehen, bevor meine moralische Tochter wiederkommt. Es würde ihr nicht gefallen, daß wir beide allein sind.«

Kate haßte das rote Haus. Sie beschuldigte Gene nicht, an den Orgien, die ihrer Meinung nach dort stattfanden, teilzunehmen, aber sie war aufgebracht, wenn sie daran dachte, daß er dem Einfluß von »lockeren« Frauen ausgesetzt war. Gene bat sie, mitzukommen, um sich selbst zu überzeugen, daß es dort nichts Anstößiges gäbe. Doch Kate erwiderte nur: »Sie wird noch ihr Wunder erleben, diese Harkness!«
Manchmal kamen Kates kleine Nichten und Neffen zu Besuch. Sie hatte dafür immer eine Schale mit Konfekt auf dem Büfett stehen. Gene beobachtete ihren Umgang mit den Kindern.
»Wie glücklich du aussiehst, Kate! Hättest du nur auch Kinder haben können, wieviel reicher wäre das Leben für dich gewesen ... für uns beide!«
Kate erwiderte zögernd: »Also wirklich, Gene, ich habe mir nie Kinder gewünscht.«
Gene wollte seinen Ohren nicht trauen: »Du meinst, als ich damals in die Politik ging, als du erkanntest, wie unsicher dein Dasein sein würde ...«
»Nein, Eugene«, sie sah ihn herausfordernd an, »ich habe

das schon als junges Mädchen beschlossen. Ich mag die Unordnung nicht, die Kinder ins Haus bringen. Sie tragen Dreck ins Haus und besudeln die Tapeten mit ihren schmutzigen Fingern. Ich wollte mein Haus immer blitzsauber haben und alles an dem Platz, wo es hingehört.«
Gene wurde elend bei dieser Eröffnung. Er war keiner Antwort fähig und ging hinauf in sein Zimmer. Er hätte Kate nie geheiratet, wenn er gewußt hätte, daß sie keine Kinder haben wollte. All die Jahre hatte er geglaubt, sie könnte keine bekommen. Und jetzt erfuhr er die Wahrheit.

Während der Monate, die der Parteiversammlung des Jahres 1904 vorangingen, sagte er seinen Freunden bei jeder Gelegenheit, daß er nicht als Präsident kandidieren werde. Er fuhr nach Chikago, um zusammen mit Professor Herrons das Parteiprogramm auszuarbeiten. Die Konferenz war lang und ermüdend, und Gene war froh, als er schließlich wieder in sein Hotel kam. Er war gerade beim Packen seiner Sachen, als Victor Berger und Frederic Heath bei ihm eintraten.
»Komm wieder herüber in den Saal, Gene«, sagte Berger jovial.
»Weshalb?« fragte Gene unwillig.
»Die Delegierten haben dir soeben eine Reise ins Weiße Haus verpaßt«, sagte Heath.
Gene eilte in den Saal und begann schon zu sprechen, als er die Bühne betrat, und schnitt damit jeden Beifall ab. »Seht bitte davon ab, mich ein zweites Mal zu nominieren! Das amerikanische Volk will keinen Mann, der schon unterlegen war. Die Wähler haben ein Anrecht auf ein neues Gesicht. Ich kann ihnen nichts Neues mehr sagen.«

Ein Mitglied des Wahlausschusses gab zu: »Bevor Sie sich endgültig entscheiden, sollten Sie wissen, daß neben Ihnen nur noch Ben Hanford aufgestellt wird.«
Eifrige Hände holten Hanford aus der Mitte der New Yorker Delegation und schoben ihn zur Bühne. Gene legte freundschaftlich den Arm um die Schultern des kränklichen Druckers. Es gab keinen Tag im Leben von Hanford, an dem er ohne körperliche Schmerzen gewesen war. Dennoch schrieb und organisierte er mit unermüdlicher Energie. Als Gene Hanfords knochige Schulter umfaßte, wurde ihm klar, daß er der Partei keinen Dienst verweigern konnte. Er sagte nur:
»Genosse Präsident, liebe Freunde, ich nehme die Kandidatur an, weil ich glaube, daß es meine Pflicht ist.«

Es folgte ein weiterer Sommer mit unermüdlichen Vorträgen und emsiger Betriebsamkeit. Doch niemand, am wenigsten Gene selbst, war auf den Ausgang der Wahl vorbereitet: Die Sozialistische Partei erhielt eine halbe Million Stimmen!
Das Ergebnis war für die Demokraten ein Tiefschlag. Wenn die Sozialisten weiterhin bei jeder Wahl vierfachen Stimmenzuwachs erhielten, dann würden im Jahre 1912 sechseinhalb Millionen Amerikaner für die Sozialisten stimmen, so daß sie als zweitgrößte Partei die Stelle der Demokraten einnehmen könnten.

3

Als Gene vom Bahnhof die Achte Straße heraufkam, sah er mehrere Arbeiter an seinem Haus. Kate stand mitten im Salon, wo sie Tapezierer dirigierte. Sie hatte ein Kopftuch um und eilte umher, um die Rohrleger und Polsterer zu überwachen.

»Du stellst ja das ganze Haus auf den Kopf, Kate!«

Sie schob ihren Arm unter den seinen. »Es ist jetzt neunzehn Jahre her, Eugene, seit wir eingezogen sind. Wie die Zeit vergeht, nicht wahr?«

Gene starrte auf all die Handwerker. »Aber wie sollen wir denn das bezahlen?«

»Als meine Stahlaktien im vorigen Monat gut standen, habe ich die Hälfte verkauft. Damit kann ich die Renovierung leicht bestreiten.«

Er hörte aus ihrer Stimme, daß sie nicht die ganze Wahrheit sagte. Er murmelte: »Du hast doch noch etwas im Sinn, Kate?«

Sie lächelte selbstgefällig. »Es ist etwas Wundervolles geschehen, während du weg warst. Vor zwei Wochen war die Herausgeberin des ›Society Bazaar‹ hier. Sie will einen Artikel über mein Haus veröffentlichen. Es sollen Photographen kommen, die sämtliche Zimmer aufnehmen.«

Seit dem Tage, als sie in dieses Haus gezogen waren, hatte Gene seine Frau nicht so strahlend gesehen. Triumph lag auf Kates Gesicht, als sie sich im Zimmer umsah. »Du siehst also, daß du immer Unrecht hattest, als du sagtest, ich könnte nicht in die beste Gesellschaft kommen. Ich habe es geschafft, Eugene, ganz aus eigener Kraft.«

Gene griff nach dem Telegramm in Kates Hand. Es war von einer großen Agentur, die für eine Sommervortragsreise zweihundert Dollar pro Abend bot.

»Zweihundert Dollar für jeden Vortrag!« rief Kate. »Laß uns mal rechnen: Dreißig Abende zu zweihundert Dollar, das sind ja schon sechstausend! Oh, Eugene! Damit könnte ich ein neues Dach aufsetzen lassen, anstatt das alte zu reparieren.«

»Ich habe nicht die Absicht, das Angebot anzunehmen, Kate.«

Ungläubig starrte sie ihn an.

»Du willst es nicht annehmen? Aber das ist ja verrückt!«

»Wenn ich den Vertrag annehme, wird die Agentur zwei Dollar Eintritt verlangen, und meine Freunde werden viel Geld dafür ausgeben müssen, mich zu hören. Die Agentur wird bei jedem Vortrag tausend Dollar als Profit einstreichen.«

»Soll das heißen, deinen Freunden sind deine Vorträge keine zwei Dollar wert?«

»Sie können mich auch für funfundzwanzig Cent hören.«

Kate dachte einen Augenblick nach. »Du hast mich oft gebeten, dich zu begleiten. Diesmal würde ich gern mitkommen.«

»Du scheinst sehr besorgt zu sein, daß mir dieses Geld nicht entgeht, stimmt's?«

»Natürlich! Das ist die erste große Gelegenheit seit Jahren, die sich dir bietet. Jeder gute Geschäftsmann weiß, daß man eine gute Profitmöglichkeit nicht auslassen darf.«

»Aber ich bin kein guter Geschäftsmann.«

»Dann willst du dieses Angebot ablehnen?«
»Ich muß, Kate. Versuch' doch, das zu verstehn.«
»Alles, was ich verstehe«, antwortete sie bitter, »ist, daß mein Mann ein hoffnungsloser Schwärmer ist.«
Als im »Society Bazaar« die Bilder und Beschreibungen von Kates Haus erschienen, erregten sie in Terre Haute beträchtliches Aufsehen. Kate kaufte sich ein Diamantenkollier und ließ sich eine neue Robe aus dunkelgrünem Crêpe de Chine machen. Dann lud sie die besten Leute von Terre Haute zu einem festlichen Tee.
Am Abend fragte sie ihren Mann: »Siehst du nicht, Eugene, daß dieses sozialistische Gerede in Amerika immer lächerlicher wird? Alles arbeitet jetzt, verdient großartig und ist glücklich, und du mußt dich weiß Gott wie anstrengen, um ein Dutzend Leute in deine Versammlungen zu kriegen.«
Gene war entschlossen, sie mit eigenen Augen sehen zu lassen, daß nicht ganz Amerika Kleider aus Crêpe de Chine und Diamantenkolliers trug. Er nahm ihr das Versprechen ab, ihn auf seiner nächsten Fahrt nach New York zu begleiten.
Er zeigte ihr die Elendsquartiere, wo in einem Raum mehrere Familien zusammengepfercht saßen, zeigte ihr die unterernährten, rachitischen Kinder. Dann besuchten sie unter der Führung von Morris Hillquit die Abendkurse der Sozialistischen Partei, in denen Arbeiter die amerikanische Sprache, Geschichte und Geographie lernten.
An jenem Abend nahm Gene Kate zu einer Massenveranstaltung in Manhattan mit. Die Menge bereitete ihnen einen stürmischen Empfang. Nachdem Gene eine Stunde gesprochen hatte, wurden er und Kate nach der Ostseite von New York gefahren. Dort hatte der »Daily For-

ward«, das Blatt der jüdischen Sozialisten, seine eigene Versammlung einberufen.
Als sie in ihr Hotelzimmer zurückkehrten, fragte er lebhaft: »Waren das nicht herrliche Veranstaltungen, Kate? Siehst du, daß wir eine wirklich lebendige und wachsende Bewegung sind? All die Jahre, in denen du daheim geblieben bist, dachtest du, wir wären einige Verrückte, die in einem Kellerloch um eine Kerze hocken.«
Kate wandte sich ab, als sie erwiderte: »Ach, Eugene, wie kannst du dich nur für so vulgäre Veranstaltungen hergeben?«
»Vulgär?«
»Dieses Publikum ist so ungebildet, daß jeder Aufwiegler gerade recht für die Leute ist.«
Er starrte sie verwirrt an, während sie fortfuhr.
»Ich nehme an, du freust dich über diese Massen, die dir zubrüllen. Wahrscheinlich fühlst du dich wichtig dabei. Und diese zweite Versammlung im Osten – was für eine Schande! Du hast dein Leben so großartig angefangen, und jetzt sprichst du schon vor einem Haufen nichtsnutziger Juden!«
Gene ließ sich auf sein Bett fallen. In seinen Augen standen Tränen.
»Ich kenne diese Leute, Kate. Es sind ordentliche Menschen, die nichts weiter wollen als eine Möglichkeit, ihre Kinder zu erziehen und ein anständiges Leben in Amerika zu führen. Amerikas Bevölkerung ist aus Dutzenden von Rassen und Religionen zusammengesetzt. Wenn wir unsere Landsleute verachten, Kate, wie sollen wir dann jemals in Frieden miteinander leben?«
Es dauerte eine Weile, bis er begriff, daß Kate ihm gar nicht zugehört hatte.

4

Als es mit Daisy zu Ende ging, geschah das so natürlich und still, als gehöre das Sterben zum Leben. Mehr und mehr war sie ans Bett gefesselt, und ihre Kinder versammelten sich sonntags um sie, um bei ihr die Erinnerungen an all das wachzurufen, was Daisys Leben erfüllt hatte. Eines Abends, als Gene und Theodore, Mary und Louise ihr den Gutenachtkuß gegeben hatten, schlief sie ruhig in jene andere Welt hinüber, in der sie nach ihrer tiefsten Überzeugung mit ihrer Familie wieder vereint sein würde.

Daniel folgte seiner Frau bald.

Im roten Haus war eine eigenartige Situation entstanden. Gene hatte wiederholt versucht, Nedina freundlich entgegenzukommen. Eines Abends, als er vom Büro heimkehrte, war er noch auf einen Sprung bei Gloria eingetreten. Doch Gloria war mit Imogen zu einem Konzert gegangen. Nedina saß im Wohnzimmer und betrachtete ein abgegriffenes Bilderalbum aus dem Jahre 1894. Sie hatte das Bild ihres Vaters mit Rotstift umrandet und seinen Namen und alles, was sich auf ihn bezog, unterstrichen. Als sie merkte, daß Gene neben ihr stand, klappte sie das Buch eilig zu und sah trotzig zu ihm auf.

»Warum lebst du immer in der Vergangenheit, Nedina? Es ist gut, wenn du das Andenken an deinen Vater in Ehren hältst, aber wenn dich diese Erinnerung daran hindert, mit den Menschen deiner Umgebung glücklich zu werden, dann schadet sie dir nur. Dein Vater wäre sehr traurig, wenn er das wüßte.«

»Ich brauche mir von Ihnen nicht sagen zu lassen, was mein Vater denken würde, Mr. Debs.«

»Ned Harkness hätte meine Gefängnisstrafe als ausreichende Buße angesehen, für das, was ich deiner Meinung nach verbrochen habe.«

Nedina sprang auf und hielt das Album fest an sich gepreßt.

Paul Weston kam die Treppe herunter, er hatte ein offenes Buch in der Hand und blickte Nedina nachdenklich an. »Was ist denn das für ein Lärm? Hört sich an, als ob wir schon mitten in der Wahlschlacht wären!«

»Könnten Sie nicht bei Nedina ein Wort für mich einlegen, Mr. Weston?« fragte Gene. »Warum hält sie mich für ihren Feind?«

»Ich fürchte, es ist Eifersucht«, erwiderte Weston ruhig. »Nedina hat erfahren, daß du und Gloria in eurer Jugend ineinander verliebt wart. Sie hat auch von Glorias Besuch in deiner Zelle gehört.«

»Ja«, unterbrach Nedina ihn heftig, »und daß Mutter glaubte, daß Vater im Unrecht war.«

Sie brach in Tränen aus und lief die Treppe hinauf.

Nach diesem Vorfall hatte Gene das rote Haus bis auf die Besuchsabende gemieden. Und selbst dann widmete er Gloria nicht mehr Zeit als den anderen Gästen.

Ende August fuhren Gene und Theodore nach Chikago, um die neue Wahlkampagne einzuleiten. Als Gene Gloria erzählte, daß Theodore ihn begleiten würde und daß niemand im Büro anwesend sei, erklärte sie sich sofort bereit, das Büro zu übernehmen. In den folgenden Monaten stellte sich heraus, daß Gloria für die Aufgabe sehr geeignet war. Die Druckpressen liefen auf Volltouren und versorgten Gene und Theodore auf ihrer Reise mit ständig neuem Propagandamaterial.

5

Gene und Kate saßen beim Essen, als sie plötzlich fragte: »Warum hat Gloria Harkness in den letzten Monaten in deiner Druckerei gearbeitet? Wurde sie dafür bezahlt?«
»Wenn jemand für den Sozialismus arbeitet, so geschieht das nicht unbedingt wegen der Bezahlung.«
»Wenn sie es nicht für Geld tut, dann doch wohl nur aus Liebe?«
Gene wollte antworten: »Ja, aus Liebe zum Sozialismus«, aber die Worte blieben ihm in der Kehle stecken.
»Ihr beide wart einmal ineinander verliebt, stimmt das?«
Vorsichtig sagte er: »Das ist sehr lange her, Kate.«
»Du hast sie die ganze Zeit geliebt, nicht wahr, Eugene?«
»Wenn man einen Menschen einmal geliebt hat, bleibt immer etwas von diesem Gefühl zurück.«
»Dann liebst du sie also!«
Kates Augen funkelten vor Zorn. »Du hast mich hintergangen! All die Jahre hast du Gloria Harkness geliebt!«
»Es gibt viele Menschen auf der Welt, die ich liebe; Männer und Frauen.«
»Du weichst mir aus!«
Sie erhob sich vom Tisch. »Das ist auch der Grund, warum du immer so starrsinnig gegen meine Wünsche gehandelt hast! Wenn diese Harkness dich gebeten hätte,

deine Arbeit für die Gewerkschaft aufzugeben, dann hättest du es bestimmt getan. Versuche nicht, es abzustreiten!«

Er saß wie betäubt da.

»Wie dumm war ich doch«, schrie Kate bitter, »daß ich nie darauf gekommen bin, daß eine andere Frau die Ursache meines Unglücks war!«

Er stand vom Tisch auf und packte Kate an beiden Schultern. »Hör mir zu, Kate! Vielleicht sieht es anders aus, aber ich habe dich immer geliebt und war dir immer treu.«

»Wirst du mir versprechen, jetzt nie mehr ins rote Haus zu gehen?«

Da er schwieg, flammte ihr Verdacht wieder auf. »Warum ist es für dich so wichtig, dort hinzugehen? Du hast es hier so schön. Besser kannst du es nicht haben.«

Wie konnte er Kate sagen, daß er in Glorias Haus ging, um das zu finden, was ihm daheim fehlte – Gastfreundlichkeit, Heiterkeit und Aufnahmebereitschaft für neue Ideen?

»Wenn du mich liebst, Eugene, dann mußt du mir versprechen, dieses Haus nie wieder zu betreten.«

Nach längerem Zögern sagte Gene resignierend: »Gut, Kate, wenn es dich glücklich macht, werde ich nie mehr hingehen.«

Gene verließ das Haus und ging mit eiligen Schritten davon, bis er die Stadt weit hinter sich gelassen hatte und sich wieder auf seinen alten Pfaden im Wald befand. Wie sollte er Gloria sagen, daß er nie mehr in ihr Haus kommen würde? Wie konnte er ihr erklären, warum er ihre freundschaftliche Beziehung abbrechen mußte?

Das Problem löste sich von selbst und auf grausame Weise. Nedina schloß sich im Badezimmer ein und nahm Gift.

Kate machte sich zum Sprecher für Terre Haute. »Nedina war zu fein geartet, zu empfindsam, um dieses vulgäre Bohèmegesindel zu ertragen. Das Kind soll seine Mutter angefleht haben, endlich ein anderes Leben zu führen. Aber nein, Gloria Harkness ist die Schutzpatronin der Künste! Sie hat ihre Tochter auf dem Gewissen!«
Einige Tage später erfuhr Gene, daß Gloria ihr Haus verkaufen wollte.

6

J. A. Wayland hatte Gene schon oft aufgefordert, Mitarbeiter bei seinem Blatt »Der Appell« zu werden. Er bot Gene einen Jahresvertrag mit hundert Dollar pro Woche, wenn er nach Girard käme.
Gene erzählte Kate von seiner Absicht, auf ein Jahr nach Girard zu gehen, um für den »Appell« zu arbeiten. Er versprach ihr, jede Woche die Hälfte seines Honorars zu schicken.
Kate sagte nichts dazu.
Der »Appell« war gerade in ein neues zweistöckiges Backsteingebäude umgezogen.
Als Gene Waylands Büro betrat, bemerkte er:
»Der ›Appell‹ sieht ganz solide aus!«
»Das ist ja das Schlimme«, brummte Wayland. »Der junge Fred Warren ist ein viel besserer Redakteur, als ich es je war, so daß ich kaum noch was zu arbeiten habe. Wenn ich mich noch weiter langweile, setze ich mich hier ab und fange irgendwo eine Oppositionszeitung an.«

Gene stand jeden Morgen um sechs Uhr auf und machte einen langen Spaziergang. Seine Artikel und Briefe diktierte er vormittags. Mittags gingen Gene, Wayland, Fred Warren und George Brewer in Deckers Café oder Osbornes Restaurant, wo sie über die Probleme der Partei diskutierten. Danach redigierte Gene Manuskripte und schloß meist seine Tagesarbeit mit einem Brief an Kate. Trotz seiner Freunde und der Solidarität der sozialistischen Gruppe litt Gene oft unter einer Vereinsamung. Er wußte nicht genau, wonach er Heimweh hatte, nach Theodore, nach seinem Haus, nach seiner Frau ... Es gab mehr Geselligkeit und Frohsinn bei den Familien seiner Parteifreunde als in Kates Haus, doch manchmal wurde ihm bewußt, was ihm fehlte: Das Gefühl, geliebt zu werden, Frau und Kinder zu haben, die ihn liebten und für die er verantwortlich war.

In seiner bedrückten Stimmung mußte er zugeben, daß er für den Sozialismus nichts tun konnte, was von den jungen Männern des »Appell« nicht besser getan wurde.

Gene kam sich wie ein Parasit vor. Früher war Kate der Gegner in seinem Haus gewesen, der leidenschaftlich alles ablehnte, was er sagte und tat. Jetzt war er angeklagt, ein Vorurteil gegen sein eigenes Volk zu haben und ein offenes Ohr für alle, die etwas Schlechtes über Amerika sagten. Er war der unwillkommene Gast, der immer die Wahrheit sagte und die Familie in Verlegenheit brachte. Gene Debs fühlte sich fremd im eigenen Haus und im eigenen Land. In solchen Stunden des Grübelns und der Mutlosigkeit begann er zu trinken. Seine Freunde mischten sich nicht in seine Privatangelegenheiten ein, sie sprachen nicht einmal untereinander von dieser neuen Angewohnheit. Sie merkten, daß er schwer an irgend etwas zu tragen hatte, und aus Freundschaft taten sie ihr Bestes, ihn als den alten Gene Debs, den sie so viele Jahre kannten, anzusehen.

Seit fast einem Jahr hatte Gene einen nagenden Schmerz in seiner Kehle gespürt. Als er von einer Vortragsreise nach Girard zurückkehrte, suchte er einen Arzt auf.

»Sie haben ein Geschwulst in Ihrer Kehle, Mr. Debs.«

»Ein Geschwulst?« fragte Gene düster. »Ist das nicht gefährlich?«

»Sie sollten in die Mayo-Klinik nach Rochester gehen und es herausschneiden lassen.«

Niedergeschlagen kehrte Gene in seine kleine Pension zurück. Auf dem Tisch stand eine Flasche Whisky.

»Das ist das erste Mal«, murmelte er, »daß ich wirklich Grund hätte, mich zu betrinken. Aber jetzt habe ich nicht mehr die geringste Lust dazu.«

Er wollte Kate und Theodore nicht beunruhigen, deshalb schrieb er ihnen kein Wort von der Operation. Als er mit brennendem Hals und elend von der Wirkung der Narkose aufwachte, sah er jemand an seinem Bett sitzen. Dann glaubte er, er sei noch nicht ganz wach, denn die Frau war ohne Zweifel Kate.

»Eugene, wie fühlst du dich?«

Er war noch zu benommen, um zu reden.

»Wie konntest du dich nur operieren lassen, ohne mir etwas davon zu sagen? Kann es denn eine bessere Pflegerin geben als mich?«

Gene hatte Tränen des Glücks in den Augen. Es tat ihm so wohl, daß sie jetzt seine Hand hielt und ihn tröstete.

Dr. Charles Mayo kam ins Zimmer. »Ist er also endlich aufgewacht! Zufrieden, Mrs. Debs? Ich habe übrigens gute Nachrichten: Das Mikroskop zeigt, daß es ein gutartiges Geschwulst war.«

Gene atmete erleichtert auf.

»Mr. Debs, haben Sie mit Ihrem Herzen irgendwelche Schwierigkeiten gehabt?«
Gene krächzte heiser: »Schwindelanfälle ab und zu...«
»Ihre alte Pumpe ist nicht mehr so kräftig, wie sie sein sollte. Sie haben Ihrem Herzen zu viel zugemutet in den letzten Jahren. Behalten Sie ihn so viel wie möglich daheim, Mrs. Debs.«
»Ganz bestimmt, Dr. Mayo«, sagte Kate und nickte lebhaft.

7

Es war gut, wieder zu Hause in Terre Haute zu sein. Kate legte ihn in ihr komfortables Schlafzimmer und brachte täglich frische Blumen. Theodore und Gertrude wurden einmal in der Woche eingeladen, und Kate hatte nichts dagegen, daß Theodore mit der Korrespondenz aus dem Büro zu Gene kam und sich den allwöchentlichen Artikel für den »Appell« in die Maschine diktieren ließ.
Gene erhielt auch viel Post aus Europa, denn seine Zeitungsartikel und Flugschriften wurden in verschiedenen Sprachen verbreitet. In diesen Briefen herrschte die Meinung vor, daß das Weltkapital dabei sei, seine Probleme gewaltsam zu lösen, und daß mit Krieg zu rechnen sei. Für die Präsidentschaftswahl des Jahres 1912 kandidierte Gene das vierte Mal. Auf seinen vielen Rundreisen kämpfte er jetzt für den Internationalismus. Er wies darauf hin, daß in Europa ein Krieg drohe, und daß das einzige, was ihn aufhalten könne, die Weigerung der Arbeiter

sei, auf Arbeiter eines anderen Landes zu schießen. Gene Debs sagte den Amerikanern, daß nur die Weigerung, die Schlachten ihrer Herren zu schlagen, die USA davor bewahren könne, in einen Krieg verwickelt zu werden. Seine Vorträge fanden viele nachdenkliche Zuhörer. Doch Gene deutete das zuweilen grimmige Schweigen seiner Zuhörerschaft falsch: Fast eine Million Männer stimmte für Gene Debs und das sozialistische Programm. Präsident William Howard Taft, der Wahlsieger, hatte dreieinhalb Millionen Stimmen erhalten. Gene war über den Ausgang der Wahl nicht weniger verblüfft als die Nation selbst. Es war jetzt offenkundig, daß die aufsteigende sozialistische Partei eine feste Macht im Lande geworden war.

Aber der Nationalismus war stärker als der Internationalismus. Wenige Wochen nach Ausbruch des Krieges in Europa töteten deutsche Sozialisten ihre französischen Gesinnungsgenossen.

Als die Deutschen Belgien eingenommen hatten und in Frankreich einfielen, hielt Gene leidenschaftliche Reden gegen den deutschen Militarismus. Er war überzeugt, daß dies kein Krieg zwischen den Völkern sei, sondern nur ein Kampf unter Kapitalisten um einen besseren Platz an der Sonne. Als Gene seiner Frau gegenüber diese Gedanken äußerte, sah er sie blaß werden.

»Du läßt dich verwirren, weil deine Eltern aus Frankreich stammen«, rief sie. »Du weißt so gut wie jeder andere, daß Deutschland in einen Präventivkrieg verwickelt ist. Deutschland mußte den eisernen Ring brechen, der von Rußland, England, Frankreich und Italien um seine Grenzen gelegt worden war. Außerdem, Eugene, ist es offenbar Deutschlands Aufgabe, den minderwertigen Rassen Europas seine Kultur zu bringen.«

Die Bevölkerung von Terre Haute war überwiegend deutscher Abstammung; die Sympathie für die Deutschen war dementsprechend groß. Der Präsident forderte alle Amerikaner auf, neutral zu bleiben, doch in Terre Haute gab es keine Neutralität.
Kate war jetzt viel beschäftigt. Sie besuchte Versammlungen und Veranstaltungen, auf denen man seine Sympathie für Deutschland laut bekundete. Kates Haus wurde zu einem Ort reger Betriebsamkeit: Komitees gingen ein und aus, Briefe und Telegramme kamen, und das neu installierte Telefon läutete unaufhörlich. Kate war ein Vulkan an Energie geworden. Sie stand jetzt immer sehr früh auf, um Werbebriefe zu schreiben, Aufrufe zu verfassen, Organisationspläne zu entwerfen. Sie widmete sich dieser Aufgabe, die sie eine große menschliche Sache nannte, mit Feuereifer. Sie wurde in Terre Haute bald eine der bekanntesten Kämpferinnen für Deutschland. Sie wurde immer hitziger – sie strahlte vor Glück.
Währenddessen aber kroch Gene in sicht selbst zusammen, fühlte sich ausgebrannt und hilflos. Tag für Tag wurde seine Enttäuschung und Ernüchterung größer, während er die Berichte über das Gemetzel in Europa las. Er konnte nicht mehr arbeiten. An dem Tage, als die Deutschen in Belgien einmarschierten, war sein Zeitalter zu Ende gegangen. Wie die Welt auch aussehen würde, die aus diesem Krieg hervorging, für ihn würde sie nicht mehr zu fassen sein.
Jetzt war er es, der nicht zur Tür hinunterging, wenn die Glocke läutete, der Hunderte von Briefen nicht öffnete, der das Telefon klingeln ließ, während er reglos auf dem Bett lag. Am meisten traf ihn, daß Mrs. Eugene Debs seinen Namen und Einfluß mißbrauchte, um damit Sympathie für ein kriegführendes Land zu werben.

8

Das Haus war zu einem der wichtigsten deutschen Treffpunkte des Mittelwestens geworden. Alte deutsche Einwanderer, wie Dr. Reinche, erkannte man an ihrer Aussprache, aber auf den Straßen von Terre Haute hörte man bisher selten ein deutsches Wort. Jetzt aber vernahm Gene, wenn er die Tür seines Schlafzimmers öffnete, aufgeregte deutsche Stimmen. Fast den ganzen Tag über drang die hysterische Atmosphäre zu ihm herauf.

Gene verstand genug Deutsch, um zu wissen, was sie sprachen:

Die Alliierten würden in ein paar Wochen besiegt sein. Dann wäre Deutschland der Beherrscher Europas. Es würde riesige Kolonien als Rohstofflieferanten haben, so daß die deutsche Industrie dann die größte in der Welt wäre.

Gene sah seine Frau selten. Wenn sie zu Hause war, gab es ständig irgendwelche Konferenzen. Gene fühlte sich zu müde und zu krank, um sich mit Kate auseinanderzusetzen. Doch als Kate Mitglied einer Clique wurde, die den Kongreß zu beeinflussen suchte, beschloß er, dem Treiben ein Ende zu bereiten.

Eines Abends, als der letzte von Kates Gästen gegangen war, stieg Gene zum Salon hinunter. Er starrte verblüfft auf die verbliebene Unordnung.

»Du scheinst nicht einmal sehr entsetzt über dieses Durcheinander zu sein!« rief Gene.

»Warum sollte ich? Diese Leute sind meine Freunde. Wir arbeiten zusammen.«
»Ach, Kate, all die vergangenen Jahre wollte ich so gerne meine Freunde in unser Haus einladen, aber du hast es nie erlaubt.«
»Du hast nie die richtigen Leute eingeladen«, erwiderte sie. »Was du an Gästen haben wolltest, waren deine Gewerkschaftler und diese Sozialisten.«
»Du meinst, es ist besser, das Haus mit Kriegstreibern zu bevölkern?«
Kate schoß das Blut in die Wangen. »Willst du mich etwa als Kriegstreiber bezeichnen, Eugene?« fauchte sie.
»Der Präsident unseres Landes hat alle Bürger zur Neutralität aufgerufen. Wenn du versuchst, unser Land auf die Seite Deutschlands zu ziehen, wirkst du an der Ausbreitung des Krieges mit. Du verhinderst einen baldigen Frieden.«
»Aber wenn ich für die Franzosen arbeiten würde, fändest du das in Ordnung.«
»Ich bin auf keiner Seite, Kate«, sagte er ruhig. »Ich habe nur den brennenden Wunsch nach Frieden. Ich fühle mich einem französischen oder deutschen Sozialisten enger verbunden als einem amerikanischen Eisenbahndirektor. Ist dir denn gar nicht klar, Kate, daß du durch deine Mitarbeit an diesem Krieg die Verantwortung für den Tod Tausender unschuldiger Männer und Frauen übernimmst?«
»Das ist dasselbe sentimentale Gewäsch, mit dem du dein Leben ruiniert hast, Eugene.«
Zorn stieg in ihm auf. »Nein, Kate, du hast dieses Haus lange genug als Hauptquartier mißbraucht. Ich werde nicht dulden, daß du mein Heim zu einer Verschwörerzentrale des Militarismus machst!«

»Dies ist mein Haus! Du hast ein fabelhaftes Talent, Eugene, deine Mühe an verlorene Sachen zu verschwenden. Die Franzosen sind geschlagen. Die Elite der englischen Armee liegt bei Ypern begraben. Die russischen Soldaten desertieren haufenweise. Der Krieg wird bald zu Ende sein. Deutsche Kultur und deutscher Fleiß wird bald der ganzen Welt Segen bringen.«
»Militarismus hat niemals Segen gebracht. Er bringt nur Tod und Vernichtung!«
Als die »Lusitania« durch ein deutsches Unterseeboot versenkt wurde, erreichte der Jubel der Deutschen in Terre Haute seinen Höhepunkt.
»Der Schlag hat gesessen!« rief Kate begeistert. »Mit unserer U-Boot-Flotte können wir Frankreich und England in ein paar Monaten aushungern.«
Gene erwiderte entsetzt: »Wie kannst du dich über den Tod von so vielen Menschen freuen, unter denen viele Frauen und Kinder waren.«

Im Frühling 1915 sah es so aus, als läge Amerika mit sich selber im Kriege. In Colorado schoß Staatsmiliz in ein Zeltlager von Bergleuten und richtete ein Blutbad unter Frauen und Kindern an. In Kalifornien wurden streikende Arbeiter beschossen und eingesperrt. In Paterson, New Jersey, wurde ein Mann wegen seiner Arbeit für die Gewerkschaft ins Gefängnis geworfen. Die Standard Oil Corporation berichtete, daß sich ihr Reingewinn gegenüber dem Vorjahr um vierzig Millionen Dollar gesteigert habe, doch immer noch lag der Lohn des amerikanischen Arbeiters knapp über dem Existenzminimum. Seine Lage war nicht besser als die der Lokomotivheizer in Terre Haute vor vierzig Jahren.
Dies ist auch Krieg, dachte Gene. Er ging wieder auf Vor-

tragsreise. Mit jedem Wort, daß er sagte, bekämpfte er den Eintritt der Vereinigten Staaten in den Krieg. Die Teilnahme Amerikas würde nicht nur den Krieg jenseits des Atlantiks verlängern, sondern auch den sozialen Kampf im eigenen Lande verhärten. Während deutsche Unterseeboote weiterhin amerikanische Schiffe versenkten, wuchs die Bereitschaft des amerikanischen Volkes von Tag zu Tag, gegen Deutschland Krieg zu führen. Die Wall Street drängte Washington zum Kriegseintritt, denn sie hatte den Alliierten hohe Kriegsanleihen gewährt und wollte sie durch aktives Eingreifen schützen. Gene erließ einen Aufruf an die amerikanischen Gewerkschaften, den Generalstreik zu beschließen, falls der Krieg erklärt würde.

Überall, wo Gene auf seiner Vortragsreise hinkam, bekam er den Haß der Kriegspartei zu spüren. Mit Sabotage und Strafandrohungen versuchte man, ihn mundtot zu machen. Samuel Gompers und viele andere Arbeiterführer rückten von ihm ab und sagten Präsident Wilson ihre volle Unterstützung zu, falls er Deutschland den Krieg erklärte. Gene hatte deshalb auch keine Mühe, seine Partei davon zu überzeugen, daß er nicht der richtige Kandidat für die Präsidentschaftswahl von 1916 sei.

Im April 1917 erklärte Amerika Deutschland den Krieg. Die Aktivität der Deutschen in Terre Haute kam augenblicklich zum Erliegen. Genes Hoffnungen auf Friedensverhandlungen in Europa wurden bitter enttäuscht.

Die amerikanische Sozialistische Partei war jetzt neunzehn Jahre alt. Gene wußte, daß die alten Stützen der Partei – Berger, Heath, Cox und Hilquit – nicht an den Parademärschen teilnähmen, doch was würden die Tausende von Mitgliedern tun? Würden sie weiter zum Programm der Gewaltlosigkeit stehen?

Wie er erwartete, hielten die Männer, mit denen er im Jahre 1898 die Partei gegründet hatte, zum Pazifismus. Sie erklärten öffentlich, daß sie die Kriegserklärung als ein Verbrechen am amerikanischen Volk betrachteten. Diese Stellungnahme wirkte in den Reihen der Partei vernichtend. Hunderttausend Sozialisten traten aus der Partei aus und erklärten öffentlich ihre Zustimmung zur Kriegsteilnahme. Es blieben nur etwa zwanzigtausend Getreue übrig. Im Juni 1917 erließ der Kongreß ein neues Spionagegesetz. Dieses Gesetz ermöglichte es den staatlichen Organen, die sozialistischen Einrichtungen vollkommen zu kontrollieren. Ihre Zeitungen wurden verboten, und ihre Mitglieder standen unter ständiger Beobachtung. Das Hauptbüro wurde von der Polizei besetzt, und die Akten und Bücher nach Washington gebracht.

Dann fand ein Ereignis in Europa statt, dessen Rückwirkung auf Amerika sofort spürbar wurde: Im Gefolge der November-Revolution in Rußland rissen die Bolschewisten die Regierungsgewalt an sich und richteten in allen Städten Rußlands grauenvolle Blutbäder an.

Auch in Amerika wurden jetzt viele Sozialisten verhaftet, in Gefängnisse gesteckt und ohne Verteidigung und Gerichtsverhandlung festgehalten. Am 2. Februar 1918 wurde das gesamte Exekutivkomitee der Partei auf Grund des Gesetzes gegen revolutionäre Umtriebe verhaftet.

9

Die Zerschlagung seiner Partei hatte Gene so beschäftigt, daß ihm die Verwandlung entgangen war, die seine Frau inzwischen durchgemacht hatte. Die Deutschen von Terre Haute, die von der Angst gepeinigt waren, daß man sich an ihre pro-deutsche Agitation erinnern könne, überboten sich jetzt gegenseitig in hysterischem Patriotismus.

Niemand aber verhielt sich fanatischer als Kate Debs. Nach kurzer Zeit hatte sie sogar erreicht, daß sie zur Präsidentin der Frauenabteilung der Liberty Bond-Werbung gewählt wurde. Unermüdlich warben Kate und ihre Gruppe für die amerikanischen Kriegsanleihen. Gene mußte mitansehen, wie sein Haus aufs neue für die Sammlung von Hilfsgeldern für den Krieg mißbraucht wurde. In ihrem neu entdeckten pro-amerikanischen Patriotismus war es Kate sogar egal, ob ihr Haus verdreckt und die Teppiche abgetreten wurden.

Eines Morgens entdeckte Kate an der Vorderseite ihres Hauses die hingeschmierten Worte: Ihr Heuchler!

An einem Abend hörte Gene in seiner Bibliothek die Stimmen jener Geschäftsleute aus Terre Haute, die vom Justizministerium zu Helfern des »Zivilen Überwachungsdienstes« ernannt waren. Das Gespräch ging um die neue Liberty Bond-Kampagne. Die Leute äußerten unverholen ihre Absicht jedem, der die Anleihen nicht kaufen wollte, einen »Strick um den Hals« zu legen.

Heftige Wut packte Gene. Der Gedanke, daß hier Pläne ausgeheckt wurden, wie man unschuldige Bürger durch Morddrohungen erpressen konnte, war mehr, als er ertragen konnte. Er lief die Treppe zur Bibliothek hinunter und forderte die Männer mit knappen Worten auf, das Haus zu verlassen. Mit Haß auf ihren Gesichtern gingen sie an ihm vorbei zur Tür.

Ein paar Nächte später hämmerte einer von Genes Freunden dröhnend an die Tür.

»Komm schnell, Gene! Die sind dabei, den alten Dr. Reinche zu lynchen, weil er keine Anleihen kaufen will!«

Als sie in dem Wald nördlich der Stadt ankamen und Gene auf die Menge zulief, sah er von einem Ast ein Seil baumeln. Gewaltsam bahnte er sich den Weg durch die Menge, in deren Mitte, halb zusammengebrochen, der alte Arzt hockte.

»Laßt den alten Mann in Ruhe! Er hat kein Geld für eure Anleihen! Er braucht sein Geld für Medikamente und Krankenhausbetten.«

Gene ließ sich neben Dr. Reinche auf die Knie fallen und begann, das Seil um dessen Hals zu lösen. Beim Anblick der roten Würgemale zuckte er zusammen. Dann half er ihm auf und führte ihn durch die schweigende Menge davon. Gene brachte Dr. Reinche nach Hause und verband seine Würgemale. Sein eigenes Haus betrat er durch die Hintertür, um einer Begegnung mit Kate auszuweichen. Er schlich sich in sein Zimmer, wo er sich aufs Bett warf und mit weit offenen Augen an die Decke starrte.

Gene wußte nicht, wieviele Stunden vergangen war, als eine Musikkapelle die Straße heraufkam. Vor seinem Haus brach die Musik plötzlich ab. Gene raffte sich auf und schleppte sich über den Flur in das Fremdenzimmer. Kate stand mit erhobenem Haupt am offenen Fenster

und sah auf die Kolonnen von Staatsmiliz mit Fahnenträgern hinab. Ihnen folgten lange Reihen marschierender Bürger. An der Spitze des Ganzen schritt der Gouverneur des Staates Indiana. Als Gouverneur Warren McCrag Gene am Fenster auftauchen sah, schüttelte er die Faust und brüllte: »Verräter! Verräter!«
Genes Herz hämmerte. Schweiß trat auf seine Stirn. Seine Hand faßte nach seiner Brust. Dann sank er zu Boden.
Einige Stunden später kam er todmüde und schwach zur Besinnung. Als er die Augen aufschlug, sah er Dr. Reinche mit verbundenem Hals an seinem Bett stehen.
»Dr. Reinche!« sagte Gene matt, »ich dachte, Sie liegen selbst im Bett?«
»Sie haben mir das Leben gerettet, und ich rette das Ihre.«
»Ich wäre fast nicht wieder aufgewacht, wie?«
»Angina pectoris ist kein Spaß!«
»Wie lange habe ich noch zu leben – eine Woche? Einen Monat?«
»Der Anfall kann bei starker Anspannung jederzeit wiederkehren. Aber wenn Sie sich ruhig halten ... Versuchen Sie nicht mehr, alte Nichtsnutze zu retten, die gehängt werden sollen.«
Gene und der Arzt tauschten ein flüchtiges Lächeln aus. Gene fragte: »Haben Sie Mrs. Debs etwas davon gesagt?«
»Nein.«
Theodore und Gertrude kamen herein. Dr. Reinche nahm seine abgeschabte Instrumententasche.
»Solange die beiden hier sind, werde ich heimgehen und mich ein paar Stunden hinlegen.«
Theodore setzte sich auf die Kante von Genes Bett.

»In ein paar Tagen, wenn du dich wieder erholt hast, setze ich dich in den Schlafwagen nach Colorado und telegraphiere Enos Mills, daß er dich vom Bahnhof abholt. Du kannst den Sommer oben im Gebirge verbringen, dann bist du bald wieder auf dem Damm.«

Fast einen Monat lang war es Theodore möglich, den Aufenthalt seines Bruders geheimzuhalten. Dann endlich sickerte die Nachricht durch, daß Gene im Estes Park Colorado untergetaucht war. Daraufhin ergoß sich ein Strom von Klagebriefen über Gene, der ihm von Gewalttaten und Anpöbeleien, von niedergeknüppelten Versammlungen und zertrümmerten Parteibüros berichtete. Fast alle seine Genossen waren in den vergangenen Wochen ins Gefängnis geworfen worden, so daß er nun, im April 1918, der letzte einflußreiche Sozialist war, der sich noch auf freiem Fuß befand.

Nach einigen Wochen hatte Gene sich so weit erholt, daß er sich entschloß, wieder auf einer Versammlung zu sprechen. Als er gerade die Bohemia Gardens in Cleveland betrat, stellten sich ihm drei Beamte der Bundespolizei in den Weg.

»Mr. Eugene Debs?«

»Ja.«

»Wir haben einen Haftbefehl für Sie.«

Gene lächelte.

»Gut. Ich komme mit.«

10

Gene starrte auf den riesigen grauen Steinbau des Zuchthauses von Atlanta, in dem er für die nächsten zehn Jahre eingesperrt werden sollte. Es war Mitte Juni. Der Waffenstillstand war vor sieben Monaten unterzeichnet worden. Das massive, schmucklose Gebäude glühte in der Sonne von Georgia. Gene stieg aus dem Wagen und ging langsam auf das Gittertor zu, während sein Herz in flattrigen Stößen schlug. Er blieb stehen, um sich umzusehen, nach dem tiefblauen Himmel, dem grünen Rasen, nach der Freiheit.

Marshal Smith und seine beiden Beamten gingen dicht hinter ihm. Der Aufnahmebeamte unterzeichnete die Einweisungspapiere.

»Solange Sie hier sind, haben Sie die Nummer 9653«, sagte der Marshal.

Der Wärter führte Gene durch mehrere schwer bewachte Gittertüren zum Duschraum. Gene zog sich aus und badete. Er streifte das hellblaue Anstaltshemd und die Hosen über, die auf einer Bank bereitlagen. Danach wurde er in einen Raum gebracht, wo man ihm eine Blechmarke mit seiner Registriernummer umhängte und zwei Aufnahmen für das Verbrecheralbum von ihm machte. Anschließend wurde er ins Büro geführt, wo er sich mit einem Dutzend anderer Neuzugänge im Halbkreis vor einem Schreibtisch aufstellen mußte. Der Diensthabende verlas die Zuchthausregeln und Strafbestimmungen.

Gene sah sich seine Mitgefangenen an. Ihre Augen zeigten gläserne Leere. Dann ging es durch lange Korridore und über mehrere Eisentreppen. Angst lag wie eine feuchte Decke über dem Riesenbau des Zuchthauses. Dann standen sie vor seiner Zelle. Die Tür wurde aufgeschlossen. Gene trat ein. In dem fünf mal fünf Meter großen Raum befanden sich zwei dreistöckige Bettreihen, im Hintergrund ein Waschbecken und die Toilette. Hinter Gene fiel die Eisentür ins Schloß, und der schwere Querriegel wurde zugeschoben. Gene sah sich um. Irgendjemand murmelte einen Gruß. Zum ersten Mal seit Betreten des Gefängnisses sah Gene ein Lächeln. Ein untersetzter Mann mit blauen Augen und kurz geschnittenem Haar räumte seine Habseligkeiten von einem der unteren Betten und warf sie auf eines darüber.
»Du schläfst besser hier unten! Man kommt leichter rein und raus.«
Aus einer der mittleren Kojen sprang ein rothaariger Mann und begann, das Bettuch für Gene auszubreiten.
»Paß jetzt gut auf! Du mußt es genauso machen, sonst kriegst du Ärger bei der Inspektion.«
Um zehn Uhr ging das Licht aus. Die Männer wälzten sich ruhelos auf ihren knisternden Strohsäcken.
Am nächsten Morgen mußten sie sich vor der Zellentür aufstellen. Zwei Wärter kontrollierten die Nummern. Dann marschierten die Gefangenen in Zweierreihen zum Speisesaal, wo sie auf langen Holzbänken Platz nahmen. Zum Frühstück wurde Maisbrei und Kaffee ausgeteilt. Ein übler Geruch von schalem Essen lag über dem Raum. Fast ohne etwas gegessen zu haben, marschierte Gene nach zwanzig Minuten mit den anderen aus dem Saal. Ein Wärter brachte ihn zur Kleiderkammer. Dort mußte er Socken und Hemden sortieren, die von der Wä-

scherei hereinkamen. Der niedrige Raum war heiß und stickig, seine Mitgefangenen zeigten ihm, wie er die Arbeit zu machen hatte. Um zwölf gab es die Hauptmahlzeit. Jeder bekam einen Schöpflöffel Bohnen, etwas Brot und ein kleines Stück Fleisch. Gene aß nur das Brot.
Um vier Uhr war Arbeitsschluß. Die Gefangenen durften einen halbstündigen Rundgang auf dem Gefängnishof machen. Auf der zehn Meter hohen Mauer standen Wachen mit Winchester-Gewehren. Als das Horn blies, stellten sich die Gefangenen wieder auf und marschierten zum Speisesaal. Es gab Brot mit Margarine zum Abendessen. Gene trank nur ein wenig Wasser und kehrte dann mit den anderen in seine Zelle zurück.
Gene stellte fest, daß es im Gefängnis von Atlanta zwei Welten gab. Die eine war der Arbeitstag, der eine unwürdige Plackerei war und von den Wärtern mit ihren Knüppeln dirigiert wurde, die andere begann, wenn die Zellentüren am Abend hinter den Gefangenen zufielen.
Die Gefangenen teilten ihren Tabak, ihr Zigarettenpapier, sogar den Kuchen und Zucker, die manchmal von draußen hereinkamen. Jeder trug sein Teil zur Unterhaltung bei, und niemand schloß sich aus. Die Gefangenen pflegten eine ans Komische grenzende Höflichkeit untereinander.

Als Gene am folgenden Nachmittag an der Strafbaracke vorbeikam, hörte er seinen Namen rufen. Er drehte sich um und winkte. Sofort schoß ein Wärter mit erhobenem Knüppel auf ihn zu. Niemand durfte einem Gefangenen im Strafblock Zeichen geben. Der Wächter notierte seine Nummer und sagte, daß er den Vorfall dem Direktor melden werde. Als Gene in seine Zelle kam, zeigten sich seine Zellengenossen besorgt um ihn. Die Strafe für diese

Übertretung war das »Loch«. Ein dunkles Zementverlies, wo man auf dem Steinboden schlafen mußte und nur Wasser und Brot bekam.

Direktor Fred Zerbst hatte den Ruf eines gerechten Mannes. Da dies Genes erstes Vergehen war, kam er nicht in Einzelhaft, verlor aber dafür das Privileg, schreiben zu dürfen und jede Woche einen einseitigen Brief zu erhalten. Das war für ihn ein harter Schlag.

Eines Tages, beim Rundgang auf dem Hof, rempelte ihn ein Gefangener leicht an, murmelte eine Entschuldigung und ging weiter. Da erst bemerkte Gene, daß er ihm ein Bündel fest zusammengepreßter Zeitungsausschnitte in die Hand gedrückt hatte. Sein unbekannter Freund war ein Direktionskalfaktor. Er hatte die Zeitungsausschnitte, die mit der Post an Gene gegangen waren und die die Wärter in den Papierkorb geworfen hatten, gerettet und an einen Gefangenen in Genes Zellenblock weitergeschmuggelt.

Zwei Wochen vergingen. Gene konnte nichts zu sich nehmen, außer ein wenig Brot und Wasser. Bei Nacht lag er schlaflos auf seinem harten Lager. Seine Augen sanken tief in ihre Höhlen. Das Gefängnis war stärker als er. Er hatte weder den Wunsch noch den Willen, dagegen anzukämpfen. Eines Nachts beobachtete er in seiner Zelle geheimnisvolle Vorgänge. Einer der Männer pflanzte sich vor dem Gitter der Tür auf. Zwei andere holten Papier und Holz unter ihren Matratzen vor. In der Toilettenschüssel wurde ein Feuer angezündet. Einer zauberte ein Steak hervor und briet es über der offenen Flamme. Als es knusprig gebraten war, legte er es auf ein sauberes Blatt Papier und reichte es Gene. Das Beefsteak war das Köstlichste, das Gene je gegessen hatte.

Eines Mittags wurde Gene in das Direktionsbüro befoh-

len, wo ein freundlicher älterer Herr saß, der sich als Denver Dickerson, Inspekteur der Bundesgefängnisse, vorstellte.
»Ich habe soeben meine Inspektion des Atlanta-Zuchthauses beendet. Und bevor ich weiterfahre, würde ich gerne hören, wie es Ihnen hier ergeht.«
»Ich selbst habe keine Klagen, Mr. Dickerson«, erwiderte Gene. »Aber was hat es für einen Sinn, die Leute am Sonntag zur Teilnahme am Gottesdienst zu zwingen? Dabei stehen noch die Wachen mit Schlagstöcken hinter ihnen. Wie soll in dieser furchtgeladenen Atmosphäre Besinnung und Andacht möglich sein?«
»Unter diesem Gesichtspunkt habe ich diese Sache noch nicht betrachtet.«
»Und warum müssen die Männer in diesen heißen Nächten gleich nach dem Abendessen eingeschlossen werden, um dann in ihren Zellen fast zu ersticken? Warum gönnt man ihnen nicht noch eine Stunde Bewegung? Diese kleine Vergünstigung würde die Gesundheit und die Moral der Insassen wesentlich verbessern.«
Mr. Dickerson stand auf und sagte: »Das klingt vernünftig. Ich will sehen, was ich tun kann, wenn ich wieder in Washington bin.«
Zwei Monate später kam ein Erlaß vom Innenministerium, der den Gefangenen eine Extra-Stunde im Freien zubilligte. Gene merkte an jenem Tage beim Hofrundgang, daß viele der Mitgefangenen zu ihm herüberblickten.

11

Gegen Ende des Sommers sah Gene aus wie eine wandelnde Leiche. Es fiel ihm täglich schwerer, seinen Kameraden zu verbergen, daß er beim Marschieren in Reih und Glied kaum noch mit ihnen Schritt halten konnte. Manchmal mußte er sich plötzlich irgendwo festhalten, um nicht umzufallen.

In ihm war nur noch der eine Wunsch lebendig, Kate wiederzusehen. Er wollte ihr sagen, wie er sie liebe, und sie um Verzeihung bitten für den Kummer, den er ihr bereitet hatte. Er wußte, was es gerade für sie bedeutete, ihn im Zuchthaus zu besuchen.

Als er wieder Schreiberlaubnis erhielt, bat er sie dringend, ihn sobald wie möglich zu besuchen. Sie antwortete ihm, daß sie im nächsten Monat nach Atlanta käme. Die Nachricht versetzte Gene in einen fiebrigen Glückszustand. Seine Zellengenossen wollten Näheres über Kate hören, und so erzählte er ihnen, wie sie nach Woodstock gekommen war, um die letzten drei Monate seiner Haft bei ihm zu sein; wie sie in der Klinik von Dr. Mayo an seinem Bett gesessen hatte und wie sie ihn gepflegt hatte, wenn er krank war. Gene erinnerte sich gern daran, und es war schön, davon zu erzählen.

Kates Zug sollte um neun Uhr eintreffen. Gene hatte ihr vorgeschlagen, gegen Mittag ins Gefängnis zu kommen. Ein Bote rief ihn ins Direktionsbüro und Direktor Zerbst übergab ihm ein Telegramm.

»Tut mir sehr leid stop bin gegenwärtig krank stop muß Reise verschieben stop alles Liebe stop Kate«

Er erinnerte sich nicht, wie er aus dem Büro herausgekommen war und den langen Weg zu seinem Zellenblock hinter sich gebracht hatte. Seinen Freunden brauchte er nicht zu sagen, was geschehen war. Sie sahen ihn, bleich im Gesicht, mit halbgeschlossenen Augen in die Zelle schwanken. Sie fingen ihn auf, bevor er fiel, zogen ihm die Kleider und die frisch geputzten Stiefel aus und legten ihn auf sein Bett. Sie saßen trübsinnig und stumm auf ihren Betten und sahen, wie sein Körper von immer neuen Krämpfen geschüttelt wurde. Als die Glocke sie zur Arbeit zurückrief, sagten sie dem Wärter, daß er krank sei. Der Riegel seiner Zelle wurde zurückgeschoben. Jemand beugte sich über ihn.

»Es ist Besuch für Sie da«.

Kate war also doch gekommen! Er wußte nicht, aus was für verborgenen Quellen seine Kräfte zurückkehrten. In ein paar Minuten war er wieder fertig angezogen und folgte dem Wärter hinüber zu dem Verwaltungsblock. Im Besuchsraum wies ihm der Wärter einen Stuhl zu. Aber es war nicht seine Frau, die ihm dort gegenübersaß.

»Gloria!« stammelte er.

Der Wärter brummte monoton: »Legen Sie die Hände auf den Tisch. Sprechen Sie deutlich, damit alles, was gesagt wird, zu verstehen ist.«

Gene hörte ihn nicht. Seine Ohren warteten nur auf eine Stimme. Glorias goldenes Haar war weiß geworden, ihre Augen schienen dunkel und trübe. Doch jetzt lächelte sie, und ihre Augen waren wieder wie früher.

»Theodore hat mir telegraphiert, daß Kate nicht kommen könne. Er dachte, du würdest die Enttäuschung vielleicht zu schwer nehmen.«

»Theo hätte das nicht tun sollen.« Er machte eine Pause. »Gloria, du weißt nicht, wie wundervoll es für mich ist, daß du gekommen bist.«
Gloria lehnte sich über den Tisch und streckte die Hände nach ihm aus.
Der Wärter schob seinen Knüppel zwischen sie und Gene.
Sie drückte die geballten Hände gegen die Brust.
»Wo wohnst du jetzt?«
»Ich wohne in New York. Kürzlich stand in der Zeitung, du lägest im Sterben.«
»Das ist wohl ein bißchen übertrieben.«
Sie sah sein eingefallenes Gesicht an, den dünnen Hals, die fleischlosen Hände. »Oh, Gene, was haben sie aus dir gemacht?«
Er schwieg einen Augenblick, dann fragte er: »Wie geht es deinem Vater und Imogen?«
»Imogen ist sehr glücklich. Sie hat jetzt drei Kinder. Vater ist im vorigen Monat zweiundachtzig geworden.« Sie blickten einander an, während ihre Gedanken durch die Jahrzehnte zurückwanderten.
Jetzt sprach sie wieder, leise und eindringlich:
»Ich kann sehen, wie krank du bist. Ich weiß, wie diese haßverzerrte Welt dich quält. Aber wenn du im Gefängnis stirbst, Gene, werden deine Feinde glauben, daß sie jeden vernichten können, der es wagt, gegen sie anzutreten. Zu viele von deinen Kameraden sitzen jetzt in den Gefängnissen des ganzen Landes. Du darfst sie nicht enttäuschen. Sie sollen sagen: ›Wenn der fünfundsechzigjährige Gene Debs durchhält, dann werden wir es auch schaffen‹.«
Der Wächter erhob sich und wies auf die Tür.
»Die Zeit ist um, Lady.«

Sie standen sich gegenüber und sahen sich lange an.
»Ich habe eine Stellung in einer Buchhandlung. Sobald ich genug Geld gespart habe, komme ich wieder.«
Sie ging zur Tür und wandte sich ein letztes Mal um. »Du darfst nicht aufgeben, Gene! Warte auf mich, ich komme wieder, sobald ich kann.«

An jenem Abend wurde einer seiner Zellengenossen krank. Während der Nacht brach sein entzündeter Blinddarm auf. Er starb am folgenden Vormittag. Wieder wurde Gene in das Direktionsbüro befohlen. Direktor Zerbst stand im Kreise mehrerer Zeitungsleute aus Atlanta. In einer Ecke saß Dr. Weaver, der Gefängnisarzt. Zerbst schien ziemlich aufgebracht. »Wegen Ihnen haben wir eine ganze Menge Scherereien, Debs.«
»Tut mir leid. Was habe ich jetzt getan?«
»Sie sind gestorben. Wir haben Sie auf dem Gefängnisfriedhof begraben. Das Justizministerium war den halben Vormittag am Telefon, und diese Herren von der Presse weigern sich zu gehen, bis ich ihnen nicht bewiesen habe, daß Sie noch am Leben sind.«
»Meine Herren, ich bin Gene Debs. Ein anderer Mann aus meiner Zelle ist gestorben. Sagen Sie Ihren Lesern, daß ich selten lebendiger war als in diesem Augenblick.«
Die Reporter stellten ein paar Fragen und verabschiedeten sich dann.
Das Justizministerium hatte befohlen, Genes Herz zu untersuchen. Dr. Weaver ließ ihn das Hemd aufknöpfen und horchte ihn ab. Dann wandte er sich an Direktor Zerbst. »Sieht nicht gut aus. Wir sollten ihn lieber ins Hospital legen.«
Der Arzt ging hinaus. Direktor Zerbst seufzte.
»Warum konnte man Sie nicht nach Leavenworth schik-

ken? Warum mußte gerade ich Sie kriegen?« Er setzte sich hinter seinen Schreibtisch und sprach weiter: »Hier ist Ihr Passierschein zur Krankenstation.«
Gene ging über den Hof zum Hospital. Er durchschritt langsam einen Raum nach dem anderen. Es gab Patienten mit gebrochenen Armen und Beinen, doch auch mit gebrochenen Herzen. Es gab Abteilungen für Tuberkulose, für Rauschgiftsüchtige und Wahnsinnige, und es gab auch »Abstellräume« für die Männer, deren Tod stündlich erwartet wurde. Dies waren die Hoffnungslosen, die hier, ohne einen Verwandten oder Freund bei sich zu haben, starben und auf dem vernachlässigten Freidhof hinter dem Gefängnis begraben wurden.
Gene verließ das Hospital mit schwerem Herzen und schlich über den Hof. Gloria hatte recht, er durfte nicht aufgeben. Hier gab es viel Arbeit für ihn. Ja, er wollte leben, wollte dienen. Und am Ende wollte er erhobenen Hauptes aus dem Gefängnis gehen.

Sein Zimmer im Hospital hatte ein eisernes Bett, es gab einen kleinen Holztisch und einen Stuhl. Das öde Grau der Wände wurde durch ein Fenster erhellt, das auf den Hof hinausging. Das Essen war erträglich. Jeder Kranke erhielt eine tägliche Ration an Eiern, Früchten, Milch und Gemüse. Die Schmerzen in der Herzgegend ließen allmählich nach, und seine Energie kehrte zurück.
Am Ende der ersten Woche hatte Gene guten Grund, sich in seine Zelle zurückzuwünschen. Die unablässige Bespitzelung der Kranken und der Sadismus der Wärter machten das Hospital zu einem Gefängnis im Gefängnis.
Eines Nachmittags, als Gene an seinem Tisch saß und las, hörte er den dumpfen Schlag eines Knüppels auf einen Schädel. Er eilte auf den Flur und sah einen Gefangenen,

der als Bote beschäftigt war, blutüberströmt am Boden liegen. Gene half dem Mann auf die Beine, brachte ihn zu Dr. Weaver und ließ Direktor Zerbst holen. Dieser sah sich den Verletzten an, ließ den schuldigen Wärter holen, den er nach kurzem Verhör fristlos entließ. Gene nahm die Sache zum Anlaß, um mit dem Direktor über die Situation der Kranken zu sprechen. Der Direktor mußte zugeben, daß ernstlich kranke Leute keine Fluchtmöglichkeit hatten und auch anderen Gefangenen nicht zur Flucht verhelfen konnten.
»Warum also«, fragte Gene, »sucht man nicht gutmütigere Wärter für das Hospital aus?«
Gene drang darauf, daß Jimmy Higgins, der einzige Wächter in Atlanta, der sich weigerte, einen Knüppel zu tragen, als Ersatz für den Entlassenen ins Hospital kam. Gene sprach solange auf den Direktor und den Arzt ein, bis diese sich einverstanden erklärten, mit Genes Vorschlägen einen Versuch zu machen. Jimmy Higgins wurde die Oberaufsicht über die Hospital-Wärter übertragen, und die Knüppel wurden aus den Krankensälen verbannt. Gene erhielt die Erlaubnis, die Genesenden am Nachmittag in die sonnige Vorhalle hinauszufahren, wo er Briefe für sie schrieb und sich von ihren häuslichen Verhältnissen erzählen ließ. So konnte er vielen, die bereits aufgegeben hatten, neuen Lebensmut geben.
Gene hatte jetzt einen weiteren Grund gefunden, der ihn zwang, seine Strafzeit zu überleben. Sobald er die Freiheit erlangte, wollte er alles, was ihm an Zeit blieb, darauf verwenden, die Grausamkeit des amerikanischen Gefängnissystems zu bekämpfen. Während der Abende saß er über dem Entwurf seiner Reformvorschläge. Das Gefängnis war im wesentlichen eine Institution zur Bestrafung der Armen. Den Reichen gelang es meistens, sich

mit ihrem Geld vor einer Gefängnisstrafe zu bewahren. Die große Mehrheit der Verbrechen, für die man Leute einsperrte, waren Vergehen gegen das Eigentum. Es war die Gesellschaft selbst, die die Voraussetzung für Verbrechen schuf, denn Armut gebar Elend, und Elend gebar Verbrechen. Daher stammten die meisten Gefangenen auch aus den Armenvierteln der großen Städte.

Sogar die Unverbesserlichen, meinte Gene, die Wölfe, die die jungen unerfahrenen Häftlinge sexuell mißbrauchten, waren durch das Elend, in dem sie aufgewachsen waren, auf diesen Weg gedrängt worden. Das viehische Dasein im Zuchthaus hatte ein übriges zu ihrer Verrohung beigetragen. Eines der ärgsten Übel war der niederträchtige Umgangston, der alles vernichten sollte, was an menschlicher Würde sich noch behaupten wollte. Sam Moore, wegen Mordes zu lebenslänglich verurteilt, war der schlimmste dieser verrohten Kerle. Eben jetzt saß er im »Loch«, weil er einen Wächter angegriffen hatte. Gene fragte Zerbst um Erlaubnis, ob er Moore in seiner Einzelhaft besuchen dürfe.

»Der Neger würde Sie ohne weiteres erwürgen, Debs. Er ist mehr Tier als Mensch«, sagte der Direktor entsetzt.

»Das glaube ich nicht, jedenfalls möchte ich es riskieren.«

Die schwere Eisentür fiel krachend hinter Gene zu, als er die dunkle Zelle betrat. In der Ecke hockte eine Gestalt am Boden. Als Gene nähertrat, sah er, daß der Gefangene nach einer Woche Einzelhaft halb bewußtlos war. Gene beugte sich schweigend über den Leblosen. Sam öffnete die Augen. Gene sah die weißen Augäpfel, die von Haß und Zerstörungswut zu leuchten schienen. Er sagte kein Wort, sondern ließ sich neben dem Schwarzen nieder und lehnte wie dieser den Rücken gegen die kalte Mauer. Sams Augen ließen ihn keine Minute los – große, gefährliche Augen. Langsam hob Gene die Hand, bis seine Fingerspitzen auf der Schulter des Schwarzen ruhten. Nach einer Weile wagte Gene es, die Schulter fest zu umfassen. Sam Moores Körper entspannte sich mit einem tiefen Seufzer. Schweigend saßen sie in der düsteren Stille. Sie sahen sich nicht einmal an.

Der Wärter öffnete die Tür. »Die Zeit ist um.«

Erst jetzt blickten Sam und Gene sich an.

»Ich dachte, es könnte dir hier zu einsam werden, Sam. Deswegen habe ich den Wächter gebeten, mich mal bei dir reinschauen zu lassen. Ich werde ihn morgen wieder darum bitten.«

Am nächsten Nachmittag, als Gene durch die Eisentür von Moores Zelle trat, sah er Sam Moore aufrecht dastehen. Er hatte auf Gene gewartet.

»Ich dachte, du kommst nicht. Was willst du hier?«

»Ich wollte bei dir sein, Sam. Sonst nichts.«

»Warum? Mich hassen hier alle wie die Pest.«

»Ich hasse dich nicht, Sam. Hier sind wir Brüder im Unglück.«

»Du nennst mich deinen Bruder? Einen Schwarzen? Einen Mörder?«

»In dir steckt genauso viel Gutes wie in mir, Sam. Du hast nur nie Gelegenheit gehabt, es zu zeigen.«

Sam stieß ein paar seiner übelsten Flüche hervor.

»Du hast so einen stattlichen Körper, aber es kommen nur dreckige Reden daraus hervor.«

Sam ballte die Fäuste. Und öffnete sie langsam wieder.

»Du hast was gegen Fluchen?«

»Ja, Sam, weil ich meine, daß es dir selbst nicht gut tut. Genau so wenig, wie Gewalttätigkeit dir gut tut, denn du wirst letzten Endes immer der Verlierer sein.«

Der Neger wandte sich ab und starrte in das Dunkel der

Zelle. Nach einer Weile ging er zur Tür und hämmerte dagegen, bis der Wärter öffnete. »Ich will den Direktor sprechen!« schrie Sam drohend.
»Halt's Maul!« antwortete der Wächter und hob seinen Knüppel. Gene trat zwischen Sam und den Wächter.
»Gehen Sie zu Direktor Zerbst und rufen Sie ihn hierher.«
Zerbst erschien in wenigen Minuten in Begleitung zweier Aufseher. Gene und Sam waren noch in der Zelle. Sie hatten nichts mehr gesprochen.
»Was willst du, Sam?« fragte der Direktor.
»Ich werde keine Schlägereien und keinen Ärger mehr machen, Direktor. Ich will versuchen, nicht mehr so dreckig zu fluchen.«
»Woher dieser plötzliche Entschluß?« fragte Zerbst erstaunt.
»Mr. Debs will, daß ich so was nicht mehr mache«, erwiderte Sam einfach. »Ich kenne ihn schon lange, den kennt jeder hier. Er ist anders als wir alle.«
Auf dem Rückweg zum Verwaltungsbüro erklärte Direktor Zerbst: »Seit Sie hier sind, Debs, haben wir viel weniger Ärger mit den Leuten. Ich glaube sogar, daß Sam Moore sich bessern wird.«
»Ich habe schon viele sanftmütige Leute durch Härte böartig werden sehn, Direktor, genauso haben sich zähe Burschen von der übelsten Sorte durch ein gutes Wort oder eine freundliche Hand gewandelt. Nehmen Sie ihren Wächtern die Knüppel weg und gewöhnen Sie sie daran, die Gefangenen wie menschliche Wesen zu behandeln, und Sie werden über das Ergebnis erstaunt sein.«
Gene wurde jetzt ein Paß ausgestellt, der ihm überallhin Zutritt verschaffte. Es waren fast dreitausend Gefangene in Atlanta. Er gab sich alle Mühe, jeden einzelnen ken-

nenzulernen und nannte sie, wenn möglich, beim Vornamen. Hatten sie die Vorschriften übertreten oder irgendwelche Vergünstigungen verloren, dann kamen sie zu ihm, damit er bei den Aufsehern oder bei Zerbst ein gutes Wort für sie einlegen sollte.

Als in Theodores Briefen Päckchen mit Kuchen, Früchten und Tabak erwähnt wurden, die er nie erhalten hatte, bildete er mit seinen engeren Freunden einen Beobachtungsring und ertappte die Wärter beim Verkauf der Sachen, die den Gefangenen gehörten. Die Schuldigen wurden entlassen. Die Leute, die draußen weder Familie noch Freunde hatten, konnten sich oft noch nicht mal ein bißchen Tabak leisten. Genes Freunde schickten ihm aus allen Teilen der Welt Geld, in der Meinung, sein Los damit etwas lindern zu können. Dieses Geld verteilte er an die Gefangenen, die es am nötigsten brauchten.

Zu Weihnachten kam Theodore. Nach so langer Trennung war es ein freudiges Wiedersehen für die Brüder. Es gab viel von der Familie zu erzählen. Theodore berichtete von Gertrude und Marguerite und ihrem Haus auf der Ohio-Street. Ihren Schwestern ging es gut. Kate schien auch gut durchzuhalten. Sie hatte Theodore eine neue Meerschaumpfeife für Gene mitgegeben. Sogar ihre Stiefbrüder benahmen sich nobel. Sie hatten die Petition zu seiner Freilassung mitunterzeichnet. Und als sie erfuhren, daß Theodore ihn besuchen wollte, hatten sie ihn mit Eßwaren und Tabak überhäuft. Besonders freute sich Gene über eine große gerahmte Fotografie von Clarissa Hanford, die sie mit ihrem Mann und zwei erwachsenen Söhnen zeigte.

Dann sagte Theodore: »Wir sind auf dem besten Weg, eine Amnestie durchzusetzen. Viele sozialistische Ortsgruppen sind wieder dabei, sich zu formieren. Jetzt, wo der Krieg vorüber ist, fällt vielleicht auch den Gewerkschaften ein, was du für sie getan hast. Die Öffentlichkeit merkt allmählich, daß niemand viel Gewinn von dem Krieg hatte – außer den Kanonen- und Munitionsfabrikanten.«

12

Joe Coldwell, ebenfalls wegen Opposition gegen den Krieg verurteilt, inzwischen jedoch wieder auf freiem Fuß, besuchte Gene in Atlanta. Er brachte höchst beunruhigende Nachrichten: Die ausgeblutete Sozialistische Partei hatte sich wieder einmal gespalten. Die Leute vom linken Flügel hatten sich zur amerikanischen Kommunistischen Partei zusammengeschlossen und sich an der dritten bolschewistischen Internationalen ausgerichtet.
Gene kam sehr bald zu der Überzeugung, daß die Zusammenarbeit mit den Kommunisten eine Unmöglichkeit war. Das wichtigste Ziel der Kommunisten schien es zu sein, die sozialistische Bewegung in den Griff zu bekommen, denn die Sozialisten hatten zwar ein ähnliches Ziel, wollten es aber stufenweise erreichen, ohne dabei die Freiheit des einzelnen einzuschränken.
Gene hatte in seiner Partei kein Programm geduldet, das Gewalt, Ungesetzliches oder die Aufhebung menschlicher Grundrechte befürwortete. In den vierundzwanzig Jahren seit Bestehen der Partei konnte niemand den Sozialisten nachweisen, daß sie nur einmal versucht hätten,

das legale demokratische Wahlverfahren zu umgehen. Mit den Kommunisten war das anders. Ihre Ideologie brachte etwas völlig Neues in ein Land, dessen Verfassung hauptsächlich mit dem Ziel geschaffen worden war, die Freiheit des Denkens und Handelns zu sichern. Gene erkannte, daß von nun an die Sozialisten das konservative Element im amerikanischen Radikalismus sein würden.

Sam Moore hielt das Versprechen, das er Gene und dem Direktor gegeben hatte. Gene brachte dem Analphabeten in wochenlanger, mühevoller Arbeit Lesen und Schreiben bei, und Sam gab das schwer errungene Wissen an die anderen Neger weiter. Das brachte Gene auf den Gedanken, abendliche Lehrkurse einzurichten. Außerdem gelang es ihm, Politiker oder Künstler, die gerade durch Atlanta kamen, für Vorträge im Zuchthaus zu interessieren. So trat die berühmte Sängerin Geraldine Farrar auf, und auch Samuel Gompers wurde eingeladen, vor den Gefangenen zu sprechen. Während Gene inmitten der übrigen Häftlinge auf der harten Bank saß, um Gompers Rede zu hören, dachte er an seinen ersten Besuch bei Samuel Gompers in New York. Fünfunddreißig Jahre waren seitdem vergangen. Wie sich die Zeiten geändert haben, dachte Gene melancholisch. Im Jahre 1886 war Sam ein gefürchteter und verachteter Radikaler gewesen, jetzt war ein ein honoriger, umworbener Mann, der, wie man wußte, im Weißen Haus ein- und ausging.

Das alles schien Gene sehr seltsam.

Mit dem Frühling und der Zeit neuer politischer Zusammenkünfte kam auch neues Leben in die Sozialistische Partei. Man machte sich nun Gedanken um die neue Präsidentschaftskandidatur.

An einem Maitag erbat das Parteikomitee die Erlaubnis, Gene zu besuchen. Gene stand am Fenster des Wartezimmers, als Direktor Zerbst die neun Männer der Delegation hereinführte. Er forderte die Herren auf, an dem langen Tisch Platz zu nehmen. Bald darauf erhob sich James Oneal und begann:
»Genosse Debs, wir haben diese Reise gemacht, um Sie formell von Ihrer Nominierung für die Präsidentschaft in Kenntnis zu setzen. Sie haben die Freiheit und das Recht der unbeschränkten Meinungsäußerung allen Gefängnissen zum Trotz verteidigt. In Ihnen sind die besten Ideale und Traditionen der amerikanischen Geschichte und die Hoffnungen der Menschheit lebendig geworden. Im Namen der Sozialistischen Partei bitten wir Sie daher, die Kandidatur zur Präsidentschaft von 1920 zu übernehmen.«
Daraufhin erhob sich Gene, dankte seinen Parteifreunden für die Nominierung und umriß in einigen Sätzen sein Wahlprogramm.
»In der sozialistischen Bewegung habe ich mich selbst gefunden. Sie gab mir meine Ideale und meinen Lebensmut. Eure Anhänglichkeit hat mich in den Stunden der Gerichtsverhandlung und an manch einem trüben Tag in diesem Zuchthaus aufrechterhalten. Immer werde ich mit Dankbarkeit und Liebe an euch denken.«
Damit war die Besuchszeit abgelaufen. Das Komitee verabschiedete sich. Im Laufe des Nachmittags bemerkte Gene zu seinem Erstaunen, daß eine große Anzahl Gefangener Wahlabzeichen der Sozialistischen Partei an den Hemden trugen. Die engen Quartiere, das schlechte Essen und die naßkalten Frühlingsmonate hatten die Männer niedergeschlagen und reizbar gemacht. Jetzt aber, wo sie einen Präsidentschaftskandidaten in ihrer

Mitte hatten, hob sich ihre Stimmung und ihr Selbstbewußtsein ganz beträchtlich. Seine Mitgefangenen fingen an, Genes Artikel aus den Zeitungen herauszuschneiden und Bilder von ihm zu sammeln. Die Beachtung, die er bei der Presse fand, und seine allwöchentlichen Artikel ließen die Gefangenen allmählich glauben, daß er eine Chance hätte, Präsident zu werden und daß dann »Präsident Eugene Debs« in den Gefängnissen die lang erwarteten Reformen durchführen würde.
Am Wahltag wurde Gene in das Büro des Direktors gerufen, um die einlaufenden Wahlresultate zu hören. Um acht Uhr war es offensichtlich, daß Warren Harding und die Republikaner die Wahl mit überwältigender Mehrheit gewonnen hatten. Gene dankte Zerbst für seine Freundlichkeit und kehrte ins Hospital zurück. Da erst wurde ihm klar, daß seine Mitgefangenen, die von der Welt abgeschlossen und von dem übermächtigen Wunsch nach Freiheit geblendet waren, tatsächlich geglaubt hatten, er würde zum Präsidenten gewählt. Sie lächelten nicht mehr und streckten ihre Hände nicht mehr zwischen den Stäben der Gitter hindurch, auf den Gesichtern sah er ihre Enttäuschung!

13

Die verrufene Sozialistische Partei hatte es auf eine Million Stimmen gebracht. An allen Ecken des Landes erhob sich nun die Forderung, daß ein Mann, dem seine Mitbürger eine Million Wahlstimmen gegeben hatten, nicht als politischer Gefangener im Zuchthaus sitzen dürfe. In ganz Amerika entstand spontan eine Kampagne, die für alle sozialistischen Gefangenen eine Amnestie erwirken wollte. Überall ließ man Petitionen herumgehen. Gleichzeitig wurde auch der Präsident von Kirchen, Universitäten, Juristen, Ärzten und Schriftstellern moralisch unter Druck gesetzt.

Nahezu jeden Tag erhielt Gene Mitteilungen von Theodore, die von Fortschritten berichteten. Man rechnete allgemein damit, daß der Präsident das Weihnachtsfest zum Anlaß nehmen werde, eine Amnestie zu erlassen. Inzwischen war Franz von Rintelen, ein deutscher Agent, der überführt war, auf amerikanischen Schiffen Brandbomben gelegt zu haben, vom Präsidenten begnadigt worden. Wenn die deutschen politischen Gefangenen entlassen wurden, mußte man dann nicht auch die amerikanischen freilassen? Seine Mithäftlinge setzten ihre Hoffnungen unvermindert auf Gene. War er einmal entlassen, würde er draußen für ihre Sache kämpfen, würde die Aufmerksamkeit der Nation auf die Zustände in den Zuchthäusern lenken und für baldige Reformen sorgen. Der Weihnachtstag wurde von allen Gefangenen im Zuchthaus Atlanta herbeigesehnt wie nie zuvor.

Die Amerikaner hatten den Krieg gewonnen, doch der Präsident konnte es den Sozialisten nicht vergessen, daß sie »dagegen« gewesen waren. In der Frühe des Weihnachtsmorgens brachte Direktor Zerbst Gene eine Zeitung. Mitten auf der Vorderseite standen unter Genes Bild in Sträflingskleidung die Worte: »Debs abgewiesen!«

Die Nachricht lief wie ein Präriefeuer durch das Gefängnis und brachte die Hoffnung auf den Gesichtern der Männer zum Erlöschen. Jetzt wurde es Gene klar, wie

einfältig es von ihm gewesen war, zu glauben, man werde ihn begnadigen.
Als Gene wieder in seinem Zellenblock war, sah er einen Sträfling, der wegen Mordes zu lebenslang verurteilt war, in einem schlechtsitzenden Zivilanzug im Korridor auf- und abgehen. Niemand kannte seinen Namen, aber weil er der einzige vollblütige Indianer in Atlanta war, nannten ihn alle den »Indianer«. Die Begnadigung des Lebenslänglichen war des Präsidenten Weihnachtsgeschenk für das Zuchthaus von Atlanta gewesen.
Ein lähmendes Schweigen entstand, während der Indianer ihn unschlüssig ansah und dann mit überlauter Stimmte sagte:
»Ist nicht meine Schuld, Mr. Debs! Habe nicht drum gebeten, an Ihrer Stelle freizukommen. Auf Sie warten Freunde und Arbeit draußen. Ich habe niemand, gar nichts! Meine Leute wollen mich nicht mehr haben. Warum läßt man mich frei, und Sie bleiben hier?«
»Wir freuen uns, daß du freikommst. Du darfst nicht glauben, daß du mir den Platz wegnimmst.«
Er streckte dem Indianer die Hand hin, die dieser sofort ergriff. »Viel Glück, mein Lieber! Paß auf dich auf und laß es dir gut gehen!«

Die Ablehnung von Genes Begnadigung hatte auch ein erfreuliches Resultat. Gloria kam zum zweiten Mal nach Atlanta, um am Neujahrstag bei ihm zu sein.
»Ich konnte nicht eher wiederkommen, Gene, Vater kränkelt jetzt. Ich muß dauernd bei ihm sein.«
»Du sollst dich nicht entschuldigen, Gloria. Dein erster Besuch war mir soviel wert. Du hast mir nicht nur das Leben gerettet, du hast mir auch dazu verholfen, wieder nützlich zu sein.«

Sie sah ihn nachdenklich an. »Das hast du immer gesagt, als wir jung waren. Das wolltest du immer, nützlich sein, von der Welt gebraucht werden.«
»Es hat mich deine Liebe gekostet.«
»Nein, Gene, nicht meine Liebe. Nur – die Nähe.«
Sie sah sich in dem düsteren Raum um: »Wenn du nicht bald amnestiert wirst, muß ich noch mal hierherkommen und ein paar Vorhänge aufhängen. Rot und weiß gestreifter Kattun wäre doch ganz schön, meinst du nicht?«
Fünfundvierzig Jahre lösten sich auf, als ob Gene sie nie erlebt hätte. Er war wieder in dem kleinen Lagerraum hinter Daniels Lebensmittelladen.
»Es waren schöne Vorhänge, Gloria«, er sah ihr in die Augen, »es waren die schönsten Vorhänge, die ich je gesehen habe.«

14

Ein paar Tage nach Präsident Hardings Amtseinführung wurde Gene in das Direktionsbüro gerufen. Zerbst schloß eilig die Tür hinter ihm und sagte aufgeregt:
»Ich habe soeben ein langes Telefongespräch mit Generalstaatsanwalt Daughtery geführt. Ich soll Sie sofort auf die Bahn setzen und Sie zu ihm fahren lassen.«
Gene stand wie vom Donner gerührt.
»Dort drüben auf der Bank liegt ein Anzug, und hier ist eine Tasche für Ihre Toilettenartikel und Geld für die Reise. Denken Sie daran, daß der Generalstaatsanwalt bittet, niemandem von dieser Reise zu erzählen.«

Gene ging in seine Zelle zurück, suchte ein paar Sachen zusammen und kehrte zum Büro des Direktors zurück. Der Direktor fuhr ihn selbst zum Bahnhof. Gene kaufte dort mehrere Zeitungen, die es im Gefängnis nicht gab, und stieg in den Zug.
In den Morgenstunden des nächsten Tages kam er in Washington an und aß auf einem Hocker im Restaurant des Güterbahnhofs sein Frühstück. Dann nahm er ein Taxi und fuhr zum Justizministerium, wo er zum Generalstaatsanwalt geführt wurde. Harry Daughtery streckte Gene lächelnd die Hand entgegen, die dieser kräftig drückte.
»Sie sollen wissen, daß alles, was Sie jetzt zu mir sagen, Ihnen später nicht vorgehalten werden kann. Wenn Sie irgendwelche Fragen nicht beantworten wollen, so steht Ihnen das vollkommen frei.«
»Sie sind sehr freundlich.«
»Präsident Harding sagte mir, daß er alles über Ihren Fall zu erfahren wünsche. Haben Sie ein ordentliches Gerichtsverfahren gehabt?«
»Ja, es ist alles ordnungsgemäß verlaufen.«
»Setzen Sie sich bitte. Ich will Sie einiges fragen. Befürwortet der Sozialismus den Umsturz unserer Regierungsform durch Gewalt?«
»Im Gegenteil«, erwiderte Gene mit einem kleinen Lächeln. »Ich bin entschieden gegen Zwang und Gewalt. In den vierundzwanzig Jahren seit dem Bestehen der Sozialistischen Partei in Amerika haben wir keine illegalen Handlungen begangen. Unsere Versammlungen sind für jedermann zugänglich, und unsere Zeitungen liegen überall offen aus.«
»Aber Ihre Literatur ist mit Ausdrücken wie Revolution und Umsturz durchsetzt!«

»Richtig, aber das Wort Revolution ist nicht immer gleichbedeutend mit Aufruhr und Blutvergießen. Es gibt andere Arten von Revolution, die jeden Tag in unserm nächsten Umkreis friedlich vor sich gehen: Revolution in den Künsten, in der Wissenschaft, in der Auffassung der Menschen von dem, was ein gutes und gerechtes Leben ausmacht. Den Prozeß, den wir Sozialisten anstreben, zielt auf stufenweise Förderung der Volksbildung und Beseitigung der Mißstände in der Arbeitswelt, bis eine Generation heranreift, die zu den Wahlurnen geht und sich eine sozialistische Regierung wählt.«
Daughtery erhob sich und bot Gene eine Zigarre an.
»Ihre Ideen über Staat und Gesellschaft, Mr. Debs, scheinen mir ganz falsch zu sein, aber ich glaube, daß Sie aufrichtig sind.«
»Ich danke Ihnen.«
Es wurde still in dem großen Raum, während Daughtery aus dem Fenster blickte und über Genes Worte nachdachte.
»Meiner Meinung nach haben Sie das Recht gebrochen und sind zu Recht bestraft worden. Aber ich meine, daß Sie genug bestraft sind, und werde Präsident Harding empfehlen, Ihr Urteil durch einen Gnadenakt aufzuheben. Ihr Zug nach Atlanta geht um drei Uhr. Ich lasse Sie zum Bahnhof fahren.«

Nach Rückkehr aus Washington hoffte Gene, daß er bald frei sein würde. Doch nach Ablauf eines Monats hörte man noch kein Wort von Amnestie. Da er sich im Geiste bereits in Freiheit gesehen hatte, waren seine Rundgänge durch die Krankenstuben und die Blocks seltener geworden. Jetzt bedrückte es ihn, daß er seine Kameraden im Stich gelassen hatte, und so schob er alle Gedanken an

Amnestie von sich und nahm seine alte Fürsorgetätigkeit wieder auf. Wenn er noch weitere Jahre in diesen Mauern verbringten mußte, dann würde er darauf achten, daß er nützlich war. Er hatte sich darauf eingestellt, so lange zu leben, bis er mit erhobenem Kopf das Gefängnis verlassen konnte.

An seinem dritten Weihnachtsabend im Gefängnis ließ ihn der Direktor rufen.

»Ich habe soeben Ihre Entlassungspapiere erhalten. Morgen früh sind Sie frei. Die anderen Sozialisten sind ebenfalls amnestiert worden.«

»Danke, Direktor. Das sind gute Nachrichten.«

»Das ist nicht alles, Mr. Debs. Präsident Harding hat Sie gebeten, im Weißen Haus vorzusprechen, bevor Sie nach Terre Haute zurückkehren.«

Langsam durchschritt Gene die langen Korridore. Der Direktor gab dem Torwärter ein Zeichen. Die Stahltür wurde geöffnet. Er stieg die Stufen hinab. Am Bordstein, vor einem geschlossenen Wagen, stand Theodore. Er stürzte vor, um seinen Bruder zu umarmen. Plötzlich hallte ein dröhnendes Gebrüll aus dem grauen Steinkoloß des Zuchthauses. Die Gefangenen waren durch die Korridore bis zu den Fenstern vorgestürmt und ließen ihren Abschiedsgruß wie Donnergrollen in die Freiheit dringen.

»Debs! Debs! Debs!«

15

Die Zeitungen hatten von Genes Freilassung berichtet und auch erwähnt, mit welchem Zug er von Atlanta nach Washington fahren würde.
Auf dem Bahnhof von Atlanta wartete eine große Menschenmenge, um von Gene Abschied zu nehmen. Doch niemand jubelte, man hörte kein lautes Wort.
Der Bahnhof von Washington war von Tausenden dicht gedrängter Menschen blockiert, die alle nur den einen Wunsch hatten, einen Blick auf Eugene Debs zu werfen.
Als Gene ausstieg, blickte er auf all die namenlosen Gesichter. Sie sahen zu ihm auf, blickten in das von Leid gezeichnete Gesicht, und sie fühlten sich nicht mehr allein. Hier war ein Mann, der verstand, was sie tagtäglich erdulden mußten, und der ein Herz für sie alle hatte. Regungslos standen sie und schauten zu ihm auf.
Präsident Harding hatte mitteilen lassen, daß er Mr. Debs um drei Uhr bei sich erwarte.
Theodore fragte Gene, was er bis zu seinem Besuch im Weißen Haus unternehmen wolle. Es war ein sonniger heller Wintertag.
»Ich würde gern eine Rundfahrt durch Washington machen.«
Im Wagen eines Parteifreundes saßen er und Theodore auf dem Rücksitz, und sie bewunderten die schöne Stadt.
Der Wagen hielt vor der Lincoln-Gedächtnisstätte, die erst vor kurzem fertig geworden war. Gene stieg aus dem

Auto. Über ihm ragte eine gigantische Gestalt aus Marmor in den Himmel. Seine Freunde und selbst Theodore blieben zurück, als Gene die Stufen der großen Treppe hinaufstieg. Er trat Abraham Lincoln allein gegenüber, um in dessen steinernes Antlitz zu sehen.

Gene sah auf das Panorama von Washington und über das weite Land. Er wußte, was Abraham Lincoln gesehen hatte: überall Sklaverei und überall das Leid der Menschen, die von Grausamkeit, Unwissenheit und Furcht gefesselt und gedemütigt waren.

Mehr als ein halbes Jahrhundert war seit Lincolns Tod vergangen, doch Gene hatte ebensoviel Leid und Sklaverei gesehen wie Lincoln.

Dem Gesetz nach waren die Neger frei, aber waren sie es wirklich?

Dem Gesetz nach waren alle Weißen frei, aber lebten nicht auch sie in Sklaverei?

In der Sklaverei der stampfenden Maschinen, deren Rhythmus der Arbeiter Zeit seines Lebens gehorchen mußte.

War das Werk Lincolns vergeblich gewesen?

Gene wußte es nicht.

Doch Abraham Lincoln hätte den Kampf bestimmt niemals aufgegeben. Immer und zu allen Zeiten mußte es jemand geben, der bereit war, für die Freiheit zu kämpfen.

Gene lächelte zu Theodore hinunter und sprach noch einmal das große Gelübde seines Lebens:

»Solange es eine unterdrückte Klasse gibt, will ich zu ihr gehören. Solange es eine Arbeiterklasse gibt, will ich ein Teil von ihr sein. Solange noch ein einziger Mensch im Gefängnis ist, bin ich nicht frei.«

Langsam stieg Gene die Marmorstufen hinab.

Pearl S. Buck

In ihren zahlreichen Romanen und Erzählungen gibt sie uns ein eindrucksvolles, farbiges Bild von China und seinen Menschen, aber auch von ihren Landsleuten im Westen.

Von Pearl S. Buck sind folgende Bücher im Goldmann Verlag erschienen:

Frau im Zorn. Roman. (3999)
Die Liebenden. Erzählungen (3991)
Wer Wind sät... Roman. (3960)
Der Weg in Licht. Roman. (3944)
Ruf des Lebens. Roman. (3912)
Geheimnisse des Herzens. Erzählungen. (3874)
Und fänden die Liebe nicht. Roman. (3850)
Die gute Erde. Roman. (3654)
Die Wandlung des jungen Ko-sen. Roman. (3534)
Das Mädchen Orchidee. Roman. (3504)
Über allem die Liebe. Roman. (773)

GOLDMANN VERLAG
Neumarkterstraße 18 · 8000 München 80